U0525126

国家社科基金项目"新时代青年社会主义核心价值观教育协同机制研究"
（项目批准号：19XKS023）

青年社会主义核心价值观教育协同机制研究

徐园媛 董翼 白凯 等◎著

中国社会科学出版社

图书在版编目（CIP）数据

青年社会主义核心价值观教育协同机制研究／徐园媛等著. -- 北京：中国社会科学出版社，2025.6.
ISBN 978-7-5227-4971-6

Ⅰ. D616；D432.62

中国国家版本馆 CIP 数据核字第 2025BZ3064 号

出 版 人	赵剑英
责任编辑	刘　艳
责任校对	陈　晨
责任印制	郝美娜

出　　版	中国社会科学出版社
社　　址	北京鼓楼西大街甲 158 号
邮　　编	100720
网　　址	http://www.csspw.cn
发 行 部	010-84083685
门 市 部	010-84029450
经　　销	新华书店及其他书店

印　　刷	北京君升印刷有限公司
装　　订	廊坊市广阳区广增装订厂
版　　次	2025 年 6 月第 1 版
印　　次	2025 年 6 月第 1 次印刷

开　　本	710×1000　1/16
印　　张	17.75
字　　数	256 千字
定　　价	108.00 元

凡购买中国社会科学出版社图书，如有质量问题请与本社营销中心联系调换
电话：010-84083683
版权所有　侵权必究

前　言

　　价值观源于实践，是人们在社会实践中的产物；价值观也服务于实践，在人们的社会生产及交往过程中发挥导航定向作用。一个民族、一个国家的核心价值观必须同这个民族、这个国家的历史文化相契合，同这个民族、这个国家的人民正在进行的奋斗相结合，同这个民族、这个国家需要解决的时代问题相适应。在当代中国，我们的民族、我们的国家应该坚守什么样的核心价值观？这个问题，是一个理论问题，也是一个实践问题。"倡导富强、民主、文明、和谐，倡导自由、平等、公正、法治，倡导爱国、敬业、诚信、友善，积极培育社会主义核心价值观"这一重要论断，富强、民主、文明、和谐是国家层面的价值要求，自由、平等、公正、法治是社会层面的价值要求，爱国、敬业、诚信、友善是公民层面的价值要求。这个概括，实际上回答了我们要建设什么样的国家、建设什么样的社会、培育什么样的公民的重大问题。

　　时代寄语青春，未来属于青年。中国青年是肩负实现中华民族复兴的时代新人，是社会主义建设者和接班人。新时代中国青年是与新时代同向同行、共同前进的一代，生逢盛世，肩负重任，更是要自觉肩负文明复兴梦想，积极传承中华文化血脉，自觉树立和践行社会主义核心价值观，以高度的文化自觉和文化自信，积极把握历史机遇，主动担当时代使命，为中华民族伟大复兴奉献青春力量。党的二十大报告指出，"广泛践行社会主义核心价值观，弘扬以伟大建党精神为源头的中国共产党人精神谱系，深入开展社会主义核心价值观宣传教育，深化爱国主义、集体主义、社会主义教育，着力培养担当民族复兴大任的时代新人"，这为新时代新征程青年社会主义核心价值观教育指明了方向。如何对青年加强青年社会主义核心价值观教育？这需要广大教育工作者积极构建青年社会主义核心价值观教育协同机制，形成教育合力。

青年社会主义核心价值观教育协同机制研究是促使社会主义核心价值观教育更好地由理论形态走向实践形态的有益探索。本书从理论逻辑上对新时代青年社会主义核心价值观教育的哲学意蕴进行解读，系统研究青年社会主义核心价值观教育"是什么""为什么""怎么看""怎么说""怎么做"等一系列问题，运用理论演绎法从马克思主义基本原理、中国优秀传统文化、"生命·实践"学派的教育观、现代治理理论、传播学理论、建构主义理论、社会学习理论等方面探讨新时代青年社会主义核心价值观教育协同机制构建的理论渊源。从实践逻辑上，集成协同教育理念、协同教育主体、协同教育平台、协同教育环境等维度探讨了新时代青年社会主义核心价值观教育协同机制的构建；并通过实验研究法和行动研究法验证新时代青年社会主义核心价值观教育协同机制运行的效果。

本书是国家社会科学基金项目"新时代青年社会主义核心价值观教育协同机制研究"（项目编号：19XKS023）的最终成果，按照"文献研究—理论框架—现状调研—困境厘析—协同机制构建—协同机制运行"的基本思路开展研究。第一章首先研究阐释新时代青年社会主义核心价值观教育的哲学意蕴，从本体论、价值论、认识论、话语论、方法论五个维度全面梳理了青年社会主义核心价值观教育的理论体系。第二章分析了新时代青年社会主义核心价值观教育的理论来源，马克思主义基本原理是青年社会主义核心价值观教育协同机制构建的理论基础，中国优秀传统文化是其滋养与智慧，"生命·实践"学派的教育观，以及国外其他教育理论如现代治理理论、传播学理论、建构主义理论、社会学习理论是青年社会主义核心价值观教育的有益知识借鉴。第三章对新时代青年社会主义核心价值观教育的现状进行考察，揭示了青年社会主义核心价值观教育的"实然状态"。第四章对新时代青年社会主义核心价值观教育的困境进行反思，青年社会主义核心价值观教育困境包含教育理念上全景化思维深入不够、教育双主体之间的协同动能激发不够、教育治理中科学化运行推动较弱、教育环境意义建构的协同不够四个方面。第五章以打造"育人共同体"为价值引领，通过树立"三全育人"协同教育理念、确立"双向协作"的"教与学"协同教育主体、搭建"四位一体"的协同教育平台、营造"多层次一体化"协同教育环境，构建了新时代青年社会主义核心价值观教育协同机制。第六章论述了新时代青年社会主义核心价值观教育协同机制的运行，青年社会主义核心价值观教育协同机制的运行要素，即社会主义核心价值观、"课程、网络、实践、文化'四位一体'"育人平台、教育主体、教育对象主体、政策环境、组织环境等，这些元素按照一定的运行方式形成了稳定的接受结构，在运行过程中，各元素之间的相互作用，形成了层次鲜明、多维互动、持续运转的循环系统。

希望本书能够为社会主义核心价值观教育研究领域提供理论价值与实践价值，站在服务中国自主学科体系、学术体系、话语体系构建的高度推动社会主义核心价值观教育研究高质量发展。

目 录

第一章 青年社会主义核心价值观教育的哲学意蕴 ……………（1）
  第一节 本体论：回答"是什么"的前提澄清 ……………（2）
  第二节 价值论：回答"为什么"的应然诉求 ……………（16）
  第三节 认识论：回答"怎么看"的理论问题 ……………（20）
  第四节 话语论：回答"怎么说"的话语艺术 ……………（25）
  第五节 方法论：回答"怎么做"的实践方略 ……………（32）

第二章 青年社会主义核心价值观教育的理论基础 ……………（38）
  第一节 马克思主义基本原理是青年社会主义核心价值观
       教育的逻辑起点 …………………………………………（38）
  第二节 中国优秀传统文化为青年社会主义核心价值观
       教育提供了丰厚滋养 ……………………………………（52）
  第三节 "生命·实践"学派的教育观为青年社会主义
       核心价值观教育提供了心理支点 ………………………（59）
  第四节 国外其他教育理论的借鉴 …………………………（64）

第三章 青年社会主义核心价值观教育的实然考察 ……………（75）
  第一节 调研设计 ……………………………………………（75）
  第二节 问卷调查法的运用 …………………………………（77）
  第三节 访谈法的运用 ………………………………………（111）
  第四节 研究发现 ……………………………………………（115）

第四章 青年社会主义核心价值观教育的困境厘析 (121)
  第一节 教育理念上全景化思维深入不够 (121)
  第二节 教育双主体之间的协同动能激发不够 (130)
  第三节 教育治理中科学化运行推动较弱 (139)
  第四节 教育环境意义建构的协同不够 (145)

第五章 青年社会主义核心价值观教育协同机制的构建 (152)
  第一节 树立"三全育人"协同教育理念是核心 (153)
  第二节 确立"双向协作"的"教与学"协同主体是关键 (159)
  第三节 搭建"四位一体"协同教育平台是重点 (169)
  第四节 营造"多层次一体化"协同教育环境是保障 (196)

第六章 青年社会主义核心价值观教育协同机制的运行 (205)
  第一节 青年社会主义核心价值观教育接受活动解析 (205)
  第二节 青年社会主义核心价值观教育协同机制运行的因素分析 (214)
  第三节 青年社会主义核心价值观教育协同机制运行的实验验证 (220)

参考文献 (254)

附录 (263)

后记 (274)

第一章 青年社会主义核心价值观教育的哲学意蕴

青年意味着希望,代表着未来,是推动社会进步、国家富强的一支重要力量。历史证明,中国共产党从成立那天起,就十分关心青年学生的成长,在各个历史时期,党对青年学生的成长都提出了明确的要求、给予了充分的信任、寄予了无限的希望。党的十八大以来,习近平坚持"举旗定向,为青年工作作出顶层设计"和"躬身实践,悉心关怀并参与青年工作"相结合,围绕青年工作进行了指示批示、座谈交流、调研视察,充分体现了以习近平同志为核心的党中央对青年工作的重视。关于新时代的青年工作,习近平尤为关注的是社会主义核心价值观教育。习近平围绕青年社会主义核心价值观教育工作发表了一系列重要讲话,提出了一系列战略决策、理论观点、工作部署,系统阐明了青年社会主义核心价值观教育工作的地位作用、目标任务、根本原则、基本方略和工作方法等理论和实践问题,集中反映了党中央对青年社会主义核心价值观教育工作的新认识,为青年教育工作注入了新的生命力。青年作为建设中国特色社会主义事业的重要力量,肩负着时代大任,而青年又恰好处于人生的"拔节孕穗期",精心栽培的重要性不言而喻。加强青年社会主义核心价值观教育,是社会各界的重要使命责任。

习近平关于青年社会主义核心价值观教育的新理念、新思想、新观点构成了一个完整的理论体系。习近平关于青年社会主义核心价值观教育的重要论述,既来源于习近平对青年工作的深邃思考、对青年时代特点的准确把握、对青年工作形势任务的清醒判断,也来源于习近平本人青年时期的切身体验与奋斗感悟，背后蕴藏着强大的理论说服力和实践穿透力，为我们做好青年工作指明了方向、提供了遵循。我们研究阐释青年社会主义核心价值观教育的哲学意蕴，一方面，要从本体论、价值论、认识论、话语论、方法论五个维度全面梳理青年社会主义核心价值观教育的理论体系；另一方面，要系统研究青年社会主义核心价值观教育"是什么""为什么""怎么看""怎么说""怎么做"等一系列问题。

第一节 本体论：回答"是什么"的前提澄清

社会主义核心价值观扎根于中华优秀传统文化，来源于中国特色社会主义实践，吸收了马克思主义理论的精华，是我国主流社会意识形态的集中体现，彰显了中国气派、中国风格、中国精神。对广大青年开展社会主义核心价值观教育，首先要从"是什么"这一维度进行解读：从本体论的角度深入挖掘社会主义核心价值的科学内涵，明确青年社会主义核心价值观的时代背景和时代主题。中国式现代化以马克思主义科学的世界观和方法论为指导思想，植根于中华民族特有的历史传统和文化基因之中，充分借鉴了东方智慧，在纵横交错的时空坐标中勾绘出富有生命气息的现代化道路新图景。新时代新征程，我们必须以中国式现代化实践自觉的时代之钥与文明之匙解读并阐释社会主义核心价值观的科学内涵。

一 社会主义核心价值观的科学内涵

依据马克思主义原理，价值是一种关系的呈现，是以主体为尺度的主客体相统一关系，是客体对于主体需要满足的作用和意义。价值观就是对价值这一对象的总看法和根本观点，它包括认识、评价、标准、目标、信仰等内容。价值观可分为一般价值观和核心价值观，核心价值观就是在社会价值体系中起基础性主导和根本性支配作用的价值观。党的十八大报告指出："倡导富强、民主、文明、和谐，倡导自由、平等、公正、法治,倡导爱国、敬业、诚信、友善,积极培育和践行社会主义核心价值观。"① 党的二十大报告中强调"社会主义核心价值观是凝聚人心、汇聚民力的强大力量",要求"广泛践行社会主义核心价值观"②,这对凝聚最广泛的共识、铸牢中华民族共同体意识、维护国家长治久安以及实现中华民族伟大复兴具有重大意义,也涉及增强文化自信、提高国家文化软实力、提升国际形象与话语权等重要方面。社会主义核心价值观的基本内容表述为二十四个字、十二个词。从生成逻辑上看,社会主义核心价值观融入"国家发展、社会建设、公民培育"是中国式现代化道路发展的时代写照。从内涵结构上看,社会主义核心价值观三个层面的基本内容回答了国家发展、社会建设、公民培育的重大理论问题。

(一)"富强、民主、文明、和谐"是国家层面的价值目标

从国家层面来看,"富强、民主、文明、和谐"展现的是社会主义核心价值观在国家层面的价值目标。"富强、民主、文明、和谐"回答了我国在新时代建设一个什么样的国家的重大理论问题。从基本内涵来看,"富强、民主、文明、和谐"是中华民族精神之魂的具象化表征。富强,是国家富强和人民富裕的综合体,是指国家在大力发展生产力以后积聚起强大的物质财富,进而为其他领域的发展奠定强大的物质基础,最终实现国富民强的目标;民主,是社会主义核心价值观在政治领域的表征,在我国突出表现为人民当家作主;文明,是人类进步的一个重要标志,在我国主要指国家在物质文化上富足,精神文明获得显著提升;和谐,源自中华优秀传统文化中"天人合一""求同存异"等"东方价值理念",主要指人与人、人与社会、人与自然的和谐统一。"富强、民主、文明、和谐"相互渗透,从多个视角展示了我国进入新时代国家层面追寻的价值愿景和发展方向,体现了社会主义本质属性和发展要求。从理论逻辑维度看,"富强、民主、文明、和谐"是中国优秀传统文化

---

① 《胡锦涛文选》第三卷,人民出版社 2016 年版,第 638 页。
② 《习近平著作选读》第一卷,人民出版社 2023 年版,第 36 页。

在国家层面的理论创新成果。富强是中国立足于全球的基本前提。党的二十大报告指出"到本世纪中叶，把我国建设成为综合国力和国际影响力领先的社会主义现代化强国"①，富强的根本就是国富民强，"国"与"民"都需要体现"富强"的整体观，国家富强不仅仅是指国家经济规模的"大"，还要求经济质量发展的"高"。民主，是社会主义的生命线，就是指一切权力属于人民。党的二十大报告指出"发展全过程人民民主，保障人民当家作主"②，社会主义民主的本质是人民当家作主，也是人民创造美好幸福生活的政治保障。文明，是历史推进的内在发展趋势，同步涵养于社会进步过程之中，是国家现代化的重要特征。党的二十大报告指出"中国式现代化是物质文明和精神文明相协调的现代化"，物质文明和精神文明协调发展是国家发展和社会进步的内在驱动。和谐，是社会发展的理想目标。和谐的理念从古至今皆是中华民族传统文化的基本思想，包括人的自身、人与人以及人与自然的和谐。党的二十大报告指出"增进民生福祉，提高人民生活品质"③，体现了学有所教、劳有所得、病有所医、老有所养、住有所居的社会和谐局面。党的二十大报告还指出"推动绿色发展，促进人与自然和谐共生"，体现了发展生产力与保护生态环境之间的平衡与和谐。

（二）"自由、平等、公正、法治"是社会层面的价值取向

从社会层面来看，"自由、平等、公正、法治"展现的是社会主义核心价值观在社会层面的价值取向。"自由、平等、公正、法治"回答了我国在新时代建设一个什么样的社会的重大理论问题。"自由、平等、公正、法治"从多维度出发，集中展现了新时代社会新风尚，为新时代新中国社会的发展指引了方向。从基本内涵来看，"自由、平等、公正、法治"是东方智慧的具象化表征。自由，意味着在法律允许的范围内实现人民的身心自由，但这种自由是相对的，有限制条件的，公民行使自由权利的时候，一定要在宪法允许的范围内，绝不能

---

① 《习近平著作选读》第一卷，人民出版社2023年版，第20页。
② 《习近平著作选读》第一卷，人民出版社2023年版，第30页。
③ 《习近平著作选读》第一卷，人民出版社2023年版，第38页。

在行使自己权利的时候妨碍他人的自由和权利。平等，是人的最基本诉求，在全社会弘扬平等观念，依法保障全体社会成员平等享有各项权利，共享社会发展的成果，是建设平等的社会主义国家的题中之义。公正，即公平和正义，是人类社会发展的基本理念和不断追求的理想愿望，体现了社会制度的公平正义。法治，既是民主政治建设、法治建设、文明建设的重要内容，也是建设公正社会主义国家的一项重要制度保证。从历史逻辑维度看，"自由、平等、公正、法治"是中国共产党治理智慧在社会层面的经验总结。自由是马克思主义所指向的根本价值追求，是个人自由和社会自由的有机统一，并且个体的自由与他人的自由互为前提和条件，实现社会主义国家的自由，就必须在社会各领域确立相应的价值理念和标准，规范社会成员的行为。平等是公民实施社会权利的重要保障，保证公民在法律面前一律平等，反对任何差别对待。公正，即在化解社会矛盾和解决利益冲突中切实维护公正原则，是建设公平正义的社会主义国家的重要前提。法治是国家治理科学化的重要前提，是一个国家长治久安的重要支撑。党的二十大报告指出"坚持全面依法治国，推进法治中国建设"[①]，体现出了法治中国建设的价值取向。

（三）"爱国、敬业、诚信、友善"是公民个人层面的价值准则

从个人层面来看，"爱国、敬业、诚信、友善"展现的是社会主义核心价值观在公民层面的价值准则。"爱国、敬业、诚信、友善"回答了我国在新时代培养一个什么样的公民的重大理论问题。"爱国、敬业、诚信、友善"从公民个人的价值准则入手，明确指出了公民在新时代应当具备的道德品质，即对公民个人的政治道德、职业道德和个人美德方面的方向性要求。从基本内涵来看，"爱国、敬业、诚信、友善"是凝聚人民群众主体力量优势的具象化表征。爱国，是调节个人与祖国关系的行为准则，指的是公民爱祖国、爱社会主义、爱各民族同胞、爱中华

---

① 《习近平著作选读》第一卷，人民出版社2023年版，第33页。

优秀传统文化等，爱国思想与爱国行为在纵横交错的时空坐标中相互渗透，最终落地在知行合一。敬业，反映的是公民是否对自己的工作负责，能否兢兢业业完成本职工作，提升公民敬业意识，一方面要倡导公民用严谨细致的态度对待自己所从事的职业，另一方面需要公民具备创新精神，尽最大力量发挥自己的最大潜能，开创工作新局面。诚信，即诚实守信，诚信是一切道德行为的基础，是一个人的立身之本、交友之基，提升公民的诚信意识，需要在全社会强化诚信价值认同，倡导人们诚实劳动、信守承诺、待人诚恳。友善，指公民之间相互亲近、和睦相处，友善来源于中华民族传统美德，是公民道德的基本规范之一，提升公民友善的品性，就应该引导公民更多地理解、包容、善待和团结其他公民，倡导公民与公民之间要形成相互尊重、相互关心的良好氛围。从现实逻辑维度看，"爱国、敬业、诚信、友善"是科学回答新时代"四个之问"在个人层面的价值体现。爱国，是"共享的价值＋共通的情感＋共同的利益＋共有的身份"在铸牢中华民族共同体意识中的全景化展现。敬业，是"精益求精"的工匠基因在从业者内心的特写式描绘，是个人价值与社会价值"双向奔赴"的根本前提[①]。诚信，是行为主体在人际交往过程中的契约性本质在道德方面的全方位呈现。友善，彰显了向善共生的伦理指向和互帮互助的道德逻辑，是日常人际关系交往互动中最基本的心理要求。

二 青年社会主义核心价值观教育的时代背景

每一个时代的人都拥有自己独特的时代机遇，每一个时代的青年都会被打上时代的烙印。新时代中国青年生逢盛世，他们的成长轨迹见证了祖国的蓬勃发展：2001年，中国加入世贸组织，成为世界经济的主要支柱；2003年，神舟五号载人航天飞船成功升空，托举起了中华民族叩问苍穹的飞天志；2008年，中国举办北京奥运会，彰显了多元文化美美与共的宏大格局；2017年，中国建成港珠澳大桥，标志着中国正向桥梁

---

① 梁小娟：《社会主义核心价值观的构建与深化发展》，《重庆社会科学》2023年第1期。

强国迈进……从主体精神来看，新时代青年视野开阔，思维新颖，独立意识强，善于主动接纳新事物，有一定叛逆性，这标志着新时代青年拥有了更加开放的眼界、更加创新的思维、更加强烈的独立意识。从情感表征来看，新时代青年情感丰富，乐于人际交往数字化；性格乐观，善于复杂问题简单化；个性张扬，有一定的表现欲。从发展愿景来看，新时代青年拥有远大的理想，渴望探索未知，并且拥有多元化、个性化的未来规划。从现实行为选择来看，新时代青年在新冠疫情防控等重大公共事件中身体力行，以实际行动展现了强烈的社会责任感，在事关国家和民族尊严的重大事件中冲锋在前，将自身的"小我"融入国家的"大我"中。

与此同时，新时代青年成长于独生子女家庭，他们远离了民族生死存亡的苦难，没有经历过物质贫乏的灾荒年代，也没有经受过"十年浩劫"的洗礼，普遍缺乏艰苦的磨炼、缺乏对社会的深刻认知、缺乏奋斗精神，容易陶醉于现实、满足于眼前、局限于"小我"。加之历史虚无主义、极端个人主义、享乐主义、拜金主义、实用主义等错误思潮的强势冲击，使得部分青年丧失了正确的价值方向，出现了一些不大走心看淡一切的"佛系族"、崇尚攀比的"拼爹族"、自我封闭的"蛰居族"、颓废悲观的"丧文化族"等。一些青年偏听偏信西方利用大众传媒、影视文化、网络动漫等传递的错误信息和价值观念，丧失了自己的判断能力，陷入迷惑和困惑之中；一些青年出现角色冲突与社会失范现象，造成社会化不足或者社会化过度……这些都将影响青年成为一个健全的"社会人"。

青年，寄托着千家万户的希望，也承载着中华民族的梦想。青年是处于"关键时期"的"关键群体"，对青年开展社会主义核心价值观教育，这是由青年所处的时代背景所决定的。

(一) 宏观层面：国家形势变幻莫测

当今世界正在经历前所未有的大发展大变革大调整，世界政治风云变幻、世界经济深度转型、世界文化多元碰撞、信息技术迅猛发展，这使得当前国家发展面临着诸多不稳定、不确定因素。东欧剧变、苏联解体后，中国就成为西方社会意识形态斗争攻击的中心，意识形态的隐性博弈不断加剧，以美国为首的西方国家唱衰中国的声音不绝于耳，美国利用其先发优势，将其所倡导的生活方式、价值诉求、思想观念附加在影视作品、艺术产品、网络游戏中，贬斥我国的落后性与边缘性，以此输出资本主义的"中国崩溃论""中国威胁论""中国责任论""中国新殖民论"等意识形态。国内形势也变得比以往任何时代更加复杂多变，互联网产业的飞速发展，使各国在思想上、文化上的交流更加畅通无阻，各种思潮不断盛行，鼓吹历史虚无主义，宣扬马克思主义无用论，崇尚拜金主义、享乐主义等西方价值观的现象也屡见不鲜。国际国内各种矛盾错综复杂交织在一起使整个国家形势变幻莫测。淡化了的民族意识、弱化了的公民国家边界意识、稀释了的政府权威，从相对封闭到全球化开放过程中文明冲突与价值冲突博弈所造成的价值选择与信念信仰的困顿……种种不确定性因素对我国的安全稳定构成了很大威胁。不仅如此，人类还面临许多需共同抵御的非传统性的安全威胁，如频繁发生的重大疾病和自然灾害、此起彼伏的地区热点问题、日益猖獗的恐怖主义等[①]。正是基于对当前这些国际形势的科学研判，习近平在同各界优秀青年座谈时指出："当前我们面临着重要的发展机遇，也面临着前所未有的困难和挑战……"[②]

（二）中观层面：社会局势纷繁复杂

由于社会结构深刻变动、利益格局深刻调整，不同阶层、利益集团、社会群体的观点主张、利益诉求、实践方式呈现多元化。迅速的社会变迁带来人们生存方式的革命性变革，市场经济、文化环境中的不良因素，传统与现代、本土与域外、文明与落后、精英与民众等多元素相互交织形成的社会思潮，冲击着我国主流意识形态，滋生了许多深层次的社会思想问题。第一，在传统社会向现代社会转型过程中引发的遗失传统问题与"走得太快，灵魂都跟不上"的焦虑。在社会转型进程中，

---

① 刘燕、刘龙飞：《新媒体时代思想政治教育话语表达研究》，《学校党建与思想教育》2021年第17期。

② 习近平：《在同各界优秀青年代表座谈时的讲话》，《人民日报》2013年5月5日第2版。

中国五千多年来形成的以儒家思想为中心的传统文化和目前具有"现代性、多元性、价值性、开放性"特征的现代文化并存。不可避免地，传统与现代会发生博弈，于是社会互信就会出现阻碍，社会共识也就难以达成。因此，就容易引发社会矛盾，产生普遍持续的焦虑，降低人们的幸福感，甚至还会面临出现极端主义思潮的危险。与此同时，由于社会转型发展速度太快，高校本科与硕士研究生招生规模的扩大使文凭发生贬值，青年学生面对日新月异的社会发展时，有一些人会怀疑自己的能力是否足以支撑自己的人生目标，自己的精神世界是否跟得上时代的发展，于是产生"走得太快，灵魂跟不上"的社会焦虑。第二，在计划经济向市场经济转轨过程中引发的社会心理相对失衡的问题。经济转轨过程中，市场经济固有的自发性、盲目性特点，利益原则、等价交换原则的消极因素，使青年对"效率与公平"的问题产生了怀疑。少部分人急功近利，做出唯利是图、假冒伪劣、坑蒙拐骗、钱权交易等社会道德失范的事情，形成了道德滑坡、信仰危机、诚信缺失等不良社会风气。同时，贫富差距问题引发人们的心理失衡，导致部分家庭经济收入偏低的青年对"平等、公正"等社会主义核心价值观产生怀疑，滋生出对社会的不满。第三，在传统媒介信息化和新媒体推广过程中产生的真假善恶评价标准的迷失。在传播发展史上，媒体形态、传播方式、传播空间总是交织前行。在媒体形态变换过程中，新媒体的传播特点有可能使负能量放大。很多信息通过新媒体会在极短的时间内获得大量的阅读和转载，其中就可能掺杂着错误的信息，使事实真相被掩盖，严重影响了社会的安定团结。一部分传播媒体为了牟利，刻意炒作低俗的负能量事件，吸引关注率。与此同时，新媒体还会使话语权偏移。网络信息具有"碎片化""去中心化"的特征，很多信息在官方权威主流媒体正式通报之前，往往早已在网络上持续发酵，其蕴含的所有信息元素，通过多元解读，都会被贴上各种标签，而网络群体在接触到来自新媒体的信息刺激后，会本能地借助脑海中固有的经验判断，将具体个案鼓噪为公共事件、把个别问题扩大化、一般问题政治化、单一问题复杂化，极易使涉世未深又极富激情的青年学生在舆论的喧嚣与"雾霾"中，失去对事物本质的理性思考和客观判断①。习近平指出:"当前和今后一个时期,社会发展进入各种风险挑战不断积累甚至集中暴露的时期,面临的重大斗争不会少。"②

(三) 微观层面:家庭教育参差不齐

家庭是社会大环境下最基本的元素,是每个人最原生态的生活场景,是个体接触到的第一个学习场所,还是一个相互依存的关系网络。个体是在家庭中最早接触生活知识、道德行为规范的,家庭教育承载着最基础的育人使命。父母作为家庭的主要成员之一,在青年的成长过程中起着举足轻重的作用。父母在家庭教育中扮演着教育者的身份,发挥着言传身教的作用。而父母的教育水平通常与其受教育程度、职业状况、个人素质、人生经历等因素紧密相关,因此我国目前的家庭教育现状参差不齐。有的父母重智轻德,只注重对子女智力的开发,轻视品德的培养,使得一些孩子从小琴棋书画样样擅长,却不知道爱国、诚信、尊老、爱幼等基本品德;有的父母信奉所谓"棍棒底下出孝子""不打不成器"的"古训",对孩子往往采用恐吓、命令、惩罚的方式进行教育,简单粗暴地把自己的意志强加在子女身上,对子女造成严重的心理伤害,使孩子产生厌世、不思进取、暴力倾向等畸形心理,日常表现出来就是打架斗殴、沉迷网络、过早恋爱、离家出走等行为;有的父母自身是典型的"利己主义"者,培养孩子并不是为了实现中国梦,而是为了子女尽快升官发财,让自己脸上有光,使得子女变得非常的庸俗化和物质化,做出一些违背社会公德的事情;有的父母溺爱子女,不论对与错,一味地满足子女的要求,其结果就是养成了子女娇气、任性、自私、吝啬、以自我为中心、无法与同龄人和谐相处等性格缺陷;有的父母因为婚姻关系状况不佳,将婚姻关系中的消极因素辐射给子女,使长期处在消极父母关系中的子女没有安全感,在与他人交往中对自我评价较低,易出

---

① 苑晓杰、左靓:《习近平关于新时代青年担当重要论述的三个维度》,《思想理论教育导刊》2020 年第 12 期。

② 习近平:《信念坚定对党忠诚实事求是担当作为 努力成为可堪大用能担重任的栋梁之才》,《人民日报》2021 年 9 月 2 日第 1 版。

现紧张、自卑的情绪，并且难以进行自我约束；有的父母长期双双在外打工，缺少与子女的日常互动和情感交流，长期的亲子分离会破坏亲子关系，父母缺席子女成长过程，会对子女的人格发展、心理健康、人际交往、价值观的塑造带来负面效应，使得子女在成长过程中更容易出现自我价值感的下降和生命意义感的缺失。因此，我们不难发现家庭教育作为最基础、最持久、最有效的教育形式，在个体成长中起着举足轻重的作用。

三 青年社会主义核心价值观教育的时代主题

时代主题是指在人类社会发展历史阶段中具有全球性、战略性特征以及关系全局的核心问题，它是国际社会在一个相当长的时期内应当研究并着力解决的主要任务和主要课题。马克思主义的时代学说认为，一定历史时期内的世界基本形势决定了该时期的时代主题。

从古至今，中华民族的命运和广大青年的命运始终紧密地联系在一起。新民主主义革命时期，一群有志青年在风雨飘摇的中国高举马克思主义思想火炬，努力探索民族复兴之路。社会主义革命和建设时期，一群"三好"青年，紧紧追随着党的脚步，努力奋斗、辛勤劳作。改革开放和社会主义现代化建设时期，一批"有理想、有道德、有文化、有纪律"的"四有"青年为了祖国的繁荣昌盛勇于开拓、砥砺奋进。中国特色社会主义进入新时代，广大青年奔赴脱贫攻坚、抗击疫情、乡村振兴的第一线，他们英勇冲锋，义无反顾，展现了当代青年有理想、有担当、有本领的精神面貌，"清澈的爱、只为中国"这一最强音从他们的内心中迸发。

习近平在纪念五四运动100周年大会上的讲话中强调："新时代中国青年运动的主题，新时代中国青年运动的方向，新时代中国青年运动的使命，就是坚持中国共产党领导，同人民一道，为实现第一个百年奋斗目标、实现中华民族伟大复兴的中国梦而奋斗。"[1] 这一番高瞻远瞩的讲

---

[1] 习近平：《在纪念五四运动100周年大会上的讲话》，人民出版社2019年版，第10页。

话,向广大青年诠释了:对青年进行社会主义核心价值观教育的时代主题就是实现中华民族伟大复兴的中国梦。广大青年必须深刻认识到这一时代主题,并始终铭记中国共产党自成立之日起就是依靠青年一代不断取得中国革命和建设事业的一次次胜利。中国梦是"国家梦""民族梦"与"人民梦"的汇聚与融合,这个梦想寄托着千千万万中华儿女渴望洗去耻辱、实现民族复兴的殷切期盼,蕴含了社会理想与个人理想的价值统一,体现了物质追求与精神追求的协调一致,展现了中国风格与世界情怀相融合的大国风范。

实现中国梦,必须依靠一代代人的接力奋斗,而青年则是推动实现中国梦的主力军。对青年进行社会主义核心价值观教育,就是要在青年的心灵深处播下真、善、美的种子,使青年将"个人梦"与中国梦结合起来,积极主动地为实现中国梦而踔厉奋发。

(一)青年应将个人梦想熔铸到中国梦中,选择正确的人生道路

人生道路是人们所处一定历史条件和社会关系下的产物,是一个人不断完善自己、提高自己、充实自己,最后成就自己的过程。青年的人生道路是实现青年价值的重要途径。党的十八大以来,习近平站在国家命运与民族命运的全局高度,从实现中国梦的视角出发,提及"中国梦是全国人民的共同理想,也是青年一代应该牢固树立的远大理想"。习近平还指出要培育青年正确的价值观念,"青年的价值取向决定了未来整个社会的价值取向"[①]。习近平立足现实与未来聚焦青年学生提出的重要论述,清晰地阐释了中国梦与个人梦想之间的关系,阐明了青年在实现中国梦中所处的地位和承担的责任,深刻揭示了在实现中国梦的伟大进程中,青年应将个人梦想熔铸到中国梦中,培育正确的价值观念,选择正确的人生道路[②]。

中国梦是大家的梦,是每一个人梦想堆积、汇聚成的共同梦。中国

[①] 习近平:《青年要自觉践行社会主义核心价值观——在北京大学师生座谈会上的讲话》,《人民日报》2014年5月5日第2版。

[②] 骆郁廷、史姗姗:《中国梦教育:大学生思想政治教育新课题》,《思想理论教育》2013年第17期。

梦的实现离不开个人梦想的实现，它以个人梦想为支撑，成为个人梦想的归宿；同时，个人梦想的实现能汇聚成一股强大力量，在一定程度上助推中国梦的实现。个人梦想的实现并非喊口号、浮于表面，它需要在有梦想的基础上还伴有理想、信念、目标等动力，这种动力是一种内在的、强大的、持久的精神力量，它不仅能指引人生方向，还能决定事业成败。毋庸置疑，梦想、理想与人生有着紧密的关系，选择一种梦想就是选择一种理想与愿景，一种成长道路和生活方式。青年与国家、民族发展的关系具有战略意义。习近平一直以来对青年持赞赏和鼓励的态度，认为青年是走在时代前列的奋进者、开拓者、奉献者，是未来的领导者和建设者。因此，青年必须将个人理想与社会理想相结合，将个人梦融入中国梦，将"小我"融入"大我"，与时代齐奋进，形成正确的价值观念，选择正确的人生道路，为实现中国梦的宏伟蓝图贡献力量①。

实现中国梦必须用社会主义核心价值观来筑牢意识形态根基，广大青年需从以下几个方向努力。第一，从国家层面，设置"强国之梦"的价值目标，在践行富强、民主、文明、和谐的价值目标过程中，坚定民族复兴的信心。应通过吸收马克思主义人学中蕴藏的"现实的人""个体的人""主体的人"的思想，逐渐实现"青年价值"，实现自我人生价值的生成、统一与发展。第二，从社会层面，铸成"文明之梦"的价值支点，在践行自由、平等、公正、法治的价值取向过程中，消解负面意识的冲击。应通过吸收中华优秀传统文化中蕴含的"礼之用，和为贵"的文明礼仪、"仁者爱人，仁民爱物"的人文精神、"壮志饥餐胡虏肉，笑谈渴饮匈奴血"的爱国情怀、"天下兴亡，匹夫有责"的责任担当等极具哲理性的东方智慧来丰富自己的价值体系，形成正确的价值观念②。第三，从个人层面，夯实"幸福之梦"的价值基础，在践行爱国、敬业、诚信、友善的价值准则过程中，激发众志成城的热情。应通过积极

---

① 苑晓杰、左靓：《习近平关于新时代青年担当重要论述的三个维度》，《思想理论教育导刊》2020年第12期。
② 王春江、张学亮：《中华优秀传统文化融入思政课教学的思考——基于思政课教学话语转换的视角》，《桂林师范高等专科学校学报》2018年第6期。

吸收革命文化中存在的"坚定理想信念、艰苦奋斗、实事求是、敢闯新路、依靠群众、勇于胜利"的井冈山精神、"坚忍不拔、自强不息、勇往直前"的长征精神、"自力更生、艰苦奋斗、全心全意为人民服务、理论联系实践、不断开拓创新、实事求是"的延安精神等各种先进思想，为选择正确的人生道路提供精神食粮。

（二）青年应将个人梦想熔铸到中国梦中，担当实现中国梦的历史使命

历史使命是指在一定时期内前人未完成的、遗留下来的历史问题逐渐成为现在的人需要解决的使命任务。中国共产党的历史使命就是继续推进实现中华民族伟大复兴。完成这个历史使命不可能是单个人的任务，而是全体中国人民的使命任务，更是整个中国青年学生的使命任务。习近平曾指出："青年是整个社会力量中最积极、最有生气的力量""实现中华民族伟大复兴的中国梦，需要一代又一代有志青年接续奋斗"。[①] 习近平肯定了青年学生在实现中国梦中的价值，明确指出了青年学生独特的地位、具备的特有的力量，阐明了实现中国梦依靠的不仅是单个中国人的力量，更需要发挥数以亿计的青年学生的力量。习近平的讲话表达了对青年担当中华民族伟大复兴大任的殷切希望，鲜明地揭示了青年与中华民族伟大复兴之间的必然关系，也展现了青年在实现中国梦过程中的重要地位与作用。

实现中华民族伟大复兴的中国梦承载着全体中华儿女共同的价值追求，尤其需要强大的精神动力和智力支持，广大青年应从以下几方面努力。第一，青年要提高学习能力，通过刻苦努力学习人文知识、专业知识等理论性知识，不断丰富自身的理论素养，通过发挥主观能动性来增强创新创造意识、完善知识技能体系、提高劳动效率[②]。第二，青年要积极参与社会物质生产和精神生产活动，通过实践来增长自己的本领，及时把所学的知识应用到社会生活的实践中去，在深入一线、深入基层、

[①] 习近平：《在北京大学师生座谈会上的讲话》，《人民日报》2018年5月3日第2版。
[②] 徐国亮、邓海龙：《新时代青年爱国主义教育的四重维度》，《马克思主义理论学科研究》2020年第1期。

深入群众的过程中对所学知识进行检验，不断获取新的知识，提高自身本领，锤炼良好的意志品质。在整个学习和实践的过程中，青年要继续发挥聪明才智，继续砥砺爱国之情、强国之志，以饱满的参与热情、高昂的精神风貌自觉担负时代重任，使自己在实现中国梦中成为"有执着的信念、优良的品德、丰富的知识、过硬的本领"的新时代青年，成为"要忠于祖国、忠于人民，要立鸿鹄志、做奋斗者，要真学问、练真本领，要知行合一、做实干家"的时代中坚力量。

（三）青年应将个人梦想熔铸到中国梦中，努力为人民谋幸福

为人民谋幸福是一个意义深远的话题，在不同的阶段有不同的内涵，每一阶段不同的内涵以变化又连续的姿态与时代结合，构成"为人民谋幸福"纵横交错的时空坐标。历史是人民创造的，中国共产党的根基在人民，血脉在人民。中国共产党始终将人民的幸福线视为党和国家的生命线。"为人民谋幸福"镌刻在中国共产党的党旗上，"中国共产党坚持全心全意为人民服务的优秀事迹"书写在中国大地上，人民性生动诠释了中国共产党"一切为了人民"的政治立场。习近平曾叮嘱新时代青年"国家的前途，民族的命运，人民的幸福，是当代中国青年必须和必将承担的重任"。习近平也曾寄语广大青年"要以国家富强、人民幸福为己任"[①]。习近平对青年学生给予了高度的重视并寄予了殷切的希望，希冀在新时代条件下青年能将个人梦想熔铸到中国梦中，努力为人民谋幸福。

"国家富强+民族复兴+人民幸福"勾勒出中国道路鲜明的价值愿景，也诠释了中国梦的深刻内涵。中国梦的终极价值目标是人民幸福，国家富强和民族复兴归根结底是为了造福于人民。因而，青年学生的奋斗目标也应是追求人民的幸福，为满足人民群众日益增长的美好生活需要而不懈奋斗。广大青年应从以下三个方面努力。第一，青年应该将个人价值的实现与为祖国和民众服务相结合，将个人理想融入国家梦想，

---

① 习近平：《在知识分子、劳动模范、青年代表座谈会上的讲话》，《人民日报》2016年4月30日第2版。

将个人智慧融入集体智慧,将个人力量融入集体力量,在实现人民幸福的过程中实现自我充实、自我升华、自我超越。第二,青年应当承担社会责任,深入基层,通过发挥个人专业优势,利用自己的专业知识,走进中小学、社区、企事业单位,走进农村大地,走上街头广场,从点滴做起,成为先进知识与专业技术的公益传播者,推动社会治理的发展和社会文明的进步。第三,青年要具有帮扶意识,要自觉协助社区以及相对落后地区的发展,通过支教、助农、支医、技术帮扶等社会实践活动,解决民众在生产和生活中的实际困难,并结合当地的发展特色提出实实在在的建设性意见,带动当地实现实际发展效益,用自己的实际行动实现为人民谋幸福。

第二节 价值论:回答"为什么"的应然诉求

青年社会主义核心价值观教育的价值论,主要是回答"为什么"的应然诉求。加强青年社会主义核心价值观教育,能够巩固社会主义主流意识形态,为构建和谐社会提供方向保证;推动立德树人工作,为培养时代新人提供目标遵循;坚定文化自信,为建设文化强国提供动力支撑[①]。

一 巩固社会主义主流意识形态:为构建和谐社会提供方向保证

意识形态是一定社会阶级或集团为凝聚团结社会成员,以意识、文化、价值观等为核心内容而构建的思想理论体系。意识形态建设是聚人心、提士气、守防线的基础工程,关乎民族凝聚力、国家安全性和政党生命力,是社会良性运行和稳定发展的稳压器。习近平在党的二十大报告中指出:"我们确立和坚持马克思主义在意识形态领域指导地位的根

---

① 冯刚、郭鹏飞:《对意识形态本质的一种解读——以价值观念为中心》,《思想理论教育导刊》2013年第6期。

本制度,新时代党的创新理论深入人心,社会主义核心价值观广泛传播,中华优秀传统文化得到创造性转化、创新性发展,文化事业日益繁荣,网络生态持续向好,意识形态领域形势发生全局性、根本性转变。"① 我国社会主义意识形态问题是解决举什么旗、走什么路、到哪里去的问题。社会主义核心价值观作为我国社会主义意识形态的价值之魂,具有强大的凝聚力、引领力,它是我国各个阶层社会成员价值观的"最大公约数"。构建社会主义和谐社会,旨在建设一个民主法治、公平正义、诚信友爱、充满活力、安定有序的社会。只有每个公民具备了和谐素养,逐步实现人自身和谐、人际和谐、人与社会和谐、人与自然和谐,整个社会才能成为和谐社会。意识形态领域出现问题,直接影响社会的和谐稳定。

当今世界意识形态领域的竞争,最主要的就是对青年学生的争夺。因为,青年的价值取向决定整个国家未来的价值取向,赢得青年才能赢得未来。加强青年社会主义核心价值观教育有利于提升社会主义主流意识形态的生命力、增强社会主义主流意识形态的凝聚力、彰显社会主义主流意识形态的影响力、提高社会主义主流意识形态的感召力,为构建和谐社会提供方向保证。离开"青年社会主义核心价值观教育"而谈巩固"社会主义意识形态",社会主义意识形态工作就会变成空中楼阁。青年正处于价值观形成的关键时期,抓好这个关键时期的教育,筑牢青年的意识形态防线,能让广大青年在社会主义核心价值观的指引下,逐步实现人际关系和谐、人与自然关系和谐、人与社会关系和谐。这样,青年就能自觉抵御各种不良思想的入侵,成为我国牢牢掌握主流意识形态阵地主动权、话语权的坚实屏障,确保建设和谐社会朝着正确的方向迈进。

二 推动立德树人工作:为培养时代新人提供目标遵循

立德树人强调"以德立人,树人以德"。"德"不可能自然形成而需

---

① 《习近平著作选读》第一卷,人民出版社2023年版,第9页。

要"立","人"不可能自发成才而需要"树"。"立",就是培育、修养、践行之意;"树",就是培养、造就、锻炼之意。有德无才是半成品,有才无德是危险品,有德有才是正品。"立德"是为了"树人",而"树人"首先要"立德"①。新时代落实"立德树人"根本任务,必须以坚持正确的政治方向为根本遵循,以引导学生树立正确的世界观、人生观、价值观为价值追求。习近平指出:"要在加强品德修养上下功夫,教育引导学生培育和践行社会主义核心价值观,踏踏实实修好品德,成为有大爱大德大情怀的人。"②"立德树人"是教育工作的中心环节,是教育事业发展必须始终牢牢抓住的灵魂。社会主义核心价值观是一种"德",既是个人之"小德",也是国家之"大德"。习近平曾提出:"培育和践行社会主义核心价值观,要以培养担当民族复兴大任的时代新人为着眼点。"人才的培养对一个国家的兴衰成败起着决定性作用。青年肩负着实现中华民族伟大复兴时代重任,加强青年社会主义核心价值观教育,能够推动"立德树人"工作,为培养时代新人提供目标遵循。

时代新人是在新时代新的历史方位下培育的社会主义新人,是适应新时代发展新需要而提出的新的育人目标。适应新时代需要的时代新人必须德智体美劳全面发展,其中,"德"起着统领作用。也就是说,时代新人应有善良的道德意愿和道德情感、有正确的道德判断和道德责任、有稳定的道德理性和道德行为。爱因斯坦曾说过,"用专业知识教育人是不够的,通过专业教育,他可以成为一个有用的机器,但是不能成为一个和谐发展的人"。因此,在加强青年专业知识教育的同时,更需要加强青年的品德教育。社会主义核心价值观在形式上表现为简单的十二个词语,但在本质上却覆盖全面、内涵丰富,是时代新人应具备的基本道德规范。社会主义核心价值观在国家、社会、公民三个层面对青年进行了明确的精神指引,开展青年社会主义核心价值观教育能引导青年扣好人生第一粒扣子,让青年对国家、社会、自我建立正确的价值认知并将其

---

① 陈勇、陈蕾、陈旻:《立德树人:当代大学生思想政治教育的根本任务》,《思想理论教育导刊》2013年第4期。
② 《习近平著作选读》第二卷,人民出版社2023年版,第198页。

转化为日常行为习惯，使青年成为有大爱、大德、大情怀的人。这样，青年就能充满爱国之情、实干之风、创造之力，始终保持强大的内驱动力，为实现中华民族伟大复兴不懈地奋斗。

三 坚定文化自信：为建设文化强国提供动力支撑

文化自信，体现为国家、民族以及政党对自身文化价值的充分肯定与遵从。坚定文化自信，可以使理论更科学、道路更明确、制度更优越。国家的文化软实力，从根本上说，取决于其核心价值观呈现的生命力、感召力、凝聚力。社会主义核心价值观是我国文化软实力的灵魂与支柱。坚定文化自信，核心是要培育和践行社会主义核心价值观。加强青年的社会主义核心价值观教育，能够坚定青年的文化自信，激发广大青年学子由内而外的家国情怀，形成持久的精神动力，为建设文化强国提供动力支撑。

习近平指出："要用社会主义核心价值观引领文化建设。"[①] 社会主义核心价值观源自中华民族文明孕育的中华优秀传统文化，熔炼于党领导人民在革命、建设、改革中创造的革命文化和社会主义先进文化，根植于中国特色社会主义伟大实践。青年是国家的未来、民族的希望。如果一个民族无法牢固树立青年学生的主流价值观，就必然导致青年学生迷失方向、民族文化呈现自我否定趋势，长久下去，还怎么来谈论树立文化自信、建设文化强国？对青年开展社会主义核心价值观教育，一是有利于引导广大青年从对中国特色社会主义文化的认知从表层的情感认同转为更深层的行为实践，使文化自信成为广大青年投身于中国特色社会主义实践的精神支撑[②]；二是有利于弘扬中国优秀传统文化和革命文化，使其更富生命力，让广大青年成为中国优秀传统文化、革命文化的传播者；三是有利于推动社会主义先进文化的发展，更加丰富社会主义先进文化的内容，让广大青年深刻领会社会主义先进文化的精神实质，

---

① 习近平：《关于〈中共中央关于坚持和完善中国特色社会主义制度 推进国家治理体系和治理能力现代化若干重大问题的决定〉的说明》，《人民日报》2019年11月6日第4版。
② 张伟、陈士军：《略论培育大学生社会主义核心价值观的四个维度》，《高教论坛》2021年第3期。

成为社会主义先进文化的建设者与开拓者;四是有利于切实发挥"建设社会主义文化强国"战略的巨大影响力,让中国特色社会主义文化不仅在国内舞台绽放光彩,还在国际舞台上充分展现出自身的"个性化"和影响力,并为推动世界文化繁荣和进步做出更大的贡献。广大青年是实现中国梦的主力军,是国家未来发展建设的动力源泉,筑牢青年的文化自信,建设文化强国就会有源源不断的动力。

第三节 认识论:回答"怎么看"的理论问题

青年社会主义核心价值观教育的认识论,主要是回答"怎么看"的理论问题。从认识论的视角分析:青年社会主义核心价值观教育是在青年学生的心灵上开展教育,立德树人时代背景下的青年社会主义核心价值观教育应体现主导性与主体性的联动、情感性与情境性的统一、实践性与实效性的融合、人本性与人文性的和谐。

一 主导性与主体性的联动

社会主义核心价值观是构建和谐社会的思想基础,为促进中华民族团结提供价值引领。中国式现代化视域下的青年社会主义核心价值观教育,具有特定的价值与使命任务、目标与内容要素,这就需要对各类教育资源进行协同整合,产生强大的示范引领力,发挥青年社会主义核心价值观教育的主导作用。否则,教育就会迷失核心价值观应坚持的正确方向。青年学生正处于人生的"拔节孕穗期",最需要精心栽培。如果青年社会主义核心价值观教育缺乏主导性,青年学生的心灵世界就会出现迷茫,陷入"价值真空"的泥沼,就容易导致"价值混乱"的困厄,甚至出现"价值错位""价值扭曲"的乱象。因此,青年社会主义核心价值观必须具有主导性,通过教育目标的主导性实现、教育内容的主导性把握、教育方法的主导性实施,产生强大的引领力,为青年学生的思想观念和行动方式提供正确的价值目标和价值遵循。

青年社会主义核心价值观教育的过程并非单向的、系统"灌输"的,而是青年学生自觉选择、加工、建构社会主义核心价值观教育内容与方法的"双向"过程。青年社会主义核心价值观教育的本真状态是自教自律,是青年从教育走向自我教育的过程。自我教育是青年主体性教育生成的高度自觉。青年社会主义核心价值观教育要体现青年学生的主体性,通过发挥青年学生自身的主观能动性改造自身的主观世界,在不断进行自我建构的基础上实现自我发展。也就是说,青年社会主义核心价值观教育要以青年为中心,一切依靠青年,一切为了青年,充分发挥青年的主动性与积极性,极大释放青年的自主性,使青年内在潜能被最大限度挖掘。这意味着,一方面要相信青年,肯定青年的主体地位,肯定青年能够自我创造和自我发展;另一方面要承认和尊重青年的主体地位和主体人格。通过不断激发青年自我教育、自我管理、自我服务的动能,促使社会主义核心价值观与青年学生的思想、情感、行为相融合,促使青年学生对社会主义核心价值观的态度由自发转向自觉。

二 情感性与情境性的统一

情感教育的研究表明:认知和情感以人的生命为媒介,彼此融合、成长、发展。英国唯物经验论的开创者培根认为:情感是影响人的心灵和精神乃至行为的重要因素。价值观教育的实质是对人精神世界产生影响,在这过程中,逻辑思维的理性作用、形象思维的发散作用都只是冰山一角,情感的作用至关重要。因此,价值观教育必须研究各种情感之间的相互作用,帮助人们学会"怎样以一种情感影响另外一种情感,怎样以一种情感掌控另一种情感",从而让人泰然自若地应对一切问题。社会主义核心价值观中蕴含着抽象的价值规定,必须通过青年学生的情感调控系统通达至更高的精神层面,情感调控系统是供给生命和人格成长的养料补给①。开展青年社会主义核心价值观教育,不能将青年学生

---

① 沈壮海:《办好思政课的根本遵循——写在习近平总书记主持召开学校思想政治理论课教师座谈会两周年之际》,《国家教育行政学院学报》2021年第1期。

看作单向度的、工具化的人，而应把青年学生看作一个个有血有肉、有思想、有情感的对象主体。青年社会主义核心价值观教育是蕴含着情感的教育，应该用有情感温度的教育主体、教育内容、教育方式来影响青年学生，让青年把内心的价值观冲突过程沉淀为情感体验，这种情感体验是从知识认知到信念升华的必经之路。

价值观教育作用于人的精神世界，与人的感情、品格和心灵等深层次生命意义相对应，这与直接教授学科知识不完全相同。在不同的价值观中寻找价值共识，共同的价值规则必不可少。如何让人们达成目标一致的价值共识，这就要看青年能否对他者处境产生共情。价值观可以理解为人在与具体情境的相互作用过程中形成的"对我而言的重要性价值"，通过情境渲染映射于概念意识层面。这些映射形成后，在人的精神图谱中不断得到强化，最终夯实成为人精神的一部分，呈现在人的整个生命周期中。因此，青年社会主义核心价值观教育要用特定时间和空间来营造特定情境，推动青年产生更加美好的生命体验。这些美好的生命体验超脱个体生命而上升成为价值共识是价值观教育的必经之路。

三　实践性与实效性的融合

马克思认为："哲学家们只是用不同的方式解释世界，问题在于改变世界。"[①] 根据马克思主义原理，实践是认识的来源，是认识发展的动力，是检验认识是否正确的唯一标准，全部社会生活在本质上是实践的。对于青年社会主义核心价值观教育，我们既不能像唯心主义那样抽象化理解，也不能如旧唯物主义那般依靠经验直观或先验理性来理解，我们应该从实践的视域去理解。社会主义核心价值观是在实践中孕育和诞生并且又在实践中不断丰富和发展的科学思想凝练。实践赋予了青年社会主义核心价值观教育无限的生机和活力，同时，也只有实践能够证明青年社会主义核心价值观教育的成效。列宁认为："学习、教育和训练如果只限于学校，而与沸腾的实际生活相脱离，那我们是不会信赖的。"因

---

① 《马克思恩格斯文集》第1卷，人民出版社2009年版，第502页。

此,开展社会主义核心价值观教育仅仅在书本里、课堂上学习是不够的,必须面向实践、面向现实世界,认识和把握现实生活,把现实和实践紧密联系起来,在社会大舞台的实践中去认识真理、检验真理,用实践中获得的真实力量来教育青年、说服青年、改造青年。

教育的价值在于其实效性,停留在"喊口号"层面的教育仅仅是"海市蜃楼"。青年社会主义核心价值观教育实效性的提升需要久久为功,它是一个长期积淀、潜移默化的过程。在这个过程中难以找到从量变积累到质变飞跃的明确分界点。有的人开展了几次"红岩魂"诗歌朗诵、组织了几次"重走长征路"活动、举办了几次"学雷锋"青年志愿者活动,就急忙声称"学生的社会主义核心价值观水平有了新突破";有的人认为学生在严格管束下,近期没有考试作弊事件发生,就大声宣扬达到了教育效果……这些行为都是非常幼稚的。社会主义核心价值观教育对象主体所表征的复杂性提醒我们,不能以某个单一的尺度作为衡量社会主义核心价值观教育实效性的标准[①]。我们必须认识到社会主义核心价值观教育是一个潜移默化的过程,是一个行为主体逐渐形成社会主义核心价值观要求的价值准则、会自己进行价值选择、能够按照要求进行道德约束的过程,因而,其实效性的表现形态也就是多种多样的。

四 人本性与人文性的和谐

泰勒的行为目标评价模型将人的认知过程分成一系列子过程,通过子过程"1+1=2"的简单叠加来建立内部信息加工模型。事实上,这种评价模型缺乏对人的整体性的研究,因为部分之和并不能完全代表整体。人本主义则将人看作一个整体,从整个人的视角来研究人的心理现象,强调由于遗传、环境等因素不同,每个人都呈现着个体差异。中共中央办公厅印发的《关于培育和践行社会主义核心价值观的

[①] 王雅洁:《研究新时期大学生思想新特点搞好"两课"教学》,《中国科技信息》2005年第17期。

意见》指出：培育和践行社会主义核心价值观必须"坚持以人为本，尊重群众主体地位，关注人们利益诉求和价值愿望，促进人的全面发展"。青年社会主义核心价值观教育的出发点是青年，归宿点也是青年。青年有自己的认知、情感，并且每一个青年都是一个独特的个体，青年对价值观的学习是有选择权的。因而，开展青年社会主义核心价值观教育，必须突出以青年为本、因材施教，围绕青年、关照青年、服务青年，为青年提供成长成才个性化服务，充分尊重与发挥青年自我教育、自我管理与自我服务的作用。也就是说，开展青年社会主义核心价值观教育一方面要关心、理解、尊重青年，深入了解青年的性格特征、思想状况、生活习惯、学习兴趣、交往形式和话语呈现，洞察青年之需，摸清掌握青年学生的普遍需求和特殊需求，找到青年的"痛点""痒点"和"兴奋点"，既满足一般，又不忽略个例；另一方面要在尊重青年的主体差异性之下，遵循因材施教的原则，重视青年的参与和反馈，注重"用户体验"，精准设计青年社会主义核心价值观教育的方法和载体，在促进青年成长成才的过程中，激发其接受社会主义核心价值观教育的内生动力。

现代的"人文主义"追求价值理性，强调对人生价值的观照，是对"人应当如何生活""人之为人的价值标准"等一系列命题的自我意识和对一种全面发展的理想人格的肯定和塑造。人文性存在于许多领域，在教育学中，人文性是指在教育过程中要注重受教育者内心的感受，激发受教育者的创造力和生命力，指引受教育者"如何做人"，帮助受教育者更好地处理人与自然、人与社会、人与人之间的关系，引导受教育者实现自我成长。人文性最关注的是爱和关怀。爱和关怀是教育的灵魂，没有爱和关怀的教育是扭曲的教育，只有爱和关怀才能打破教育者和受教育者之间的心灵隔绝状态，真正实现教育双主体间的心灵交流，凸显用生命影响生命。青年社会主义核心价值观教育是以青年为对象、围绕青年而展开的社会实践活动，必须建立在人文精神的沃土上，根据青年个体实际思想道德状况和发展层次，开展有目的的规划和引导，加强与青年在感情上的联系、思想上的沟通、语言上的交流，在尊重青年的批判性、超越性的基础上对青年进行心理疏导，通过教育带给青年爱和温暖，使青年产生信任感，让青年在民主、平和、真诚、友善的气氛中变成能动的"接受者和加工者"，完成对社会主义核心价值观的自主学习、自主选择、自主建构。从某种程度而言，离开人文性而孤立地抓青年社会主义核心价值观教育，犹如无源之水、无本之木。

第四节　话语论：回答"怎么说"的话语艺术

话语是由语言、情境、立场、态度价值观等构成的体系，话语的表达必须依靠某种承载系统，才能被恰当存储、解释与传播。作为中国话语和中国叙事体系的重要组成部分，社会主义核心价值观教育话语体系和社会主义核心价值观教育叙事体系如何更好地阐释中国特色社会主义实践，如何在话语的选择和传播体系的构建中更有效地落实"立德树人"根本任务，既是社会主义核心价值观教育的时代课题，也是传播中国声音、讲好中国故事的现实需要。社会主义核心价值观教育的青年话语艺术是一个包含了话语内容、话语风格以及话语形态的立体结构系统，由多种力量形成合力。习近平在不同场合重要讲话中所展现出的朴素、务实、亲切、温暖等富有个性的语言风格，使得马克思主义中国化话语体系不断被形塑与丰富，从而在推动马克思主义中国化时代化的同时，为青年社会主义核心价值观教育话语创新提供了逻辑理路与操作方法。[①] 青年社会主义核心价值观教育"怎么说"的问题，包含了三个维度：运用话语情境之妙、展现话语风格之美、实现话语形态之活。

一　运用话语情境之妙

话语情境指的是话语所处的具体环境和场所，可以包括时间、地点、

---

① 孙晓琳、庞立生：《思想政治教育话语传播的本质规定、生活基础与叙事逻辑》，《思想教育研究》2022 年第 5 期。

历史背景、社会文化背景等要素。话语中的个性和话语风格就是通过这种话语情境体现出来的。不同语境可以表现不同的格调、色彩、气势和节奏从而产生不同的效果。就对青年进行社会主义核心价值观教育而言，选择恰到好处的话语情境能充分激发青年的学习热情，从而取得事半功倍的效果。

（一）选择合适的时间切入点

话语情境中时机的选择是一门值得推敲和学习的功课，恰当的时机做恰当的事，能够达到事半功倍的效果；在不合时宜的时机做不合适的事，不仅效果不尽如人意，还会平白浪费亏损一些人力、物力、财力资源。青年社会主义核心价值观教育应选择合适的时机开展教育。

在抗击新冠疫情的斗争中，无数医护人员、志愿者还有解放军战士奔赴一线，冒着生命危险加入抗疫中，书写下可歌可泣、感人肺腑的壮丽篇章。无私奉献、勇于斗争、生命至上、舍生忘死等优秀品质从书本映照到了现实世界，无数优秀的先行者向他们的后代言传身教地展现了社会主义核心价值观的科学内涵。在抗疫的艰难过程中，向青年学生宣传抗疫优秀事迹，是开展社会主义核心价值观教育的最好时机。84岁高龄的"共和国勋章"获得者钟南山院士在武汉疫情最为胶着时，毅然奔赴抗疫一线，亲自带领广大志愿者抗疫，成功鼓舞了大家战胜疫情的决心和信心。在这场没有硝烟的战斗中，无数像钟南山院士一样的志愿者，如张伯礼、张定宇、陈薇等英雄用实际行动诠释了德艺双馨、生命至上的精神，挽救了无数条生命。从湖北武汉到全国各省各市，全国人民齐心协力、同甘共苦，在疫情斗争中凝聚出强大的人民合力；从国内到全球公共卫生突发事件，中国的抗疫人员为世界和平安全助力，互帮互助中展现了中华文化的无边大爱和崇高情怀。巧妙利用"抗击疫情"这个时间节点，组织"共上一堂思政大课"等特色活动，通过向青年学生宣传抗疫优秀事迹，能让青年学生更好地铭记英雄的光荣事迹，鞭策青年学生在以后的生活中践行社会主义核心价值观。2023年8月，日本政府正式决定向海洋排放核污水。这一举动引起全球社会各界的高度关注和深切担忧。海洋是全球人类的共同财产，核污水处理问题同地球上各个国家利益密切相关。核污水的排放不仅严重危及全球的海洋生态环境和人类健康，而且极大地削弱了国际社会对于海洋公共安全的信心，使得国际社会在其他海洋公共安全事务上的合作更加困难。在这个特殊的时间节点，组织青年学生探讨日本核污水事件能使社会主义核心价值观教育收到事半功倍的效果。中国一直倡导共建人类命运共同体，宣扬尊重自然、保护自然、与自然和平相处的和谐价值观。我们应该告诉青年：每一个公民都有追求未来美好生活的权利，全世界人民平等地生活在地球上、平等地享有生存资源，大家应该一起保护我们的生存家园和生态环境，任何破坏地球生态、损害全球人民利益的行为都会激起公愤；日本这种自私、不负责任的行为终会自食恶果，会受到大家的唾弃和谴责，也终将被法律和国际社会制裁。

（二）选择合适的场所开展

社会主义核心价值观的传播，需要借助一定的空间范围和资源设施。红色资源是红色文化的鲜活载体，承载着党的光辉历史和优良传统，能给青年学生提供强大的精神动力。前人的丰碑，后人的课堂。红色资源场馆是距离革命先辈最近的地方，是革命精神和信仰的地标。选择红色资源场馆开展社会主义核心价值观教育，组织青年学生赴革命遗址、红色博物馆、党史馆参观学习，能让红色资源成为独具特色的社会主义核心价值观话语情境。中国的红色资源场馆众多，例如南湖革命纪念馆，位于浙江省嘉兴市，嘉兴南湖是中国共产党诞生地、中国革命红船的启航地，我们能从中国共产党建党的初心和使命中看到中国人民想要实现国家富强、民族振兴、人民幸福的强烈希冀。选择南湖革命纪念馆作为开展社会主义核心价值观的场所，能让青年感受到实现国家繁荣发展是时代赋予青年的使命和任务。再如百年前爱国学生"五四运动之路"，曾是中国早期马克思主义主要传播阵地，从北大红楼到天安门再到东郊民巷，这一路都能感受到五四运动时爱国学生的热血沸腾。选择"五四运动之路"作为开展社会主义核心价值观的场所能让以"爱国、进步、民主、科学"为主要内容的伟大五四精神闪耀光芒，让新时代青年深切感受到当年的"五四青年"为国奉献的高尚情怀。

二 展现话语风格之美

话语风格是话语内容的外在体现。青年社会主义核心价值观教育的话语风格在实践中发挥着建构教育主体之间、教育主体与教育对象主体之间、教育对象主体之间内在关联的重要作用①。青年社会主义核心价值观教育话语风格的美化提升是指在技术层面对社会主义核心价值观内容进行优化，使其更有针对性和引领性。美化以后的话语风格可以陶冶情操、净化心灵，也能最大限度地吸引青年学生。

一方面，话语表达要有针对性。不同的话语风格会激起受众不同的反应。青年社会主义核心价值观教育的话语风格是针对青年学生而言的。实现人的全面发展是马克思主义的出发点和归宿点，"以人为本"是马克思人学思想中国化的体现。青年社会主义核心价值观教育的出发点和归宿点都是"青年"，始终要考虑的是"青年"的主体性、能动性。青年社会主义核心价值观教育的话语风格应充分尊重青年学生的主体地位，把"以人为本"的情怀贯穿于青年社会主义核心价值观教育过程始终，尊重青年、关心青年、爱护青年，适应青年学生的个性需求和特点②。"90后""00后"的青年学生思维最活跃，是最容易接受新鲜事物以及走在社会前列的群体，同时也是思想抵抗力低、情绪可调性弱、行为容易走偏的群体。对青年开展社会主义核心价值观教育要准确把握青年思想、情绪、行为中隐藏的特征和其身心发展的基本规律，再对其因材施教，充分激发青年学生的积极性、主动性和创造性，这样才能深入青年内心。

另一方面，话语表达要有引领性。话语传播是社会主义核心价值观具体内容再呈现的过程。以何种样态传递社会主义核心价值观的核心要义和价值取向，取决于社会主义核心价值观话语传播如何发挥价值引领

---

① 刘爱玲：《互联网视域下思想政治教育场域的转换与重构》，《思想理论教育导刊》2020年第6期。

② 郑敬斌、刘敏：《思想政治教育话语亲和力提升问题研究》，《思想理论教育导刊》2020年第3期。

作用。青年社会主义核心价值观教育话语建构的最根本任务就是以"三个倡导"为逻辑起点，创造出一系列与中国式现代化语境相呼应并且能够统领与升华社会主义核心价值观的话语。通过这些话语呈现，激活社会主义核心价值观的内在凝聚力和感召力，为青年学生的行为提供价值引领。话语表达要有引领性主要体现在以下三个方面：第一，坚持马克思主义的指导地位。在话语表达上要引导青年学生正确认识马克思主义意识形态领域的指导地位，正确认识马克思主义中国化的时代进程，进而正确认识马克思主义和社会主义核心价值观的关系。第二，坚持社会主义本质属性。青年社会主义核心价值观教育的话语风格要把实现国家富强、人民富裕的社会主义本质属性与之融为一体，通过话语风格引导青年学生在坚持社会主义本质属性的前提下吸收树立社会主义核心价值观理念[1]。第三，坚持正确的政治方向。青年社会主义核心价值观教育应引导青年学生坚持走中国特色社会主义政治发展道路，坚持爱国、爱党、爱社会主义的有机统一，引导青年学生能够在正确政治方向的引领下树立正确的价值观念。

三 实现话语形态之活

话语形态是指话语运用过程中形成的固定化、习惯化、系统化的表达模式。社会主义核心价值观内涵丰富、立意深远，在开展青年社会主义核心价值观教育时要对其进行深刻解读，对内涵、外延进行翔实补充，用各种鲜活事例、表现手法对其进行生动形象的阐释，并用符合青年思想、行为特征的话语形态进行表达，让青年更乐于接受。

其一，宣教话语向生活话语转化。社会主义核心价值观具有很强的意识形态属性，很容易被抽象化、理论化，难免会给人以笼统、晦涩、僵硬之感。理论是灰色的，而生活之树长青。对青年学生开展社会主义核心价值观教育并不是简单、僵硬的词汇堆积，也不是对社会主义核心

---

[1] 张科、龙汉武、唐凌：《论大学生思想政治教育践行立德树人的基本路径》，《西华师范大学学报》（哲学社会科学版）2016年第3期。

价值观的内容进行机械的听说读写。这就需要在开展教育时以生活化的语言方式对青年学生进行思想熏陶,将学理性语言和生活化语言无缝对接,实现宣教话语向生活话语的转化。事实上,这也是体现国家中心向人民中心的转化。人民性是社会主义核心价值观话语的本质属性。习近平在其重要讲话中,善于用熟悉的环境、常用的事物、日常的爱好表达思想,善于用家常话拉近距离,善于用简单的语言讲清楚深邃的理论。习近平用"空气"来比喻社会主义核心价值观的重要作用,强调社会主义核心价值观教育的生活化、隐性化路径;习近平将思想政治工作比作"盐",强调思想政治工作的不可或缺性;习近平用"拔节孕穗期"形容青年处于价值观形成的关键时期,需要精心栽培;习近平用"人生的扣子一开始就要扣好",强调青年培育社会主义核心价值观的极端重要性……习近平关于青年社会主义核心价值观教育的话语表达具有鲜明的生活化特点,从生活体验和感受出发"接地气",远胜于哲学抽象论证和道理说教。青年社会主义核心价值观教育必须实现由宣教话语向生活话语转化,使教育更富有亲和力与感染力,这样才能更容易得到青年学生的广泛认同。

其二,理论话语向叙事性话语转化。理论话语是指用理论论述的方式展开的话语讨论,叙事性话语则是指以平和、宛如讲故事般娓娓道来的话语来开展讨论。习近平在诸多重要讲话、理论文章、访谈中都善用讲故事的方式来传递中国智慧和彰显中国力量。例如:在抗击新冠疫情的伟大斗争中,习近平用一个个鲜活的故事向世界讲述中国共产党人是如何依靠人民、带领人民打赢这场疫情防控战的,中国共产党是如何带领全国人民一同奏响慷慨激昂爱国主义颂歌的。习近平所讲的故事有很强的"带入感",所描述的内容有很实的"画面感",使受众很快产生"即视感"和"认同感",让人在平凡之中见伟大,使人印象深刻,教人主动思考。对青年学生开展社会主义核心价值观教育不能过于依赖理论知识灌输,必须运用讲故事、用俚语、引经典的方式将抽象、枯燥的理论具体化、生动化,进而打通主体间的话语间隔,在平和、叙事性的语言表达中激发青年学生的共情心理,提升他们的价值共鸣。在叙事技巧上,应注重将社会主义核心价值观转化为传统故事、革命故事、榜样故事,将传统主流的"宏大叙事"转化为寻常百姓的小故事,讲好见事实、见情节、见细节的有血有肉的故事。青年社会主义核心价值观教育实现由理论话语向叙事性话语转化,使教育更富有"人情味"和"温度",这样才能更容易得到青年学生的广泛认知认同。

其三,书本话语向数字话语转化。书本话语是指教育主体在传播价值观念时采用的书面化语言。数字化语言是指将话语内容与"互联网+"相结合而产生的新的语言表达形态。全媒体时代要将文字媒体、电子媒体、新兴媒体等进行重新编码,打造"全程媒体、全息媒体、全员媒体、全效媒体"的青年社会主义核心价值观教育的话语形态,进一步提高话语的传播力,实现话语形态之活,扩大社会主义核心价值观的影响力①。实现书本话语向数字话语转化需要从宏观和微观两方面着手。从宏观层面分析:应构建主流话语体系的多模态呈现,实现社会主义核心价值观话语的多向度传播;主流话语体系传播需要超越"声像"范式,综合运用文字、图像、声音、视频、动画、图表、色彩等交叉多模态方式,发挥视觉、听觉、触觉等多感官体验作用,扩大主流话语体系传播影响力和受众接纳度。从微观层面分析:应将书本话语融入网络,用观点鲜明、逻辑正确的网言网语对青年学生进行社会主义核心价值观教育;应结合励志、轻松诙谐、正能量等风格的文案形式,设计有创意的社会主义核心价值观的话题讨论;应利用数字话语传递短小鲜活、有热点温度的信息,如利用传播平台进行社会主义核心价值观短视频、微视频的创作,让青年学生在更直观的数字话语中感受社会主义核心价值观教育的魅力,提升青年学生的道德素养②。

---

① 孙秀艳:《社会主义核心价值观的方法论观照》,《东南学术》2017年第6期。
② 毕亮:《新媒体视域下大学生社会主义核心价值观培育路径探析》,《扬州大学学报》(高教研究版)2020年第5期。

第五节 方法论：回答"怎么做"的实践方略

方法论是旨在解决问题的理论体系，它决定了人们观察事物和解决问题的方式方法。人类历史实践上的每一项巨大成功，都离不开科学方法论的指导。习近平指出："广大青年要从现在做起，从自己做起，勤学、修德、明辨、笃实，使社会主义核心价值观成为自己的基本遵循，并身体力行大力将其推广到全社会去，努力在实现中国梦的伟大实践中创造自己的精彩人生。"① 青年肩负民族复兴的重任，是社会主义现代化建设的中坚力量。青年必须按照国家的要求铸就人生发展的正确航标，不但要抱负远大、意蕴深厚，行稳致远、砥砺前行，还要紧扣时代脉搏、实事求是，将社会主义核心价值观转化为人生的价值遵循：在勤学善思上下功夫，夯实社会主义核心价值观的认识基石；在修身养德上下功夫，将崇德修炼放在为人处世的首要位置；在辨明是非上下功夫，把握正确的判断力与抉择力；在躬行实践上下功夫，自觉将社会主义核心价值观付诸实践②。习近平的重要讲话，为全社会培育和践行社会主义核心价值观提出了重要的方法论指引。

一 要勤学：下得苦功夫，求得真学问

习近平指出："知识是树立社会主义核心价值观的重要基础，为学贵在钻研，贵在勤奋，贵在永恒。""勤学"是指勤奋好学，即下得苦功夫，求得真学问。勤学是青年学生树立和践行社会主义核心价值观的重要基础。学习是青年安身立命之根本。培育社会主义核心价值观的关键在于知行合一，"知"是前提条件。因此，青年要勤学以增智。首先，

---

① 习近平：《青年要自觉践行社会主义核心价值观——在北京大学师生座谈会上的讲话》，《人民日报》2014年5月5日第2版。
② 杨斌、徐之顺：《整合与重构：高校核心价值观教育的路径选择》，《苏州大学学报》（哲学社会科学版）2016年第6期。

青年要勤奋学习社会主义核心价值观的科学内涵。十二个社会主义核心价值观的主题词内涵各不相同，是中国特色社会主义的经济、政治、文化、社会、生态等方面在价值观念上的集中反映。青年必须经过持之以恒地学习，深刻领悟社会主义核心价值观所蕴含的十二个核心词汇的科学内涵，才能夯实践行社会主义核心价值观的理论基础。其次，青年要广泛学习和吸收中国优秀传统文化中的精华。中华儿女自强不息、顽强拼搏，在五千年悠久的历史长河中开创了辉煌的华夏文明。例如"出入相友，守望相助"的友善思想、"诚者自成也，而道自道也"的诚信思想、"先天下之忧而忧，后天下之乐而乐"的爱国思想等。这些优秀思想跨越时间和空间传承至今仍蕴含着重要的价值。社会主义核心价值观是对传统文化精髓的继承与弘扬。因此，青年要充分汲取中国优秀传统文化中的养分，做到勤学苦思，好谋善断，不断筑牢知识基础。最后，青年对待学习要有持之以恒的决心和毅力。对青年来说，学习是永恒的主题。今日之学习，恰如逆水行舟，不进则退。要下得苦功夫，才能求得真学问。青年是未来世界的主导者，应该具有对知识矢志不移、精益求精、百折不回的学习精神，具有探赜索隐、善思笃行、推本溯源的探索精神，具有求真务实、顽强拼搏、身体力行的实干精神。因此，在日常的学习中，广大青年要始终将学习看作一个贯穿生命始终的事业，全面地对各方面道德知识进行吸收归纳，最终做到勤学不辍，不断延伸知识的广度，夯实知识的厚度，拓展学习时间的长度[①]。

二 要修德：加强道德修养，培育道德情怀

"德者，本也。"道德在人的成长发展中起着基础性的作用。习近平指出："核心价值观，其实就是一种德，既是个人的德，也是一种大德，是国家的德、社会的德。国无德不兴，人无德不立。"[②]

---

① 王树荫、石亚玲：《当代青年践行社会主义核心价值观的科学指南》，《中国高等教育》2014年第2期。
② 习近平：《青年要自觉践行社会主义核心价值观——在北京大学师生座谈会上的讲话》，《人民日报》2014年5月5日第2版。

所谓青年修德，即指青年要加强道德修养、培育道德情怀，把社会主义核心价值观作为一种基本的道德遵循。因此，青年要修德以立身。第一，青年学生要修好"报效国家、服务人民"的大德，要具备"奉献国家、奉献社会"的高境界。大德是最高的道德层次，是在国家伦理和政治伦理层面上对人的道德需求。青年是否能做到明大德、树大德是一个关乎民族命运与个人成长的关键问题，养大德者方可成大业。第二，青年学生要树立远大理想，坚定理想信念。青年要自觉将共产主义远大理想与中国特色社会主义共同理想相结合，攻坚克难、突破障碍、百折不回，以自觉的历史主动精神、坚定的政治勇气和强烈的责任担当肩负起中国式现代化道路发展建设的使命，努力回答时代课题，砥砺立大志、强信念、担大任的志气担当。第三，青年学生要省察克己，明德至善，踏实修好公德。公德是存在于群体之中的道德，是作为社会人的个体在社会生活中应该遵循的基础性道德规范和行为准则，是维持全体社会正常运行的道德基础。青年要树立基本的公德意识，在生活中自觉遵守社会公共道德，自觉以社会公德要求规范自己的言行，提升社会责任感，争做良好社会风尚的践行者。在人与人之间的关系层面上，要倡导文明礼貌、助人为乐；在人与社会之间的关系层面上，要倡导爱护公物、遵纪守法；在人与自然的关系层面上，要倡导热爱自然、保护环境①。第四，青年要从身边的小事做起，慎独自律、知行合一，自觉修好私德。梁启超以《新民说》为代表，在我国首次提出了"公、私两德"的概念，清楚地阐述了对道德的思考，并提出重要论断：私德和公德是辅车相依的关系。"公德"利于群体，"私德"修养自身，它们紧密相连、相得益彰，属于人之本体的两个部分。"私德"的养成是"大德""公德"的先决条件，也是根本。个人要是缺少私德修养，就无法养成良好的公德表现。因此，青年应当在现行法律和社会规范的基础上，对照自己的

---

① 戴木才：《引导大学生自觉践行社会主义核心价值观》，《思想理论教育导刊》2019 年第 2 期。

道德标准审视自己的行为，不断提升自己的道德素养，规范自己的一言一行。要从做好小事、管好小节开始起步，在日常生活的细小事件中不断完善自我。

三　要明辨：善于明辨是非，做出正确的价值选择

习近平指出："是非明，方向清，路子正，人们付出的辛劳才能结出果实。"[①] 世界正在经历一场深刻而复杂的变革，智能时代背景下东西方之间不断涌现出相互矛盾的各种社会思潮。青年要提升"明辨"能力，即青年要在社会主义核心价值观的引领下，透过现象看清事物的本质，做出正确的价值选择。因此，青年要明辨以静心。第一，青年要增强价值判断力和道德责任感，掌握评判是非的标准。面对多种矛盾的价值观冲撞时，青年要对新鲜事物保持敏锐的洞察，要不断提升价值判断力，运用马克思主义的立场、观点和方法来思考和分析问题，将社会主义核心价值观作为辨别的价值标准，善于解析各种社会思潮的实质，善于同社会思潮交锋对话，从而突破西方价值观长久的话语霸权[②]。青年要学会用辩证的眼光思考、辨别"什么是真善美？什么是假恶丑？什么是社会主义主流倡导的价值观念？"，要从"真善美"等正能量中吸取和传播积极力量，要对"假恶丑"等负能量保持警惕和抵制，助推形成"弘扬真善美、痛斥假恶丑"的舆论风气。第二，青年要形成对新鲜事物的敏锐洞察力。掌握评判标准是明辨是非的基础，拥有敏锐洞察力是作出正确甄别和准确抉择的保障。在面临利益蛊惑及思想诱惑时，在面对复杂多变的社会现象时，在面对学业、心理、情感、职业抉择等多面困惑时，唯有具备敏锐的洞察力，青年才能在盘根错节的局势下作出正确的价值判断和价值选择，做到"学会思考、善于分析、正确抉择"，做到"稳重自持、从容自信、坚定自励"。第三，要提高青年的自我教育能力。

[①] 习近平：《青年要自觉践行社会主义核心价值观——在北京大学师生座谈会上的讲话》，《人民日报》2014年5月5日第2版。

[②] 王树荫、石亚玲：《当代青年践行社会主义核心价值观的科学指南》，《中国高等教育》2014年第2期。

青年自我教育是指青年要以社会标准及道德规范为基础，自发地展开自我认识、自我评价、自我监督、自我控制，进而对自己的思想、心理和行为进行有效的调整、规划和控制。青年阶段是自我意识迅速发展并趋于成熟的阶段，青年只有不断地进行自我教育，提升自我认知，才能够更好地自我改进、自我完善，才能够在形形色色的社会思潮中，恪守不渝地坚持正确的理想信念。

四 要笃实：扎扎实实干事，踏踏实实做人

《礼记》中说："博学之、审问之、慎思之、明辨之、笃行之。"古人认为做学问具有多个层次，不仅要广博地学习，对学问详细地询问慎重地思考、清晰地比较辨别，而且要对学习的东西以良好品性切实践行。"笃"乃心无旁骛之意，所表现出的是勤勤恳恳的态度、实事求是的作风。"实"是成事交友之基，谋事要实、创业要实、做人要实。"笃实"，即需要青年扎扎实实干事、踏踏实实做人，将学习到的知识转化为自己的好习惯，并在日常生活中加以运用，使之做到"知与行"相结合。"笃实"是培育社会主义核心价值观的关键环节。一部分青年可以把社会主义核心价值观的内容背得滚瓜烂熟，却不愿在现实生活中按照要求践行。"知"与"行"的不对等，意味着一部分青年虽然知晓了社会主义核心价值观的基本内容，但在实际行动中却不遵照社会主义核心价值观基本要求去做，忽视"青年社会主义核心价值观教育的生命力在于实践"的基本立场。因此，青年要笃实以为功。一方面，青年要弘扬社会正气，扎实干事，踏实做人。当前，多元文化竞争日趋激烈，青年要按照社会主义核心价值观的要求，从身边每一件小事做起，坚持知行合一，成为和谐社会的建设者，在实践中获得真知灼见。另一方面，社会主义核心价值观的培育并非一朝一夕的事情，要持之以恒、积沙成塔，以锲而不舍、坚忍不拔的恒心将社会主义核心价值观的要求落实到行动中去。青年具有别出新意的活力、励精图治的动力，但急功近利、粗心浮气等不良因素往往会遏制青年的发展。青年要在艰难环境中磨炼自己，多沉淀、多钻研、多体悟，荆棘载途、遇难成祥。困难和挫折常能磨炼人的

刚毅性格和坚贞意志。青年应敢于急流勇进，在处理困惑、战胜困难的实践中千锤百炼，在艰难险阻、荆棘载途的环境中不断提升自己的本领、磨砺自己的品质，在实事求是、踔厉奋发的实际行动中，使自己的潜能得到最大限度的挖掘①。

---

① 项久雨、任杰：《大学生践行社会主义核心价值观存在的问题及成因》，《学校党建与思想教育》2015年第6期。

第二章 青年社会主义核心价值观教育的理论基础

青年社会主义核心价值观教育并不是简单的知识传授过程。教育工作者应在系统研究青年社会主义核心价值观教育"是什么""为什么""怎么看""怎么说""怎么做"等一系列问题的基础上,科学地构建青年社会主义核心价值观教育协同机制。青年社会主义核心价值观教育协同机制构建必须要有科学扎实的学理依据支撑,否则容易流于形式甚至误入歧途。本章将从马克思主义基本原理、中国优秀传统文化、"生命·实践"学派教育观、国外其他教育理论的借鉴等方面,全面阐释青年社会主义核心价值观教育的理论基础。

第一节 马克思主义基本原理是青年社会主义核心价值观教育的逻辑起点

马克思主义在我国意识形态领域具有根本性的指导地位,这与马克思主义的科学性和强大的生命力息息相关。从马克思主义初入中国引发中国民众的关注和觉醒,到如今马克思主义成为指导中国社会发展的重要思想宝库,马克思主义在中国经历了不断中国化、大众化的过程,在这个过程中,马克思主义立场、观点、方法不断得到实践经验的确证,进而深深地扎根于中国人民的头脑中,影响着中国人民的思想观点、思维模式和价值判断①。马克思主义基本原理，是指在马克思主义科学体系中发挥基础性作用，具有稳定性、根本性和普遍性特点的理论性原理，是对马克思主义科学体系的基本立场、观点和方法的理论性表达。习近平强调：新时代要高举马克思主义旗帜，坚持用不断发展着的马克思主义武装头脑、指导实践，不断地从马克思主义理论中汲取科学智慧和理论力量。习近平关于马克思主义理论重要性的论述，高瞻远瞩、深入浅出，为新时代青年社会主义核心价值观教育提供了行动指南与重要遵循。马克思主义基本原理是青年社会主义核心价值观教育的逻辑起点。

一 马克思主义人学思想

人的本质是社会关系的总和，而不是孤立存在的；人是自然世界与社会世界的具有劳动属性和创造属性的主体，是主动而有创造性的。马克思一直强调，要重视人的作用，坚持以人为本，实现人的全面发展。马克思主义人学思想吸收了西方人本主义、人道主义思想，遵循对人的尊重、自由、平等的理念。马克思主义人学思想为青年社会主义核心价值观教育提供了方向指引。

（一）马克思主义人学思想的科学内涵

马克思在对传统人学理论批判反思的基础上，系统地开展了关于人的问题的研究，形成了内涵丰富的人学理论，主要内容包括关于人的自由、人的需要、人的价值以及人的本质等全方位培养和发展人的个性的系统科学理论。其中，人的存在论是马克思主义人学思想的基本前提，人的本质论是马克思主义人学思想的核心，人的价值论是马克思主义人学思想的价值追求，人的发展论是马克思人学思想的归宿。马克思认为：人具有双重生命本性，一方面，人源于自然的进化，人是一种生命存在，具有禀赋性、自然性的一面；另一方面，人又能超越生命的局限，是一

---

① 毕腾亚、韩升：《追寻个体与共同体的和谐共生——马克思正义理念的价值旨归》，《思想教育研究》2021年第2期。

种超生命的存在，具有超越性、无限性的一面。马克思指出：人的本质是一切社会关系的总和，由于社会关系的不断变化，人的本质也处在发展中。在马克思看来，人学研究的核心是构建出一个鲜活的人的形象，实现"人的自由自觉的发展"，最终达到人的本质的复归。人的本质问题是马克思主义人学思想中的重要问题。他认为"它是一切社会关系的总和，"[①] 人是"活生生"的人，是处在各种社会关系中、联合起来的自由而全面发展的人，以人为本是马克思主义关于人的全面发展理论的核心。马克思主义人学思想就告诉我们：不应该把人当成一个孤立的客体，要认识作为我们的对象的现实的个人，就不能脱离他的社会关系，不能脱离自己与他的关系；我们看人应该从他的活动、他的关系里面来认识他，要改变一个人，仅仅靠对其教育、发起道德呼吁是不够的，必须改变他的活动条件、社会关系。

（二）马克思主义人学思想对青年社会主义核心价值观教育的启示

马克思指出："人们自觉地或不自觉地，归根到底总是从他们阶级地位所依据的实际关系中——从他们进行生产和交换的经济关系中，获得自己的伦理观念。"[②] 人的本质是一切社会关系的总和，那么，青年的价值观自然也是从其所处的一切社会关系中产生的。开展青年社会主义核心价值观教育其基本原理和方法就是通过社会关系变革来对青年的价值观进行塑造，青年所处的任何一种社会关系实质上都发生着价值观教育作用。

马克思明确强调："它的前提是人，但不是某种处在幻想的与世隔绝、离群索居状态的人，而是处在一定条件下进行的、现实的、可以通过经验观察到的发展过程中的人。"[③] 这一论断，向我们指明了认识人、塑造人的途径。青年社会主义核心价值观教育的对象是青年，青年社会主义核心价值观教育要和青年本身相互对接，揭示青年的生存与生活世界的本质和真相。一方面，青年作为自然界存在的一部分，是感性的人、

---

① 《马克思恩格斯全集》第 3 卷，人民出版社 1960 年版，第 7 页。
② 《马克思恩格斯全集》第 26 卷，人民出版社 2014 年版，第 99 页。
③ 《马克思恩格斯全集》第 3 卷，人民出版社 1960 年版，第 30 页。

生活中的人、有血有肉的人，每一个青年都是独一无二的个体，有自己的思维方式和行为特征；青年社会主义核心价值观教育的开展要坚持以人为本思想，注重个性差异和主体性差别，不搞"一刀切"，不搞填鸭式教育，应遵循马克思主义中的"人本"价值导向，不将青年学生看成是流水线上的产品。另一方面，青年社会主义核心价值观教育的开展要扎根于青年学生鲜活的生活世界，要真正进入社会历史领域中，从具体的、历史的、现实的人出发分析问题、解决问题。在具体工作中坚持"解决思想问题与解决实际问题相结合"，"教育、引导"青年与"关心、帮助"青年相统一，深入考察青年所处的生长生活环境和具体社会关系，充分掌握青年的实际需求和困难，面对青年所形成的思想困惑，不仅要从意识形态领域去解决，更要从矛盾产生的社会基础和物质基础方面去解决，想青年之所想、急青年之所急，找寻教育方法，这样才可以起到事半功倍的效果。

二 马克思主义共同体思想

共同体思想最初是作为一种共产主义的道德原则进入中国社会视野的。而共产主义作为马克思主义的最高社会理想，使共同体思想自然地具有马克思主义的理论底色和文化基因。马克思提出要消灭私有制，建立一个自由人的联合体，在那里，每个人的自由发展是一切人自由发展的条件。在这样的自由人联合体（真正共同体）中，人的独立性与关联性都呈现出个人意愿的自由性。马克思主义共同体思想为青年社会主义核心价值观教育提供了经验借鉴。

（一）马克思主义共同体思想的科学内涵

共同体这一词最早由德国学者滕尼斯提出来，原指共同的生活。滕尼斯用忠诚的关系和稳定的社会结构来界定"共同体"，因为他发现单个人在共同体中会形成更强有力的、结合更紧密的关系。在西方政治哲学史上，正义的阐释与探讨从来不是始于个体，而是始于共同体，柏拉图正义城邦理念是在构建和谐有序的共同体秩序基础上追求城邦全体成员幸福的古典共同体主义正义观。亚里士多德也指出：人天生是政治动物，人的本性的社会性决定其不可能过一种遗世独立的生活，而是不得不处于某种关系中，且只有在社会关系中才得以真正存在并成为富有潜能与自由的个人。当代意义的共同体，是指在同一区域相互作用的不同物种的群体，渗透了集体、团体、联盟以及结合、联合、联系等含义，其基本特征是有机的联合或统一。也就是说，一群人有属于他们的共同信念和价值目标，在这个群体中他们相互依赖，互帮互助，所有成员都体验到一种归属感、安全感，由此形成合力。马克思是从共同性或关系的一般意义上去理解共同体的。马克思指出："共同体"是现实的个人基于某种共同性或关系所形成的一个结合体。这是马克思对"共同体"一词最直观也是最基本的一个看法，几乎散见于马克思共同体思想的所有文本。马克思认为：共同体分为"自然形成的共同体""抽象的或虚幻的共同体"和"真正的共同体"三种；封闭的、孤立的、狭隘的个体不可能实现自由个性的充分发展，唯有处于"真正共同体"中的个人，依靠共同体、凝结起共同体中每个人的力量，才能创造出新的社会文明形态，实现完整意义上人的自由全面发展。马克思在阐释个体与共同体的这种和谐共生关系时，是以"现实的个人"的真正"需要"这种视角为切入点。这种意义上的"需要"不是建立在剥削他者基础上的异化的自我实现，而是建立在自我与他者、个体与共同体和谐共生基础上的，互为基础、互为条件、守望相护的个体自我实现与共同体自由繁荣的一体两面的双重实现。马克思共同体思想告诉我们：共同体是一种基本的社会联结方式，它通过根深蒂固的集体意识将同质的诸多个体以情感为纽带凝结成为一个整体，形成一种和谐、融洽的共生环境，追求一种更真实、更持久的联合；共同的愿景是共同体运行的保障，共同愿景的形成过程即共同体形成过程；真正的共同体应该是在承认并肯定个体人格、个性与意愿的基础上凝聚个体认同感与归属感，并在自由、平等的基础上团结协作、共同活动的共同体，是能够为个体自由全面发展提供保障的具有历史生成性的共同体；个体与共同体和谐共融、共生共存。

（二）马克思主义共同体思想对开展青年社会主义核心价值观教育的启示

马克思强调：只有抛弃狭隘的个人、团体、阶级、国家等特殊利益中心论，以全人类的普遍利益为基础，才能形成"真正共同体"。在马克思看来，共同体并不是什么神秘的东西，共同体是每个个体在追寻实现人类自由而全面发展目标中联合起来的庞大集体，个体只有在这个庞大的共同体中才能获得全面发展其才能的手段，才有可能实现个人的自由，即共同体与人是相互联系、不可分割的整体，共同体是人的共同体，人是共同体中的人，没有脱离共同体的人，也没有脱离人的共同体，个体自我实现的终极关怀与共同体自由繁荣的本真价值共同呈现①。

马克思主义共同体思想对开展青年社会主义核心价值观教育的启示：对青年进行社会主义核心价值观教育要借鉴马克思主义共同体思想，将教育过程中的各个要素联合起来，你中有我、我中有你，互帮互助，和谐统一，打造促进青年社会主义核心价值观教育发展的"育人共同体"，如"师生共同体""课程共同体""资源共同体""知识共同体""生态共同体"等，在共同体中，各要素的关系是和谐的，是高度统一的，各要素有着共同的目标，并能围绕共同的目标形成良性互动，形成共同发展的局面。

三 马克思对象主体论

人要生存和发展，就要认识和改造自己、自然及其相互关系，与世界形成对象性关系。"人是对象性活动"的主体存在，是马克思理论生涯始终持有的本体论第一原理。马克思对象主体论为青年社会主义核心价值观教育提供了智力支持。②

（一）马克思对象主体论的科学内涵

马克思在《1844年经济学哲学手稿》中指出：当现实、有形体和站在稳固的地球上呼出和吸入一切自然力的人，通过自己的外化把现实的、

---

① 陈培永：《对马克思关于人的本质问题论断的再理解》，《思想理论教育导刊》2021年第9期。
② 郝文武：《以马克思对象主体论为指导建构师生主体间性》，《教育研究》2020年第7期。

对象性的本质力量设定为异己的对象时,还不是主体。人只有把自己的本质力量自觉当作自己在认识、改造世界和自己的对象性社会实践活动中形成和体现的类本质力量及其为对象认识和改造时,才是主体。马克思非常重视人的主体地位和主体性,不会把对象人称为客体,更多的是在批判使人物化、异化时称人为客体。马克思指出:"作为类意识,人确认自己的现实的社会生活,并且只是在思维中复现自己的现实存在;反之,类存在则在类意识中确证自己,并且在自己的普遍性中作为思维着的存在物自为地存在着……因此,人是一个特殊的个体,并且正是因为他的特殊性使他成为一个个体,成为一个现实的、单个的社会存在物;同样地,他也是总体,观念的总体,被思考和被感知的社会的自为的主体存在。"马克思的精辟论述充分说明:对象并非就是客体,作为对象的人,必须要当作主体来认识,也就是对象主体①。

(二) 马克思对象主体论对青年社会主义核心价值观教育的启示

马克思的"对象主体"思想对解决师生关系认识存在的价值论有重大意义。用马克思的对象主体论认识师生关系,师生关系就是完全没有客体的主体间关系。在教育活动中,教师和学生既是认识者和实践者主体,也是对象主体。作为认识和实践者主体和作为对象主体的师生之间形成的关系是主体间关系,在师生主体间关系中形成和提高的主体性就是师生主体间性。马克思对象主体论对青年社会主义核心价值观教育的启示:第一,在社会主义核心价值观教育中,师生都是主体,教师作为自我主体影响作为对象主体的学生,也作为对象主体自觉接受学生主体的影响,学生既作为对象主体自觉接受教师的影响,也作为自我主体自觉地影响教师;第二,作为教育主体的教师必须把对象学生当作对象主体来认识,全面深入了解和关爱学生,根据学生身心发展规律和特点开展教育;第三,作为学习主体的学生要根据教师的要求与自己身心发展规律,学习社会主义核心价值观知识,形成品德,也要把教师当成主体认识和影响对象,否则不能真正认识教师、接受教育。

---

① 郝文武:《以马克思对象主体论为指导建构师生主体间性》,《教育研究》2020年第7期。

四 马克思主义基本原理中蕴含的系统思维

系统是从整体上认识和推动事物发展的理论和方法。以系统的理论与方法来分析问题、解决问题，就相应形成系统思维。在马克思看来，整个世界是一个有机联系起来的复杂的系统，正是相互联系、相互作用，构成了运动，而且这就是一个自发运动、自我组织的复杂系统，而且永远处于运动、变化和发展中。一方面，我们所接触到的整个自然界构成一个体系，即各种物体相联系的总体；另一方面，一定的生产决定一定的消费、分配、交换和这些不同要素相互之间的一定关系，不同要素之间存在着相互作用，每一个有机体都这样。马克思主义基本原理中蕴含的系统思维为青年社会主义核心价值观教育提供了理论指导。

（一）马克思主义基本原理中蕴含的系统思维的科学内涵

马克思、恩格斯认为，宇宙是由无数相互联系、相互依赖、相互制约、相互作用并相互转化的事物和过程所构成的一个统一整体。马克思指出，每一个社会中的生产关系都形成一个统一的整体，在这一整体内部，社会要素之间是相互作用和相互联系的。恩格斯也指出，我们面对着的整个自然界形成一个体系，即各种物体互相的总体，而我们这里所说的物体是指所有的物质存在，从星球到原子，甚至直到以太粒子。这就指出了整个自然界是具有复杂的层次结构的，是一个无数事物和过程相互联系和相互作用的复杂的系统。马克思、恩格斯在谈及系统时都很强调协同的作用，他们认为：系统内各子系统或要素围绕系统总体目标进行协作配合，形成合力，系统整体就会呈现良性循环态势，各子系统或要素能够达到共同发展，而系统整体功能也会得到优化，即达到"1+1＞2"的效果。马克思曾说道："单个劳动者的力量的机械总和，与许多人手同时共同完成同一不可分割的操作（抬重物等等）所发挥的机械力量有本质的差别，协作一开始就创造了一种生产力，这种生产力本身是集体力。"[1] 马克思在论述社会资料的生产时指出："受分工制约的不

---

[1] 《马克思恩格斯全集》第21卷，人民出版社2003年版，第406页。

同个人的共同活动产生了一种社会力量,即成倍增长的生产力量。"马克思在《资本论》中对此解释道:"通过协作提高了个人生产力,而且是创造了一种生产力,这种生产力本身必然是集体力。"也就是说,分工合作所产生的合力最终转化为集体力量。恩格斯在他的历史"合力论"中运用历史辩证法揭示了在一定社会历史条件下上层建筑各因素在经济基础上有机结合、相互作用,互为原因和结果,形成的合力,实现了历史进程的推进。他认为,历史的最终结果"总是从许多单个的意志的相互冲突中产生出来的……这样就有无数互相交错的力量,有无数个力的平行四边形,由此就产生出一个合力,即历史结果,而这个结果又可以看作一个作为整体的、不自觉地和不自主地起着作用的力量的产物……每个意志都对合力有所贡献,因而是包括在这个合力里面的"[①]。

马克思主义基本原理中蕴含的系统思维告诉我们:事物发展既是一种内生的自我作用的结果,又是一种外在力量推动的结果。无论是尊重事物发展的自我作用还是增强事物发展的外在动力,都需要构建系统完备、科学规范、治理高效的工作制度体系,从而将不同力量进行整合,实现推动事物发展的不同力量由散到聚,以最大程度形成合力;整体居于主导地位,统率着部分,整体具有部分没有的功能,当各部分结构合理形成合力时,整体的功能就会大于部分之和。这就要求我们一方面要树立全局观念,立足整体,统筹全局,形成以系统的整体思维为标志的思维规范;另一方面,要重视部分的作用,搞好局部,研究局部各构成要素的内在逻辑关联,用局部的发展推动整体的发展。此外,要将系统的各要素进行统筹整合,促成各部分要素、各部分力量的相互促进、有机互动、融合创新、协同发展,形成系统的联动效应和育人合力,使整体的功能和效益最大化。

(二)马克思主义基本原理中蕴含的系统思维对开展青年社会主义核心价值观教育的启示

系统思维是一种逻辑抽象能力,通常也称为整体思维、全局思维。

[①] 《马克思恩格斯选集》第4卷,人民出版社1995年版,第697页。

事物发展是其内部各构成要素与外部要素相互作用的过程，对这些不同要素之间相互联系、相互作用的方式和状态进行整体分析，就构成了系统思维。系统思维强调认识对象的系统性和整体性，又突出强调事物内部结构的层次关联性，即任何事物都不是各要素的简单拼合，而是以一定联结方式构成的有机整体。系统思维有利于人们从整体上把握事物发展的基本状态和客观规律，并简化人们对事物发展的认知。系统思维的核心是整体性，要把对象放在系统整体中，从各种相互关系中去考察对象。任何系统都是一个有机的整体，它不是各部分的机械组合，而是相互联系、相互作用的诸元素的综合体。坚持系统思维要求我们在认识问题和处理问题时必须从宏观的整体系统出发，不仅要熟悉整体系统的部分构成要素及其特性和功能，还要弄清楚各要素之间的相互影响和相互作用，进而准确把握系统整体呈现的新的功能和属性，要强化统筹兼顾、综合平衡，坚持整体施策、多措并举，全员、全方位、全过程协调推进。[1]

马克思主义基本原理中蕴含的系统思维对开展青年社会主义核心价值观教育的启示：第一，青年社会主义核心价值观教育是其内部各构成要素相互作用以及内部要素与外部要素相互作用的过程，它并非是静止的、孤立的、形而上学的，而是处于运动变化、动态发展中的，必须运用系统思维的方法对这些不同要素之间相互关系、相互作用的方式和状态进行整体分析，要将某些割裂、离散的元素"黏和"起来，形成强大的组织力量；第二，青年社会主义核心价值观教育系统是由相互作用和相互依赖的若干要素所构成的有机整体，在青年社会主义核心价值观教育系统的运行过程中，每一个要素都可以视为一个教育资源，资源自身以及彼此之间的相互关系直接影响着系统的稳定与协调。青年社会主义核心价值观教育要注重形成协同效应，发挥各要素的合力，要充分考虑整体与部分之间的关系、结构与功能之间的关系、横向发展与纵向发展

---

[1] 张文富、屈彩霞：《从马克思主义基本原理视角看高校思想政治教育的实效性问题》，《思想政治教育研究》2013年第1期。

之间的关系、稳定性与动态性之间的关系,强化青年社会主义核心价值观教育内容与外部环境相联系,教育过程中各具体要素之间相互协同,通过制定能够促使这类要素有序调整、组合的工作制度,用客观的、外部的因素及力量来制约人的主观随意性,使得系统内部各要素之间形成合力,减少和避免与"制度化"相对的"无序化""零散化""随意化"及其所带来的不稳定性、易变性、不可预期性。

五 马克思主义基本原理中蕴含的对于"日常化、形象化、具体化、生活化"的认识

价值观的形成是内外因共同作用和相互协调的结果。青年社会主义核心价值观教育必须常抓不懈、由点及面、由表及里地开展,将阶段性的任务转化为常态性的工作,突出强调其时间维度上的持续性、覆盖性和经常性。马克思一直强调:"思想、观念、意识的生产最初是直接与人们的物质活动,与人们的物质交往,与现实生活的语言交织在一起的。"① 马克思主义基本原理中蕴含的对于"日常化、形象化、具体化、生活化"的认识为我们提供了工作方法。

(一)马克思主义基本原理中蕴含的对于"关于日常化、形象化、具体化、生活化的认识"的科学内涵

马克思曾经指出,理论要想与现实世界接触并发生作用,必须"浸进沙龙、神甫的家、报纸的编辑部和国王的接待室,浸进同时代人的灵魂,也就是浸进使他们激动的爱与憎的感情里"。同样,列宁认为:"最高限度的马克思主义=最高限度的通俗和简单明了。"他认为那种脱离实际的理论说教"可以说是一文不值"。列宁在《弗里德里希·恩格斯》一文中写道:"马克思致力于分析资本主义经济的复杂现象。恩格斯则在笔调明快、往往是论战性的著作中,根据马克思的唯物主义历史观和经济理论,阐明最一般的科学问题,以及过去和现在的各种现象。"恩格斯以易于群众所理解的历史叙事的方式,阐释马克

---

① 《马克思恩格斯文集》第 1 卷,人民出版社 1995 年版,第 524 页。

思主义哲学基本原理,并采用较多概述、例证、修辞的方法以及通俗易懂的语言来阐述较为深奥、复杂的哲学原理,更好地发挥了宣传教育效果。这就说明有时候华丽辞藻和浮夸话语并不能增强理论的深刻性,以通俗易懂和生动活泼的语言表达深刻的观点才是做好宣教工作的最佳方式①。马克思认为一切的"现实的生活生产"都存在于"日常生活"的历史演变过程中,指出"人们为了能够'创造历史',必须能够生活"。但是为了生活,首先就需要吃、喝、住、穿以及其他一些东西。因此第一个历史活动就是生产满足这些需要的资料,即生产物质生活本身。这里,马克思深刻揭示了人类社会发展的基本事实和规律,那就是"人们首先必须吃、喝、住、穿,然后才能从事政治、科学、艺术、宗教等等"②。因此,日常生活领域不仅是人民大众生产生活的主要活动领域,也是社会关系再生产的基础,是一切社会历史发展的前提和基础,任何人都不能脱离日常生活领域而孤立存在。这就告诉我们:教育主体应将日常生活作为开展青年教育工作的重要场域,要用生动鲜活、富有感染力的教育方式来传递理论知识,切忌形式主义、教条主义,一定要避免"游离于时代之外,与日常生活相脱节的空洞说教";要根据不同场合、不同对象、不同教育主题,变换风格,注重教育艺术的运用;还要围绕身边人、身边事,挖掘教育素材,使教育常听常见,实现常感常思,真正做到让教育"像空气一样无处不在,无时不有",达到润物无声的熏陶效果。

(二)马克思主义基本原理中蕴含的对于"关于日常化、形象化、具体化、生活化的认识"对青年社会主义核心价值观教育的启示

青年学生并不是可通过概念间的逻辑推导而形成的"抽象的人"。青年学生并不是依靠简单地、机械地"输入—输出"的编码过程就可实现社会主义核心价值观的行为自觉。青年学生是"现实的人",本身具有特定的具体现实条件。认知是具身的,具身认知强调青年学生是在与

---

① 蒋雪莲:《〈路德维希·费尔巴哈和德国古典哲学的终结〉的思想政治教育意蕴》,《思想理论教育导刊》2020年第9期。
② 《马克思恩格斯文集》第3卷,人民出版社2002年版,第601页。

现实世界的互动过程中获得认识的。因此，青年社会主义核心价值观教育必须体现日常化、具体化、形象化、生活化。注重青年社会主义核心价值观教育日常化、具体化、形象化、生活化是开展青年社会主义核心价值观教育的工作方法①。

日常化是指要让社会主义核心价值观的影响像空气一样无所不在、无时不有，让青年日日用功，天天践行。一是强调反复性。正如列宁所指出的，"实践经过亿万次的重复，在人的意识中以逻辑的格式固定下来"。从认识论的角度讲，只有重复，才能形成具有公理性的认识。社会主义核心价值观的践行也是需要经过亿万次的重复才能"内化于心"。二是强调持久性。日常化与个体生命成长是交互融通的统一体，日积月累的日常体验勾勒出清晰的生命成长轨迹。日常化意味着青年社会主义核心价值观教育不是临时的宣传任务，不能一劳永逸，而是要常抓不懈。例如建立常态化的教育引导制度，通过"课程思政"与"思政课程"的无缝对接，形成青年社会主义核心价值观教育课程共同体，构建全课程育人的大格局；建立常态化的实践养成制度，在知行合一中让社会主义核心价值观成为青年学生的自觉自在；建立常态化的网络融入制度，充分运用网络的覆盖性，构建"共建共享、互联互通"的全媒体场域，将社会主义核心价值观有效嵌入四通八达的网络体系中；建立常态化的文化浸润制度，以校园文化为依托，在树立文化自信中强化社会主义核心价值观教育②。

具体化是指要让社会主义核心价值观体现在细微处，让青年看得见、摸得着、感受得到，也就是说，青年社会主义核心价值观教育必须接地气、贴民心。如果教育不分对象，千篇一律，眉毛胡子一把抓，就不能达到应有的效果。具体化要求具体问题具体分析，在对青年进行社会主义核心价值观教育的过程中，不搞"一刀切"。一是具体化必须落细。

---

① 揭晓：《论马克思主义意识形态大众化传播的日常生活维度》，《教学与研究》2015年第6期。
② 徐园媛、张王燕：《打造青年社会主义核心价值观教育的"育人共同体"》，《重庆日报》2022年11月3日第9版。

古人云,"天下大事必作于细"。青年社会主义核心价值观教育不落实到具体的细节上,就无法贴近青年、贴近实际、贴近生活,社会主义核心价值观要让青年感觉得到,就必须把抽象的原则和要求具体化为行动方案等。二是具体化必须落小。具体化就是要求从小事做起,从基础的工作抓起,从日常的事情抓起,由小及大。三是具体化必须落实。具体化就是要深入生活,深入实际,解决实际问题。理论的彻底不仅应体现在观念的层面上,还应将目标和任务变成实实在在的工作项目,因地制宜地将这些目标和任务切实落实到实际工作当中。

形象化就是指青年社会主义核心价值观教育的形式应生动活泼、有感染力。应通过青年喜闻乐见的方式,将抽象的社会主义核心价值观转为通俗易懂、可亲可感的具体形象,让社会主义核心价值观走进青年的心灵。一是注重语言通俗化。话语体系不同,影响的范围也就不同。如果社会主义核心价值观的宣传悬置于空中,不接地气,就难以达到教育效果。二是注重载体具象化。辩证唯物主义认为,内容和形式是密不可分的,社会主义核心价值观的内容要通过一定的形式表现出来,如以绘画作品、公共建筑、影视作品、宣传漫画等方式灵活生动地传播社会主义核心价值观,将自由、平等、公正、法治转化为生活中真实可感的艺术形象[①]。三是注重发挥榜样的示范作用。要用生动形象的典型人物、真实可感的典型事件塑造社会主义核心价值观的符号表征,将社会主义核心价值观的道德要求转化为青年熟悉的身边人、身边事。

生活化就是指让社会主义核心价值观教育与青年生活深度融合。根据具身认知理论,人认知的获得并不是纯思维、纯精神的活动,而主要是来源于现实生活。现实生活是一种贯穿于整个人类历史的社会存在。特定认知的获得是无法脱离现实生活本身的。青年社会主义核心价值观教育不是"教文件、读政策",而是要教"有生命"的内容,即所教的内容是现实生活中能够寻得的。青年社会主义核心价值观教育绝不是

---

① 许瑞芳、纪晨毓:《"大思政课"视域下思想政治理论课教学的社会生活省思》,《思想教育研究》2022年第4期。

"躲进小楼成一统"的"纯学问",而是指向生活世界的"大学问"。因此,开展青年社会主义核心价值观教育必须深深扎根在学生亲身经历的现实生活中,挖掘现实生活世界与社会主义核心价值观教育之间的耦合关系。如何帮助青年学生在生活世界中自觉建构自身的精神家园是青年社会主义核心价值观教育的重要课题。

第二节 中国优秀传统文化为青年社会主义核心价值观教育提供了丰厚滋养

中华优秀传统文化,是指中华民族在几千年文明发展史中在特定的自然环境、经济形式、政治结构、意识形态的作用下形成、积累和流传下来,并且至今仍在积极影响当代文化的"活"的古代文化。中华优秀传统文化是中华民族的精神命脉,是中华民族的"根"与"魂"。习近平在与北京大学师生座谈时指出:"中华优秀传统文化已经成为中华民族的基因,植根在中国人内心,潜移默化影响着中国人的思维方式和行为方式。今天,我们提倡和弘扬社会主义核心价值观,必须从中汲取丰富营养,否则就不会有生命力和影响力。"[①] 习近平关于中华优秀传统文化的论述,深刻阐述了中华优秀传统文化的地位,明确了中华优秀传统文化的重要性,指出了中华优秀传统文化与社会主义核心价值观教育二者间的关系,进一步昭示了中华优秀传统文化中蕴含的文化基因和智慧营养为青年社会主义核心价值观教育提供了丰厚滋养。

一 中华优秀传统文化具有极大的辐射力

中华优秀传统文化是中华民族的精神命脉,这一命脉中流淌着中华民族追求卓越、自强不息的文化基因,涤荡着人们的心灵,蕴含的是中

[①] 习近平:《青年要自觉践行社会主义核心价值观——在北京大学师生座谈会上的讲话》,《人民日报》2014年5月5日第2版。

华民族先贤追求的人格日趋完善、人际关系和谐、社会运行有序、人与自然协调的美好愿望。作为中华民族伦理道德发展的一个必经阶段，中国优秀传统文化凝聚着先人智慧，积淀了民族精神和性格特征，对民族的发展发挥着指引、鞭策、激励的作用，其蕴含的思想观念、价值品格、人文精神虽然产生于历史上的某一时期，但已经成为中华民族的基因，根植在中国人心中，潜移默化地影响着中国人的思想方式和行为方式，具有极大的辐射力。中华优秀传统文化主张以伦理道德为内涵的"德行"思想，尊崇"仁、义、礼、智、信"为"五常"，涵盖了"修身、齐家、治国、平天下"，在处理个人与个人、个人与社会、个人与国家之间的关系上开出了道德之方。

从国家层面看，中华优秀传统文化中蕴含着"民为邦本，本固邦宁""民以殷盛，国以富强"的强国思维、"治国之道，必先富民"的民本思想、"礼之用，和为贵"的文明礼仪、"天人合一""贵和尚中，和而不同"的和谐精神，这些价值导向与当前倡导的富强、民主、文明、和谐相契合；从社会层面看，中华优秀传统文化传递了"各适己性"的自由观、"与物同化"的平等观、"天下大同"的大同思维、"己所不欲，勿施于人"的社会风尚、"大道之行也，天下为公""先公后私，义以为上，以义统利，先义后利"的集体主义精神、"仁者爱人，仁民爱物"的人文精神、"治民无常，唯法为治"的法治理念，这些价值规范与当前倡导的自由、平等、公正、法治相契合；从个人层面看，中华优秀传统文化中蕴含着"壮志饥餐胡虏肉，笑谈渴饮匈奴血"的爱国情怀、"人生自古谁无死，留取丹心照汗青"的民族气节、"修齐治平、家国天下"的崇高志向、"为天地立心，为生民立命，为往圣继绝学，为万世开太平"的使命意识、"天下兴亡，匹夫有责"的责任担当、"但使龙城飞将在，不教胡马度阴山"的誓言气概、"先天下之忧而忧，后天下之乐而乐"的抱负胸襟、"格致诚正，修齐治平"的人生境界、"非淡泊无以明志，非宁静无以致远""丹青不知老将至，富贵于我如浮云"的高尚品德，这些价值准则与当前倡导的爱国、敬业、诚信、友善相契合。习近平强调："中国人民的理想和奋斗，中国人民的价值观和精神世界，是始终深深植根于中国优秀传统文化沃土之中的，同时又是随着历史和时代前进而不断与日俱新、与时俱进的。"① 中华优秀传统文化源远流长、博大精深，具有极大的辐射力，具备很强的教化作用，它为中国人民提供了共同的文化根基，共同的价值理念，共同的思想、情感和精神，潜移默化地影响着中国人的思想方式，给予中国人正确的行动指南，还激励着一代又一代中华儿女在中华优秀传统文化的影响下顽强拼搏、开拓进取、持续奋进②。对于中华优秀传统文化，我们应该努力挖掘其中蕴含的时代价值的思想因子，探寻其与当代中国教育理念和价值的契合点，为开展青年社会主义核心价值观教育提供参考借鉴。

二 中国优秀传统文化中蕴含的教育思想对开展青年社会主义核心价值观教育的启示

在几千年文明传承与创新中，中国优秀传统文化中蕴含的教育思想的内涵不断得到丰富拓展。其中，和谐共生、言传身教、熏陶化育、因材施教、知行合一等教育思想非常著名，对道德教化产生了深远影响。在先秦哲学、两汉经学、魏晋玄学、程朱理学、明清哲学中，均有相关教育思想对以文化人的具体内容进行了讨论。这些教育思想为青年社会主义核心价值观教育提供了丰厚滋养。

（一）"和谐共生"的概述及启示

我国古代十分重视和谐，认为和谐能够各施所长，形成合力，实现协同发展。早在西周末年，史伯已经认识到："由不同元素相配合，才能使矛盾均衡统一，收到和谐的效果。五味相和，才能产生香甜可口的食物；六律相和，才能形成悦耳动听的音乐；善于倾听正反之言的君王，才能造成'和乐如一'的局面。"《周易·系辞》就已经提出了要从和谐统一的角度来观察事物的思想方法。汉代董仲舒在《春秋繁露·深察

---

① 习近平：《在纪念孔子诞辰2565周年国际学术研讨会暨国际儒学联合会第五届会员大会开幕会上的讲话》，《人民日报》2014年9月25日第2版。
② 王宝鑫：《思想政治教育发展的中国语境及其逻辑》，《东北师大学报》（哲学社会科学版）2019年第1期。

名号》中明确提出："天地人，万物之本也；天生之，地养之，人成之……三者相为手足，合以成体，不可一无也。"也就是说，把天和人合二为一，自然万物都处于一个和谐相处的状态中，才能真正实现和谐共生。中国古代的战争文化也十分重视人与人之间的和谐。古人把取胜的因素总结为"天时、地利、人和"，其中"人和"就是指人与人之间的和谐。因为尺有所短、寸有所长，所以人们要团结，才能形成合力，协同发展。《周易·系辞》讲："二人同心，其利断金。"也就是说，两个人一条心，就能发挥更大的力量。三国时期的合肥之战，当时曹操留张辽、李典、乐进率七千多人防守合肥，张辽与乐进同为五子良将，此前素有矛盾，孙权率十万军队包围合肥，面对强敌，张辽和乐进抛弃前嫌，同仇敌忾，互帮互助，最终克敌制胜。团结协作是战斗力，也是生产力。从原始人的群居生活就可以知道，一个人的能力是有限的，一个群体只有相互团结、互补所短、各施所长，形成合力，才能战胜困难。《将相和》的故事认为世界上没有什么绝对对立的东西，天地万物都是彼此互相联系、相辅相成、和谐共生的有机整体。因此，我们要重视和谐，要运用和谐共生的思想来开展青年社会主义核心价值观教育，在分析问题的时候要以全面的、联系的方法为着力点，统筹全局，把握整体，使各个子系统在和谐统一的基础上，相互促进，相互协同，形成合力，共同发展。

（二）"言传身教"的概述及启示

我国古代就十分重视以身作则、言传身教在教育活动中的作用。言传就是通过口头的语言表述将知识教授给学生，身教就是教育者用自己的行动来示范，言传身教就是通过口头传授与行动示范共同作用达到教育目的。言传身教的教育方式首先对教育者自身提出严格要求，要求教育者时刻注意自身的言语行为，身体力行[①]。孔子认为："其身正，不令而行，其身不正，虽令不从""不能正其身，如正人何""染于苍则苍，

---

① 高谦民：《试论中国古代教育的重德精神》，《南京师大学报》（社会科学版）1998年第2期。

染于黄则黄……故染不可不慎也"。这就强调了教育者以身作则、正己正人的"身教"的重要意义。孔子还认为:"可与言而不与之言,失人;不可与言而与之言,失言;知者不失人亦不失言。"他主张同时用"有言之教"和"无言之教"两种方式进行教学,他相信"无言之教"的威力和作用。晋人袁宏在《后汉纪·孝灵皇帝纪上卷》中说:"经师易遇,人师难遭。"可见"人师"的标准不只是传授知识,更要求为人师表。王夫之说:"主教有本,躬行为起化之源;谨教有义,正道为渐摩之益。"躬行即身教,只有不言之教,行感化之教,才能使学生"自生其心",所谓"圣人有独至,不言而化成"。事实上,学生与教师是作为生命本体联系在一起的,学生在这种生命本体的联结中能够感知和体悟到教师生命本体的品德,通过教师在日常生活中展现的美德来反观、审思和提升自身的品德。因此,开展青年社会主义核心价值观教育要求教师必须有好的思想作风、为人师表,要求学生做到的,自己首先要做到,以身作则,言传身教,为学生树立好榜样。教师在与学生交往过程中应自觉树立鲜活生动、品德高尚、可供效仿的生命形象,以此来达到润物细无声的目的,让学生成为有德之人。

(三)"熏陶化育"的概述及启示

我国古代就十分重视教育环境的能动影响,认为优越的教育环境对受教育者的熏陶教化起促进作用。《礼记·学记》中记载:"古之教者,家有塾,党有庠,术有序,国有学。"① 说明我国在周代就有这样的做法:每二十五家为一闾,都有相应的家塾。这些家塾的作用就是很好地教育家家户户的子弟,为他们提供良好的学习氛围。古代教育家荀况曾在《劝学》中写道:"蓬生麻中,不扶而直;白沙在涅,与之俱黑……故君子居必择乡,游必就士,所以防邪辟而近中正也。"意思是说:蓬草与麻一块生长,随麻而直,雪白的沙子放在黑土之中必会染黑,所以,要想做一个正直有学问的人,必须选择好的环境居住,必须与正直的人交朋友。孔子三岁的时候父亲便去世了,孔子的母亲

---

① 杨天宇:《礼记译注》,上海古籍出版社2004年版,第52页。

颜征在在大家庭中失去了依靠，由于大家庭关系复杂、矛盾激烈，颜征在意识到这对于孔子的成长和教育很不利。于是，她便带着孔子去了她的娘家——鲁都。鲁都是当时鲁国政治、经济、文化的中心，典籍丰富，名师众多，为孔子提供了一个良好的学习环境，这就为孔子之后的成就奠定了基础。古时候有个《孟母三迁》的故事：孟子小的时候非常调皮，他的母亲为了使孟子拥有一个真正好的教育环境，煞费苦心，三迁两地。如果孟母没有为孟子寻找一个良好的学习环境，任其发展，也许孟子就不会有今天历史上的成绩。环境可以熏陶人、感染人、渗透人、塑造人，重视环境对人思想的潜移默化作用，是我国古代的优良文化传统。因此，我们必须营造良好的青年社会主义核心价值观教育环境，让社会主义核心价值观在润物无声中渗透进青年的思想，不着痕迹地改变青年的行为方式。

（四）"知行合一"的概述及启示

我国古代教育家非常重视德治教化中的践行。"反对空谈，崇尚实干，要善于把'知'付诸'行'"是中华民族的优良传统。古人讲的"非知之艰，行之惟艰""纸上得来终觉浅，绝知此事要躬行""耳闻之不如目见之，目见之不如足践之"等，并不是简单地厚"行"薄"知"，而是强调求"知"的目的是"行"，做到学以致用、知行合一。老子主张"知先行后"，提出"圣人不行而知，不见而明，不为而成"。孔子强调"知行统一，学以致用"，提出"儒有博学者而不穷，笃行而不倦"。孔子也强调身体力行，反对仅仅停留在口头上的"巧言令色"，提出"弟子入则孝，出则悌，谨而信，泛爱众而亲仁，行有余力，则以学文"。孟子也认为，恻隐之心、羞恶之心、辞让之心、是非之心作为道德意识仅仅是人之"四端"，必须通过"扩而充之"的躬身亲证才能使之现实化。朱子说："知、行常相须，如目无足不行，足无目不见。论先后，知为先；论轻重，行为重。"关于知行的关系问题，朱子首先确定的是知行相须，也就是说，知与行是不能够分离的。朱子把知、行的关系比作眼睛和脚的关系，眼睛虽然能够看见，但是，没有脚的话，就算看清了道路，也是没有办法走的。反过来也是一样，脚虽然能够走路，但如果没有眼睛看路，也是不行的。朱子的这个比喻非常形象地描述出知、行不能分开的现象。任何割裂知和行的做法都是很可笑的。"盖阳明之所谓知，专以德性之智言之，与寻常所谓知识不同；而其所谓行，则就动机言之，如大学之所谓意。然则即知即行，良非虚言也。"因此，对于青年社会主义核心价值观教育而言，要注重引导青年将社会主义核心价值观付诸具体的生命行动，让青年在具体的实践中增强基于感性维度的客观现实感与实在感，锻炼理性的本质直观能力，通过理性直觉来把握和超越作为经验知识的原材料，进而从经验知识上升至实践智慧来观照自身品德的发展，并将自身品德显化在具体的实践对象和实践活动中，在物我一体、天人合一的双向过程里实现"化理论为德性"①。

（五）"因材施教"的概述及启示

因材施教是一个源自古代且经久不衰的话题，其内涵随着时代的发展而不断丰富和拓展。我国古代教育家很重视根据受教育群体的不同情况采取不同的教育方法。孔子最早提出因材施教，"中人以上，可以语上也；中人以下，不可以语上也"。孔子根据不同学生的接受能力确定不同的教学内容和进度。《论语》中保存了许多孔子对学生情况进行个别分析的记录，如"由也果"（仲由果敢决断），"赐也达"（端木赐通情达理），"求也艺"（冉求多才多艺），"柴也愚"（高柴愚笨），等等。宋代大儒程颐最先从孔子教人的经验中，概括出"圣人教人，各因其材"的说法。另一位大儒朱熹认为："圣贤施教，各因其材，小以小成，大以大成，无弃人也。"《礼记·学记》中主张"学者有四失，教者必知之。或失则多，或失则寡，或失则易，或失则止。此四者，心之莫同也。知其心，然后能救其失也。教也者，长善而教其失也"。教师一定要了解学生学习中存在的问题，然后针对不同学生的不同问题以善补恶，长善救失。《中庸》开篇即开宗明义地提出："天命之谓性，率性之谓道，修道之谓教。"意思是说人之本性乃由天命得

---

① 余纯：《浅析"知行合一"的现代价值》，《人民论坛》2012年第23期。

来，率循此性而行便是道，修明此道，教人如何率性尽性，即谓之教。真正的教育，必须依循人的天赋禀性，把人的天赋禀性一一尽量发挥，使之无不达于其极①。因材施教既是人类的教育梦想，也是千百年来教育工作者不懈追求的最高境界。因材施教带给我们的启示是：开展青年社会主义核心价值观教育，须精准分析学情，根据青年已有的生理、心理、社会差异采取差异化教学和个别化指导。教育主体对青年认知基础和认知方式的差异了解得越多，越能有效选择不同教育方式使青年接受社会主义核心价值观。

第三节 "生命·实践"学派的教育观为青年社会主义核心价值观教育提供了心理支点

"生命·实践"学派创建的历程是华东师范大学终身教授（华东师范大学原副校长）叶澜同志个人学术体系逐渐建构，研究风格逐渐形成的过程。"生命·实践"学派以"培育生命自觉""成事成人"为核心价值，以"依教育之势而行，达自然而然之境"的学校新生活创建为目标，通过"贴地式深入介入"合作研究和生态区建设，促进学校内涵提升。"生命·实践"教育学派扎根教育学发展史、扎根教育实践、扎根马克思主义哲学、扎根中国优秀民族传统文化，形成了将教育视为基于生命、直面生命、为了生命、通过生命所进行的人类生命事业的当代中国教育学之整体形态。"生命·实践"学派的教育观为青年社会主义核心价值观教育提供了丰富的思想资源。

一 "生命·实践"学派教育观的科学内涵

"生命·实践"教育学派的创建，最早可追溯到20世纪80年代。

---

① 李卯、张传燧：《"修道之谓教"：〈中庸〉的生命实现路径及其教育哲学意蕴》，《湖南师范大学教育科学学报》2018年第5期。

时至今日,"生命·实践"教育经历了酝酿、萌芽、发展、成形、通化五个阶段,呈现出"有学、有书、有行、有路、有人、有实体"的全气象图景。"生命·实践"教育学派的核心要素包含教育理论、教育实践、教育研究方法、教育学反思四个方面。"生命·实践"教育学派的核心要素贯穿酝酿、萌芽、发展、成形和通化五个阶段,但是每个阶段的创新点各不相同。每个阶段不同的创新点以一种多变而持续的方式与时间相融合,构成"生命·实践"教育学派纵横交错的发展坐标。

(一)酝酿阶段

叶澜教授在"生命·实践"学派的诞生时期,曾阅读过大量的教育研究方法新理论、哲学、史学等相关著作。叶澜教授强调:我们要从转变自己的思考方式和参考体系入手,了解我国教育领域中已存在并为自己所接受的一系列基本理论以及与之相关的方法论,应对其进行系统的反省和批评,从而逐步实现自我学术意识的觉醒。叶澜教授在《教育研究》上发表了《试析当代中国教育价值取向之偏差》。在这个阶段,"生命·实践"学派教育理论主要包含两个主要观点。第一,人类发展的影响因素不能仅局限于生物学层面,即人类发展的影响因素不能仅仅局限于基因和环境影响(教育被认为是一种特别的环境),而应该上升到"人学"的层次。人是有主动性的,人能够形成自我意识,人具有规划自身发展的能力,人是自我发展的主体。教育的本质是培养人,教育的目的是引导人们学会自己主宰自己的命运。第二,人的发展是通过自己的实践来实现的。人自身的实践,把基因和环境所包含的可能性,转变成人类发展的实际情况。发展主体的实践,使得其他对发展有影响的因素,在经过主体的筛选后,变成了实际的发展。人自己的实践对发展的影响是无可替代的。

(二)萌芽阶段

"生命·实践"学派将学校改革与方法论研究作为该阶段研究的核心构成,并进入学校实践一线——班级、课堂,成立学校教育改革研究小组,开创了一种"书写"的教育学研究方法,即扎根中国学校一线的学术"书写"①。"生命·实践"学派首次通过日常的校园教育实践活动来探讨学生自我意识的表现形式。同时,"生命·实践"学派分析了学生自我意识形成和自我教育能力提升的核心要素。从酝酿阶段提出"发展主体"的观念到萌芽阶段深入分析"自我意识"和"自我教育","生命·实践"学派逐渐建立了具有时代特色的教育观念体系。这个阶段的教育观念体系是"生命观"和"活动观"的原初形态,其组合式原点结构包括研究生命动态生成的转化力、关注学校日常实践活动中成就人之力量、尊重生命的价值与特性等。叶澜教授在《教育研究》上发表论文《让课堂焕发出生命活力》《时代精神与新教育思想构建》。叶澜教授谈到:要"将方法论的学习、研究、形成、践行,作为此后自己学术生命中不可或缺的持续构成,确立了要为建立与哲学、自然、科学、社会和人文学科密切相关,但又具有教育学研究独特性的教育研究方法论而努力的决心和信心。"②

(三) 生长期阶段

"生命·实践"学派迎来发展的时期,正值世纪之交,这个阶段进入了学派的生长期。在这个时期,从横向维度看,"生命·实践"学派的实验学校不断扩展;从纵向维度看,"生命·实践"学派的改革理论研究不断深化。"生命·实践"学派论证了理论和实践在个体生命成长中的相互转化关系,指出"要改变实践主体的教育行为,不能没有个体内在教育理论的转换"③。在发展期阶段,"生命·实践"学派提出了以人的发展为终极目标的四个"还给"原则:把课堂还给学生,使课堂充满生命活力;把班级还给学生,让班级充满生命活力;把创造还给教师,使教育充满智慧和挑战;把精神发展的主动权还给师生,让学校充满活力和生机。另外,"生命·实践"学派还强调:要聚焦到"精神生命"和日常实践中的"主动发展",从过去抽象人、抽象学生和抽象教师,转向具体时代的人、具体场域的人、具体情境的人和具体实践的人;每

---

① 叶澜:《回归突破》,华东师范大学出版社2015年版,第11页。
② 叶澜:《回归突破》,华东师范大学出版社2015年版,第17页。
③ 叶澜:《回归突破》,华东师范大学出版社2015年版,第19页。

个人的生命都是在具体的个体中存活、生长和发展的,而每个个体都是不可分割的有机整体;个体的生命以整体的方式存在于环境中,并且在与环境不可分割的相互作用中生存和发展;通过价值提升、重心下移、结构开放、过程互动和动力内化等途径,培养积极向上的新人。

(四)成形期阶段

"成形期"是"生命·实践"学派内核的生成阶段,其中包含了两个方面的"成"。一是"新基础教育"开始出现"形成性研究",二是发表的《为"生命·实践"学派的创建努力》积淀了建设的基本方法论路线,开启了"生命·实践"教育学派之"形"的成形时期。在这个阶段,"生命·实践"学派对教育学在中国发展中反复出现、始终存在的问题做了系统梳理,并将其称之为"跨时代问题"。"跨时代问题"主要指的是:教育学存在双重依赖性,教育学与本国文化传统存在断裂;教育学与教育实践存在脱节;教育学缺家园缺内生长力。要解决这一问题并进行突破,对教育学来说非常困难。2006年11月8日,叶澜教授首次以《教天地人事·育生命自觉——关于教育是什么的多维审视》为题,在华东师范大学作了专题报告,这是叶澜教授首次将中国哲学和传统文化融入对"教育"这一教育学基本概念内涵的构建尝试,并试图在表达上展现中国文化的特质。这个专题报告明确了"生命·实践"学派在教育目标的深层指向上就是"育生命自觉"[①]。

(五)通化期阶段

经历了短期的成形后,"生命·实践"学派迎来了通化阶段。在通化期阶段,"生命·实践"学派指出:反思教育学状态,教育学主要是关注社会意义、个人知识、文化意义,缺乏对教育生命价值的关注,更缺乏对以生命价值为核心的教育实践的整体性研究。也就是说,我国现阶段教育的任务是完成上级布置的任务,完成学校一系列事务性工作。这一系列工作阻隔了我们对学生真实生命成长的关注。学校教育丧失了"生命性",丧失了"魂",造成了教育本真意义的异化。"生命·实践"

---

① 叶澜:《回归突破》,华东师范大学出版社2015年版,第29页。

学派认为：应该将系统化的"生命·实践"具体性应用理论逐渐内化为改革者的教育思想并转化为改革者的行为自觉。"生命·实践"学派提出了"共生体"的概念，通过日常性的合作交流、阶段性的头脑风暴、多层次的主题研讨，使共生体内部各地区间、生态组内部各校间、学校内部各领域间，从教学改革、学校发展、个体发展等多层时空结构和参差不齐的行为主体意义上，实现共通互化。因此，教育学的重建任务聚焦到"生命"与"实践"上，即认识到：教育应该以人的"生命"发展为第一价值，教育是点化人之生命发展重要手段，教育学应该是属于人的、为人的、具有人的生命气息和实践泥土芳香的教育学。

二 "生命·实践"学派教育观对开展青年社会主义核心价值观教育的启示

"教天地人事，育生命自觉"是"生命·实践"教育学派创始人叶澜同志对"教育是什么"这一个问题做出的中国式表达。"教天地人事"体现了"生命·实践"教育学所承载的在物我关系中积极主动的人生态度。"育生命自觉"强调要注重对人的精神力量的引领与激发。"自觉"是个体在成长中应被唤醒的重要品质，是促进个体成长的精神内生力。"生命自觉"是"生命·实践"教育学所要实现的最高目标。"教天地人事，育生命自觉"回应了人与世界的关系问题，作为完整生命的个体，我们与我们所处的世界并非是割裂的，而是双向互动的动态生成关系。

叶澜教授指出："'生命·实践'教育学是属人的、为人的、具有人的生命气息和实践泥土芬芳的教育学。"① 作为直面人的生命、为了人的生命和在人的生命之中的学问，对人的理解、对教育与人关系的探究，始终是教育学核心目标的基本构成。"生命·实践"学派的教育观带给了青年社会主义核心价值观教育深刻的启示。第一，青年社会主义核心价值观教育是一种兼具主体性、实践性和思想性的教育活动，只有根植于青年的生命实践活动，让价值观教育与真实的实践场域形成双向互动

---

① 叶澜：《回归突破》，华东师范大学出版社2015年版，第36页。

的动态生成关系，才能使社会主义核心价值观逐步沉淀生成为一种稳定持久的心理品质和行为方式，实现从"想法"和"说法"到"活法"和"做法"的深刻转变。第二，开展青年社会主义核心价值观教育要顺应满足青年生存发展的实际和需要，以激发青年的主体意识为抓手，充分发挥学生的主观能动性。要唤醒青年学生"内心自我成长的需要"，促使青年"热爱生命，悦纳自我，具有积极、自信的人生态度；具有反思自我的能力，能在人生中不断实现自我超越；具有策划人生、主动把握时机、掌握自我命运的智慧"。第三，作为一种意义建构过程，青年社会主义核心价值观教育并不是发生在大脑中的私有事件，而是一种"主体具身化"的过程，只有身体"全身心"地参与，心、身、物的整体联系与动态生成才能顺理成章。因此，必须把"身体还给学生"。也就是说，应创设开放且资源丰富的环境，让青年有机会自主和真实地去感知和体验教育，使其能够在身体与认知的交互作用中实现对教育内容的共情；应注重师生的对话，激发活力，师生的互动、协商会创造许多新的可能性，从而在更深入的层次上拓展教育，如果仅有浅表性的沟通、形式化的合作、单向度的影响与作用，就会缺乏真实的互动。

第四节 国外其他教育理论的借鉴

国外其他教育理论对青年社会主义核心价值观教育具有理论借鉴作用。其中，现代治理理论、传播学理论、建构主义理论、社会学习理论对青年社会主义核心价值观教育具有很强的启示作用。

一 现代治理理论及其启示

国内外学者自 20 世纪便对"治理"理论展开了一些有针对性的研究。西方治理理论的出现绝非偶然，从西方经济发展脉络中可以清晰地看到，"市场万能论"作为古典自由主义经济学的基本信条，曾有过显赫地位和统治基础。经济危机发生之后，更多的学者、管理者开始意识到"市场"并非万能,于是政府开始扮演纠错角色。20世纪90年代,一批西方政治学家与管理学家在政府统治手段失灵和市场配置失效后,用"治理"手段为社会资源找到了新的配置方式并就此明确了"治理"对于国家和社会发展的必要性与重要意义。

(一)现代治理理论的基本思想

在"治理"的必要性上,全球治理理论的主要创始人美国学者詹姆斯·N. 罗西瑙(James N. Rosenau)、英国学者罗伯特·罗茨(Robert Rhodes)不约而同地指出"治理"概念与"统治"既存在区别,又有一定的关联性。一方面,"治理"比"统治"的主体范围更大,它指的是"一种共同的目标支持的活动,这些活动的主体未必是政府,也无须依靠国家的强制力量来实现";另一方面,治理也意味着"新的统治过程"与"统治条件"。在此之后,越来越多的西方学者选择在西方国家治理困境中,探讨治理理念的发展与演变过程,认为"治理"概念在调和各种利益关系,加强国家和市民社会之间的良性互动中,获得了更加宽泛的意义,甚至提出社会的高效运转可以没有政府统治,但不能没有治理。这些观点也让"治理"的内涵和特征逐渐明晰。

思想政治教育作为国家政治治理体系的重要组成部分,对中国社会的制度建设、运行模式、发展道路发挥了特殊的作用。"治理"作为党中央在国家层面推进的重要工作,必然要与思想政治教育关联。关于思想政治教育与治理以及相互关系的理论逐渐增多,预示了思想政治教育和治理的融合应成为一个专门的领域。国家治理现代化理论为推进思想政治教育治理学的发展提供了整体分析框架和行动方案。只有以国家治理智慧和战略为方向,才能推进思想政治教育治理体系和治理能力的现代化,实现顶层设计、政策执行、机制构建、评价质量等方面的治理体系现代化发展。教育治理现代化则是保持思想政治教育持久效力的先导和基础[①]。

---

① 冯刚、曾永平:《学科交叉视野下思想政治教育创新发展的特点与趋势——基于2017年学科交叉与思想政治教育研究成果的分析》,《思想政治教育研究》2018年第1期。

(二) 现代治理理论对青年社会主义核心价值观教育的启示

党的十九届四中全会提出要"加强系统治理、依法治理、综合治理、源头治理"。思想政治教育是一项复杂的系统工程，对思想政治教育治理进行系统设计，是思想政治教育治理的一个重要方面。在国家治理现代化视域下，思想政治教育治理要更加注重整体把握和系统治理，全面统筹各领域、各环节、各方面的资源和力量。青年社会主义核心价值观教育是思想政治教育的核心内容，对其进行系统设计，应该从坚持党的领导、优化主体系统、调整内部要素等方面下功夫。

青年社会主义核心价值观教育治理必须坚持党的领导。青年社会主义核心价值观教育事关国家的未来发展，坚持党的领导，主要是确保青年社会主义核心价值观教育治理系统设计能坚持正确的方向。坚持党的领导，就是要把社会主义核心价值观教育的育人宗旨同党"全心全意为人民服务"的宗旨相结合，把"三全育人"理念同党的人民至上的执政理念统一起来。只有始终不忘思想政治教育的根本问题"培养什么人、怎样培养人、为谁培养人"，只有做到时时以此问题躬身反省，青年社会主义核心价值观教育才能做到不忘初心、永不变质。

青年社会主义核心价值观教育治理需要形成多元主体系统整体治理合力。治理系统化是青年社会主义核心价值观教育治理所追求的目标。从思想政治教育治理的发展来看，要形成高效的青年社会主义核心价值观教育治理系统关键在于优化治理主体系统，形成多元主体系统综合治理格局。在国家治理现代化视域下，青年社会主义核心价值观教育治理系统化主要强调多元主体协同育人机制的形成，加强各治理主体之间的协同，即横向和纵向的协同联动。从横向来看，青年社会主义核心价值观教育治理主体主要包括学校内的宣传部、组织部、教师工作部等职能处室和教学、科研、后勤、服务等多个部门，也包括政府、社会和家庭等校外治理主体；从纵向来看，青年社会主义核心价值观教育治理体系包括不同的治理层级，因而需要加强和完善不同治理层级的协同联动。加强校内各治理层级的协同联动，需要有效调动各个层级参与社会主义核心价值观教育的积极性，激发包括教师、管理干部、辅导员和学生在内的各个层级力量参与推动社会主义核心价值观教育创新发展的内生动力。同时,还要加强校外各治理层级的协同联动。从中央到地方,从部委到学校,需要在相关政策制定、文件落实、问题聚焦、难题解决等方面加强协同联动,为青年社会主义核心价值观教育治理提供与时俱进、遵循规律、科学有效的政策支持和制度保障。

青年社会主义核心价值观教育治理应推进各要素多维度的系统化治理。青年社会主义核心价值观教育治理作为一个复杂的系统,由多个子系统构成,内容子系统的多样性、话语子系统的竞争性、载体子系统的技术性,决定着这一系统的复杂性。因此,应优化调整系统内部各要素的功能,推进各要素的多维度协同。一是要推进青年社会主义核心价值观教育治理内容的系统化。要以立德树人为根本使命,整合和拓展教育内容。二是要推进青年社会主义核心价值观教育话语治理的系统化。要根据青年学生的思想行为特点,整体推动社会主义核心价值观教育话语方式、结构、内容、语境的创新。三是要推进青年社会主义核心价值观教育载体治理的系统化。要加强社会主义核心价值观教育传统优势同信息技术高度融合,充分挖掘互联网领域的思想政治教育资源,加强线上线下一体化,形成教育矩阵。

二 传播学理论及其启示

传播是社会信息的传递或社会信息系统的运行,传播学是研究社会信息传播活动及其规律的科学。青年社会主义核心价值观的传播,既是思想政治教育实践活动,也是传播实践活动,是将社会主义核心价值观教育的有关信息蕴含于传播实践活动中的特殊社会实践。

(一) 传播学理论的基本思想

"5W 模式"为传播学中的经典理论。传播学中经典的"5W 模式"包括传播主体(who)、传播内容(what)、传播受众(to whom)、传播媒介(in which channel)、传播效果(with what effect)等基本构成要素。虽然"三要素说""四要素说""隐含要素说"等在传播要素上存在着不同的见解和观点,对传播模式也有不同的解读,但总体而言都是对传播学中相关理论的重要体现和借鉴参考。

思想政治教育传播学是学科交叉的重要体现。思想政治教育学的综合性特征，决定了在以马克思主义基本理论作为学科的理论基础的同时，还必须借鉴吸收其他科的合理理论与方法。同时，社会发展与时代变迁背景下，思想政治教育有效性面临的挑战也要求从其他学科中吸收营养，借鉴融合相关学科的知识于研究之中。思想政治教育传播学正是学科交叉、理论互鉴的发展成果。作为一门新兴交叉学科，思想政治教育传播学要从传播学母体中吸收借鉴相关理论。只有发挥大众传播媒介和新媒体对思想政治教育的推动作用，强化思想政治教育传播主体担当、明确传播目标、关照传播对象、规范传播内容、转换传播话语、优化传播策略，才能助推思想政治教育创新发展。此外，传播学中很多理论如"议程设置理论""把关人理论""使用与满足理论""涵化理论""创新扩散理论""拟剧理论"等，都对思想政治教育具有直接的启发意义。在"议程设置理论"中，议题的选择不仅仅是简单的主题挑选，更涉及社会议题的敏感性、受众的关注度以及传播渠道的选择。在思想政治教育中，我们需要认真考虑社会热点问题，通过精准的议题选择引导学生关注社会现象、反思自己的价值取向。"把关人理论"中的信息审核者则在思想政治教育中扮演着重要角色，包括教师、教育机构和相关管理者，他们需要在信息传递过程中担当"把关人"的角色，确保传递的信息符合道德规范、科学真实，从而达到塑造正确价值观的目的。"使用与满足理论"中的满足受众需求这一知识点，启示我们在思想政治教育中要紧密结合学生的实际需求，制定有针对性的教育方案，要了解学生的兴趣、关注点，根据不同层次的学生采取差异化的教育策略，使思想政治教育更加贴近学生的心理和认知水平。"涵化理论"中的信息包装，指的是信息的外在呈现形式对接受者产生的影响。在思想政治教育中，我们需要注重教材、教案的设计，通过合理的包装使信息更易于被学生接受。这可能涉及文字的表达方式、教育资源的多样化运用等方面。"创新扩散理论"中的创新采纳过程，对思想政治教育意味着引入新的教育理念、方法，促使学生对知识、思想进行更深层次的理解与应用。这要求教育者不断更新教学内容，吸纳最新的研究成果，为学生提供更为丰富、前沿的教育资源。"拟剧理论"中的故事构建，强调通过叙事方式传递信息。在思想政治教育中，通过生动有趣的故事，可以使抽象的思想观念更加具体、形象，引发学生的共鸣与思考。这需要教育者具备一定的叙事技巧，善于用生动的语言编织教育故事，使学生在情感上更容易接受。

（二）传播学理论对青年社会主义核心价值观教育的启示

从"说什么"上，青年社会主义核心价值观教育传播需要坚持传播内容的守正固本。作为一种特殊的信息传播活动，社会主义核心价值观教育传播肩负着培育文化自信、增强国家和民族认同、巩固主流意识形态、铸牢中华民族共同体意识的重要使命。思想政治教育传播的内容虽然丰富，但众多内容的地位和作用并不平行，其中，政治教育始终居于主导地位，决定和支配着思想政治教育的其他内容。青年社会主义核心价值观教育传播主体要旗帜鲜明地讲政治，体现思想政治教育鲜明的政治属性。要坚持以政治教育为主导，以理想信念教育为核心，加强爱国主义、集体主义、社会主义教育，牢固树立建设共产主义远大理想和中国特色社会主义共同理想，以"共享的价值＋共通的情感＋共同的利益＋共有的身份"为纽带，不断增强中国特色社会主义道路自信、理论自信、制度自信、文化自信。

从"怎么说"上，青年社会主义核心价值观教育传播需要坚持话语表达的改革创新。社会主义核心价值观教育传播内容的改革不仅涉及"说什么"，还要思考"怎么说"。"说什么"和"怎么说"如同一枚硬币的正反两面，只有同时兼顾、相互结合才能达到令人满意的传播效果，而"怎么说"就涉及话语表达[1]。"思想政治教育话语表达在本质上是对思想政治教育内容的呈现，关乎思想政治教育话语权的构建，直接影响思想政治教育的效果。"可见，在现代网络文化的传播语境与数字化时代的技术融入下，对社会主义核心价值观教育传统话语的改革创新势在必行[2]。

---

[1] 高凌云、吴东华：《传播学视角的思想政治教育初探》，《思想教育研究》2011年第9期。
[2] 刘燕、刘龙飞：《新媒体时代思想政治教育话语表达研究》，《学校党建与思想教育》2021年第17期。

如何运用信息技术手段将深奥的、晦涩的理论知识内容重新"加工"，结合具体案例，用通俗易懂、生动有趣的语言表达出来，如何图文并茂、言简意赅地宣传党的理论创新成果，如何用贴近公众日常生活、富有感染力的语言进行思想道德教育，是思想政治教育传播主体必须面对的挑战和任务。青年社会主义核心价值观教育传播主体要在全面深入把握"学情"的前提下，加快推进传播内容的话语转变，适当地借助传播受众喜闻乐见的网络语言叙述观点，增强语言感染力，力求在语义表达和情感沟通上更加精妙。

三　建构主义理论及其启示

建构主义理论揭示了学习的实质，强调了学习的主动性和建构性。在教育领域，它已经成为了深入人心的教育理论之一。建构主义理论的核心思想是：学习不是被动接受知识的过程，而是主动建构自己知识体系的过程；通过已有的知识经验与新知识的相互作用，学习者不断地完善和调整自己的认知结构。瑞士心理学家皮亚杰是建构主义理论的代表人物之一。他的发生认知论指出："儿童的认知发展是在不断的内外因素相互作用下逐步建构的；通过与外界环境的互动，儿童不断地理解外部世界，同时也在不断地改造和重组自己的认知结构。"

（一）建构主义理论的基本思想

建构主义学习观强调学生的主动性和建构性，认为学习是学生在原有知识经验的基础上，主动选择、加工和处理信息，并积极建构新的知识意义的过程。第一，学习必然是以原有的知识经验为基础。这意味着学生进入学习时，已经带有一套知识和经验，这些知识和经验是他们理解新信息的基础。学习并不是简单地接收信息，而是基于已有的知识经验对新信息进行加工和理解。第二，学习是学生新旧知识经验间的反复、双向的相互作用。学习者需要将新知识和旧知识进行比较、关联和理解，这个过程是主动的建构过程，而非被动的接受过程。新知识需要与旧知识进行反复的互动和对话，才能被有意义地建构。第三，学习的质量是学生建构意义能力的函数。学习的成败并不取决于学生是否能复现教师教导的知识或思维过程，而取决于学生是否能运用他们的知识经验，主动地建构新的、与学习环境相适应的意义。第四，学生知识掌握的多少不取决于记忆、背诵知识的能力，而取决于学生如何以原有的经验、心理结构和信念为基础去建构新知识意义的能力。知识的真正掌握并不仅仅在于记住多少，而在于能否运用所学的知识去解决实际问题，是否能够根据已有的经验、心理结构和信念去理解和解释新的知识和现象。

建构主义教学观强调学生已有的知识经验在教学中的重要性，以及教师和学生之间的互动和合作。教师应该成为学生学习的指导者和组织者，提供适当的教学环境和资源，帮助学生进行意义建构，培养学生的主体性和创造性[①]。第一，学生已有的知识经验是新知识学习的起点。学生在遇到新知识点时，会根据自己的知识经验和认知经验提出自己的解释和假设。因此，教学不能忽视学生的已有知识经验，而是要把学生已有的知识经验作为新知识的"生长点"，引导学生在此基础上进一步发展新的知识经验。第二，建构主义教学需要教师和学生之间的互动和合作。教师不仅是知识的传递者，更是学生学习的帮助者、合作者和促进者。教师应该通过互动、合作、沟通和质疑等方式了解学生的观点和想法，引导学生主动参与学习和探索，促进学生对知识的意义建构。第三，建构主义教学是培养学生主体性和创造性的活动。学生是学习的主体，应该鼓励他们主动参与学习过程，发挥自己的创造性和团队合作精神。教师应该提供丰富的学习资源和活动，激发学生的兴趣和热情，培养学生的批判性思维和解决问题的能力。

（二）建构主义理论对青年社会主义核心价值观教育的启示

建构主义理论被称为"当代教育心理学中的一场革命"。建构主义学习观和建构主义教学观对于青年社会主义核心价值观教育具有积极的推动作用。

社会主义核心价值观的学习过程不是教师向学生强行传递知识、灌

---

① 王品卿：《建构主义理论视域下高校心理健康课程创新探析》，《齐齐哈尔大学学报》（哲学社会科学版）2022年第9期。

输知识的过程,也不是行为主义所描述的 S—R 过程,而是学生基于自己的知识和经验主动建构知识的过程。在这个过程中,学生不是被动的刺激接受者,而是要综合、重组、转换、改造头脑中已有的知识经验,用以解释新信息、新事物、新现象以及解决新问题。因此,青年社会主义核心价值观教育必须以青年为中心,将青年置于主体地位,以青年已有的知识结构为原点,培养青年学习过程中的主动性和创造性,引导青年在原有认知结构的基础上建构新知识的意义。与此同时,应把社会主义核心价值观基本理论学习、青年积极情感的培育以及青年良好行为的历练协同起来,统筹教学过程中认知目标、情感目标和行为目标,通过知识链学习、心理情境创设、沉浸体验感悟来学习社会主义核心价值观知识,从而提升青年的获得感、幸福感。

四 社会学习理论及其启示

美国心理学家班杜拉通过汲取和总结认知主义、行为主义、人本主义等心理学流派的学术观点和研究成果,最终将个体行为和认知方式归纳成为班杜拉社会学习理论。社会学习理论重视榜样在育人方面的作用,并强调在人的行为获得方面观察学习具有重要作用[①]。榜样因其具备生动、具象、鲜活等特点,青年学生更容易接受。青年应时刻保持学习的心态,学习榜样优秀事迹,在日常生活中践行榜样的优秀品质,让榜样的精神力量产生巨大的辐射效应。

(一) 社会学习理论的基本思想

班杜拉之前的社会学习理论家忽视社会变量的存在,用单纯物理的动物实验来搭建理论体系。班杜拉社会学习理论强调个体行为与其所处环境之间的互动关系。班杜拉指出行为习得存在着两个迥然不同的过程:一是对直接经验的学习,这是一种"通过反应的结果所进行的学习";二是对间接经验的学习,这是一种"通过示范所进行的学习"。观察学

---

① 黄吴静、韩峰:《班杜拉观察学习的过程理论及其在榜样教育中的应用》,《高等函授学报》(哲学社会科学版) 2008 年第 11 期。

习，也就是对别人的行为进行观察，进而对示范行为进行符号化转化，并用以指导观察者采取相应行动的过程。观察学习不仅能帮助学习者打通从动作模拟到语言掌握的壁垒，还能架起从态度的习得到价值观养成的桥梁。

班杜拉将观察学习的过程划分为四个阶段：注意、保持、动作复现、动机强化。即学习者先对榜样的行为进行观察注意，并将其储存为大脑记忆，通过反复练习后，最终在合适的动机到来时再次展现。这四个过程休戚相关，相互联系，四个不同的阶段都蕴藏着充足的教育信息[1]。观察学习的起始环节是注意阶段，这一阶段决定着观察者在行为发生前的观察学习内容及最终品德形成的结果。注意阶段观察的结果往往受到多个因素的影响，主要包括被示范活动本身的特性因素、观察者的认知技能因素和与人们相互作用的结构安排因素等，同时，这些因素也决定了可以被观察的榜样的类型。保持阶段是将获取到的信息转化为合适的表象并储存在表象系统、言语编码系统两个储存系统中。保持阶段注重以形象和言语的方式将获取的榜样信息表现出来。如果示范行为不能被观察者完整记住，观察便失去了应有的意义。动作复现阶段是指将以符号形式编码的表象信息转化为行动，即观察者用行动再现来展示榜样形象。观察者想要将观察到的内容转变为自身的行为习惯，必须通过实际操作，在自己的现实行为中融入观察到的榜样品质。如果仅是将瞬时记忆留存在大脑中，观察学习就失去了真正的作用。由此可见，班杜拉观察学习的过程理论同时肯定了实践和认知的重要意义，具有知行统一的特点。

（二）社会学习理论对青年社会主义核心价值观教育的启示

榜样的力量是无穷的，榜样能够对人的生活产生持续且深远的影响，它为学习者指明方向，给学习者提供前进动力，强大的榜样能够对学习者的情感反应、思维方式和价值观进行改变。榜样作为学习者观察和模仿的对象，传递给大家的是正能量。不同类型的榜样对个体产生不同的

---

[1] 姚篮：《试论班杜拉的社会学习理论——观察学习》，《遵义师范学院学报》2003年第2期。

影响，因此，在特定的社会环境下，人们所仰慕的榜样类型将会决定个体在多种选择中激活哪些品质。

注意是指个体对榜样情景不同方面的感知。学习者个体必须对示范者的行为给予足够的关注，能够精确地感知到其中的行为特点以及重要线索。注意不是简单地、泛泛地看一眼，而是要抽取其中的重要信息。最容易吸引观察者注意力的榜样往往是那些与自身有相同之处或者被认为卓尔不群和风行一时的人。外在的期望也会影响个体对观察对象的选择。与此同时，自我概念低、依赖性强以及焦虑的观察者产生模仿他人行为的比例更高。保持是对从示范者身上所获取信息的记忆，是一个由内而外的过程。观察者所观察到的行为是以符号表征的形式存储在记忆中。个体将他们看到的感觉表象进行存储，并通过言语编码记住。动作复现是指观察者自己仿照从榜样情景中观察到的行为做出类似或者相同的行为。为了将之前存储的符号表征转换为适当的行为，个体必须做到以下两点：一是选择和组织反映要素；二是在反馈回来的信息的基础上精简提炼自己的反映，进行观察和矫正反馈。在前面三个环节的基础上，观察者已经基本熟悉了所观察的行为。但是个体也很可能极少甚至从不实施这一行为。个体是否愿意实施这一行为，取决于是否对行为进行了强化。如果此行为产生了有价值的结果，就是直接强化。替代性强化或自我强化也能促使个体实施这一行为。

社会学习理论对青年社会主义核心价值观教育的启示包含以下几点：第一，要以先进典型为榜样，用典型人物的思想、先进事迹来教育青年，引导青年形成符合社会主义核心价值观的行为方式。第二，榜样教育并非停留在"书斋里的学问"，而是一种以实践为基础的教育，除了必要的理论学习等认知活动外，榜样教育的重点应倾向于行为习惯养成、实践锻炼等方面。榜样教育通过搭建模仿学习的情境平台，为青年提供实践锻炼机会，促使青年在鲜活的实践中，逐渐领悟榜样言行的精神内涵。榜样教育很注重让青年产生猛烈的心灵冲击，在经受严峻的意志锻炼中使行为得到反复强化，最终把对榜样言行的学习模仿转化成自己的行为习惯。

第三章 青年社会主义核心价值观教育的实然考察

本书从实然考察逻辑层出发，以"现实问题＋实际需求"为研究导向，以"理论创新＋扎根实践"为研究策略，系统探索青年社会主义核心价值观教育过程中的理论问题和现实问题，为进一步探寻如何建构社会主义核心价值观教育协同机制提供技术路线和参考依据。

第一节 调研设计

调研设计是开展调研的前期基础性准备工作。为了提高研究的信度和效度，本书进行了较为系统的调研设计。

一 调研意图

青年一代是国家的栋梁、未来的希望。用社会主义核心价值观武装青年，是教育工作者的重要使命。本书所指的青年是14—35岁在校学习的学生。近年来，各个学校都采取了一定的举措将社会主义核心价值观融入学校教育教学改革工作。本书从青年自身满意度、获得感的角度出发，审视考核青年社会主义核心价值观教育到底在多大程度上得到了落实并形成了怎样的育人成效，探寻我国新时代青年社会主义核心价值观教育的实然状态，为进一步揭示新时代青年社会主义核心价值观教育实施中存在的问题奠定基础①。

二 调研思路

本次实然考察参照"明确调研主题—遴选调研对象—拟定调研方案—结果分析讨论—提供建议策略"展开,具体调研思路如图3-1所示。

```
明确调研主题 ── 新时代青年社会主义核心价值观教育现状
     ↓
遴选调研对象 ─┬─ 不同学历、不同专业类型的青年学生代表
             └─ 不同学校的领导和教师代表
     ↓
拟定调研方案 ─┬─ 问卷调查法 → 建立调研观测点 → 普适问题
             └─ 个案访谈法 → 制定访谈提纲 → 典型问题
     ↓
结果分析讨论 ─┬─ 剖析发展优势
             └─ 分析存在问题
     ↓
提供建议策略 ─┬─ 提供优势转化建议
             └─ 提供针对性策略
```

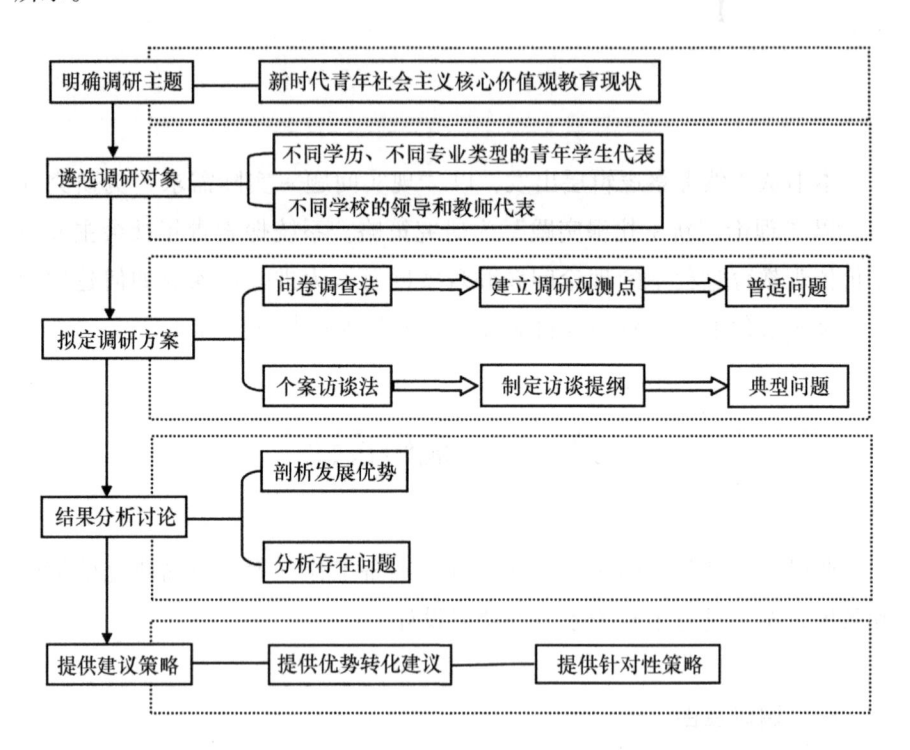

图3-1 青年社会主义核心价值观教育现状调研思路图

三 调研主题

本次调研主题聚焦"青年社会主义核心价值观教育现状",从教育理念、师生关系、育人平台和教育环境等方面设计调研内容,以剖析发展优势、查找存在问题、分析有利条件和制约性因素,为进一步讨论优势

---

① 徐园媛:《大学生社会主义核心价值观教育"四位一体"课程实施路径研究》,博士学位论文,西南大学,2017年,第24页。

转化和提出建议策略提供依据。

四　问卷调查

问卷调查工作按照六个步骤有序展开，即"设计调研维度→制定调研观测点→选取调研对象→开展调研工作→统计调研数据→分析调研结果"，旨在运用大数据刻画青年社会主义核心价值观教育现状。

五　深度访谈

本书共设计对120名师生代表进行深度访谈，包括中学师生代表50名、高校师生代表70名，通过深度访谈进一步了解信息。其中，中学校长代表共20名，中学教师代表共20名，中学学生代表共10名；普通高校、高职院校教务处处长、学生处处长共30名，普通高校、高职院校的教师代表共30名，高校学生代表10名。

第二节　问卷调查法的运用

问卷调查法的运用，是本书实证分析的重要环节，主要包括问卷设计、问卷测试与筛选等步骤，力求做到调查数据真实性与分析数据科学性相统一。

一　问卷设计

为了精准反映社会主义核心价值观教育现状，本书以"教育实施效果"为发力点，创建了"八维三十向度"的认同特性分析框架。对社会主义核心价值观教育效果的认同度包含八个维度，即三全育人、师生关系、课程育人、网络育人、实践育人、文化育人、制度环境、组织环境（如表3-1所示）。问卷答案项设5级量表，从"十分认同""比较认同""说不清楚""较不认同""很不认同"依序赋值为5、4、3、2、1。本章所有涉及认同度的数量分析均采用上述赋值，后文不再赘述。

表3-1 对青年社会主义核心价值观教育现状认同度调研

调研主题	一级维度	项目	变量名称
教育现状调研	三全育人	（1）"您身边的学校党员领导干部、思想政治理论课教师、辅导员、班主任、心理健康教育教师、就业指导教师等这样的党建和思想政治工作队伍，还有专业课教师、管理教辅人员和后勤服务人员，都在社会主义核心价值观教育中发挥了各自的作用"，您对这个观点	全员育人
		（2）"在青年社会主义核心价值观教育过程中，您身边的育人主体，比如思想政治理论课教师和辅导员之间、辅导员和其他管理人员之间等，配合、互动效果良好"，您对这个观点	主体协同
		（3）"您身边开展过的或者正在开展的社会主义核心价值观教育，实现了纵向各学段层层递进与横向各教育时间序列有效衔接相结合的双重衔接"，您对这个观点	全过程育人
		（4）"您所在的学校、家庭、社区的不同场域中都在通过各种途径、方法对青年开展社会主义核心价值观教育"，您对这个观点	全方位育人
	师生关系	（5）"在您经历的社会主义核心价值观教育中，教师能以学生的价值诉求为着力点，师生之间的关系状态表现为以学生为中心"，您对这个观点	学生中心
		（6）"在开展社会主义核心价值观教育的过程中，师生间平等交往、主动对话、相互理解、相互促进，形成了师生协同的状态"，您对这个观点	师生协同
	课程育人	（7）"思想政治理论课教师在课堂上阐释社会主义核心价值观相关理论，效果很好"，您对这个观点	思政课
		（8）"在您的中学或者大学等学习阶段，社会主义核心价值观教育知识性内容并不存在重复交叉"，您对这个观点	内容重复
		（9）"在您所修的课程中，除了思想政治理论课以外，其他课程渗透社会主义核心价值观的作用体现得很明显"，您对这个观点	其他课程
		（10）"您所参与的思想政治理论课程与其他课程在讲授或者涉及社会主义核心价值观内容方面相互印证、支撑，衔接效果很好"，您对这个观点	课程共同体
	网络育人	（11）"学校利用专题网站、微信公众号、抖音、B站等新媒体载体开展青年社会主义核心价值观教育，反响效果很好"，您对这个观点	网络载体
		（12）"青年社会主义核心价值观教育中，实体课堂与移动终端互联互通，效果很好"，您对这个观点	资源共同体1

续表

调研主题	一级维度	项目	变量名称
教育现状调研	网络育人	（13）"青年社会主义核心价值观教育中，网上虚拟化体验与网下管理引导互联互通，效果很好"，您对这个观点	资源共同体2
		（14）"青年社会主义核心价值观教育中，数字化教育场景与传统教育场景的互联互通，效果很好"，您对这个观点	资源共同体3
	实践育人	（15）"学校利用现有的实践基地如爱国主义教育基地、公益性互助组织、事务性志愿服务机构来开展社会主义核心价值观教育，反响效果很好"，您对这个观点	实践基地
		（16）"您所参与的社会主义核心价值观教育，在利用历史读本推进'学史崇德'与利用实践活动推进情感渲染方面，协同得很好"，您对这个观点	知识共同体1
		（17）"您所参与的社会主义核心价值观教育，在强化'有字之书'进行榜样引领与利用实践活动进行体验感悟方面协同得很好"，您对这个观点	知识共同体2
		（18）"您所参与的社会主义核心价值观教育，在利用'有字之书'进行现实渗透与利用实践活动凸显生活化表达方面协同得很好"，您对这个观点	知识共同体3
	文化育人	（19）"您所在学校的建筑、雕塑、景观设计等物质文化的环境创设，被思政课程、专业课程以及通识课程等课程育人平台利用，使社会主义核心价值观教育的效果更好"，您对这个观点	生态共同体1
		（20）"在集体记忆、共同记忆中渗透的精神文化与学校的开学典礼、毕业典礼、重要人物纪念活动等仪式感很强的实践教育相结合，为青年社会主义核心价值观教育的开展增加了亮色"，您对这个观点	生态共同体2
		（21）"学校制定的规章制度，与课程育人、网络育人、实践育人分别结合，对青年社会主义核心价值观教育起到了很好的推动作用"，您对这个观点	生态共同体3
		（22）"针对青年社会主义核心价值观教育，您所了解到的物质载体、精神理念以及制度规范等综合功能发挥效果很好"，您对这个观点	生态共同体4
	制度环境	（23）"您所感受到的青年社会主义核心价值观教育宏观、中观以及微观制度环境衔接效果良好"，您对这个观点	制度协同
		（24）"为推动青年社会主义核心价值观教育，党和国家颁布了一系列制度性文件，这些制度文件内容对培育与践行社会主义核心价值观很有指导作用"，您对这个观点	宏观制度

续表

调研主题	一级维度	项目	变量名称
教育现状调研	组织环境	(25)"为推动青年社会主义核心价值观教育,省级教育行政机构结合区域实际、领域特点颁布了一系列制度性文件,这些制度文件内容对培育与践行社会主义核心价值观很有指导作用",您对这个观点	中观制度
		(26)"您所在学校为落实国家和地方关于社会主义核心价值观教育要求并结合自身情况而制定的各种制度,这些微观性的制度操作性强,对您学习社会主义核心价值观作用明显",您对这个观点	微观制度
		(27)"您所感受到的青年社会主义核心价值观教育中社会、家庭以及学校等组织环境衔接效果很好",您对这个观点	家校社协同
		(28)"青年社会主义核心价值观教育,家风家教的熏陶与学校的价值引领在信息共享以及协同作用发挥方面效果很好",您对这个观点	家校协同
		(29)"青年社会主义核心价值观教育,学校'小课堂'协同社会'大课堂'的力度与效果很好",您对这个观点	校社协同
		(30)"青年社会主义核心价值观教育,家庭教育与社会大课堂实践之间在衔接过渡上效果很好",您对这个观点	家社协同

二 问卷测试与筛选

在完成初始问卷设计之后,进行小样本试调查。本书以重庆市某普通本科院校为调查对象,随机问卷调查50位同学,回收50份有效问卷。课题组应用数据分析软件 SPSS 26.0,对试调查数据进行问卷有效性分析,包括问卷项目的筛选、信度和效度等。

(一) 问卷项目的筛选

本书采用两种方法进行问卷项目筛选:独立样本 t 检验和 Pearson 相关系数。其中:(1) 独立样本 t 检验是检验高低分两组在每个项目的平均得分是否存在显著差异。若差异显著,则保留问句;若差异不显著,则删除。(2) Pearson 相关系数则是对各项目得分与总分之间的同质性进行检验。若该系数在 0.5 以上,表明问句的区分度高,要采用问句;系数居于 0.2—0.5 之间,区分度相对较弱,可以采用;而系数在 0.2 以下，区分度则很弱，要删除问句。

1. 高低分组差异检验

首先对试调查样本的问卷量表总分从小到大排序，取总分前25%的对应样本组为低分组，后25%的对应样本组为高分组。然后，分别进行教育和效果的各项目高低分组的差异性检验，具体结果如表3-2所示。

表3-2　　　　　　问卷项的独立样本t检验结果

序号	分类	变量名称	方差假设	t	Sig.（双侧）
1	三全育人	全员育人	假设方差相等	-3.593	0.002
			假设方差不相等	-3.593	0.004
		主体协同	假设方差相等	-5.354	0
			假设方差不相等	-5.354	0
		全过程育人	假设方差相等	-7.288	0
			假设方差不相等	-7.288	0
		全方位育人	假设方差相等	-5.800	0
			假设方差不相等	-5.800	0
2	师生关系	学生中心	假设方差相等	-6.051	0
			假设方差不相等	-6.051	0
		师生协同	假设方差相等	-5.702	0
			假设方差不相等	-5.702	0
3	课程育人	思政课	假设方差相等	-5.631	0
			假设方差不相等	-5.631	0
		内容重复	假设方差相等	-5.348	0
			假设方差不相等	-5.348	0
		其他课程	假设方差相等	-6.384	0
			假设方差不相等	-6.384	0
		课程共同体	假设方差相等	-6.167	0
			假设方差不相等	-6.167	0

续表

序号	分类	变量名称	方差假设	t	Sig.（双侧）
4	网络育人	网络载体	假设方差相等	-7.000	0
			假设方差不相等	-7.000	0
		资源共同体1	假设方差相等	-6.751	0
			假设方差不相等	-6.751	0
		资源共同体2	假设方差相等	-6.567	0
			假设方差不相等	-6.567	0
		资源共同体3	假设方差相等	-6.268	0
			假设方差不相等	-6.268	0
5	实践育人	实践基地	假设方差相等	-5.011	0
			假设方差不相等	-5.011	0
		知识共同体1	假设方差相等	-6.739	0
			假设方差不相等	-6.739	0
		知识共同体2	假设方差相等	-6.129	0
			假设方差不相等	-6.129	0
		知识共同体3	假设方差相等	-6.127	0
			假设方差不相等	-6.127	0
6	文化育人	生态共同体1	假设方差相等	-5.631	0
			假设方差不相等	-5.631	0
		生态共同体2	假设方差相等	-9.530	0
			假设方差不相等	-9.530	0
		生态共同体3	假设方差相等	-5.011	0
			假设方差不相等	-5.011	0
		生态共同体4	假设方差相等	-7.532	0
			假设方差不相等	-7.532	0

续表

序号	分类	变量名称	方差假设	t	Sig.（双侧）
7	制度环境	制度协同	假设方差相等	-6.413	0
			假设方差不相等	-6.413	0
		宏观制度	假设方差相等	-2.561	0.018
			假设方差不相等	-2.561	0.026
		中观制度	假设方差相等	-3.252	0.004
			假设方差不相等	-3.252	0.008
		微观制度	假设方差相等	-3.576	0.002
			假设方差不相等	-3.576	0.004
8	组织环境	家校社协同	假设方差相等	-3.200	0.004
			假设方差不相等	-3.200	0.008
		家校协同	假设方差相等	-3.095	0.005
			假设方差不相等	-3.095	0.010
		校社协同	假设方差相等	-2.755	0.012
			假设方差不相等	-2.755	0.019
		家社协同	假设方差相等	-2.702	0.013
			假设方差不相等	-2.702	0.021

表中统计检验结果显示，在方差相等或不相等的假设下，t检验统计量值的绝对值均高于2；从Sig.（双侧）栏看，概率（P-value）都小于0.05，表明各项目的高低分组差异显著。因此，不用删除问句，本书问卷设计项全部保留。

2. Pearson 相关系数检验

根据本书研究的项目，对教育路径和效果分别计算Pearson相关系数，其结果如表3-3所示。从表中的相关性看，所有问卷项目与类别总分的相关系数都显著，且在0.5以上。所以，所有问卷项目都可采用。

表3-3　　问卷项目与维度总分的Pearson相关系数检验

		全员育人	主体协同	全过程育人	全方位育人
三全育人总分	Pearson Correlation	0.907**	0.952**	0.981**	0.540**
	Sig.（2-tailed）	0.000	0.000	0.000	0.000
	N	50	50	50	50
		学生中心		师生协同	
师生关系总分	Pearson Correlation	0.887**	0.852**		
	Sig.（2-tailed）	0.000	0.000		
	N	50	50		
		思政课	内容重复	其他课程	课程共同体
课程育人总分	Pearson Correlation	0.826**	0.808**	0.882**	0.689**
	Sig.（2-tailed）	0.000	0.000	0.000	0.000
	N	50	50	50	50
		网络载体	资源共同体1	资源共同体2	资源共同体3
网络育人总分	Pearson Correlation	0.857**	0.840**	0.831**	0.845**
	Sig.（2-tailed）	0.000	0.000	0.000	0.000
	N	50	50	50	50
		实践基地	知识共同体1	知识共同体2	知识共同体3
实践育人总分	Pearson Correlation	0.842**	0.707**	0.932**	0.875**
	Sig.（2-tailed）	0.000	0.000	0.000	0.000
	N	50	50	50	50
		生态共同体1	生态共同体2	生态共同体3	生态共同体4
文化育人总分	Pearson Correlation	0.825**	0.847**	0.674**	0.907**
	Sig.（2-tailed）	0.000	0.000	0.000	0.000
	N	50	50	50	50
		制度协同	宏观制度	中观制度	微观制度
制度环境总分	Pearson Correlation	0.553**	0.768**	0.805**	0.872**
	Sig.（2-tailed）	0.000	0.000	0.000	0.000
	N	50	50	50	50

续表

		家校社协同	家校协同	校社协同	家社协同
组织环境总分	Pearson Correlation	0.876**	0.795**	0.831**	0.859**
	Sig. (2-tailed)	0.000	0.000	0.000	0.000
	N	50	50	50	50

（二）信度检验

信度分析主要是通过计算 Cronbach's α 可靠性系数来进行判断。一般地，Cronbach's α<0.3 就不可信，0.3<α<0.4 为勉强可信，0.4<α<0.5 为可信，0.5<α<0.7 为比较可信，超过 0.7 则为很可信或十分可信。运用 SPSS 26.0，分别计算各维度测试问卷的 Cronbach's α 可靠性系数，如表 3-4 所示。

表 3-4　　　　　　　八个维度被测试问卷的可靠性系数

序号	测试问卷部分	Cronbach's α	项数	可信程度
1	三全育人	0.868	4	很可信
2	师生关系	0.675	2	比较可信
3	课程育人	0.813	4	很可信
4	网络育人	0.864	4	很可信
5	实践育人	0.859	4	很可信
6	文化育人	0.823	4	很可信
7	制度环境	0.703	4	很可信
8	组织环境	0.860	4	很可信

从表 3-4 计算结果看，有 7 个维度问卷项目 Cronbach's α 系数超过 0.7，分别是"三全育人""课程育人""网络育人""实践育人""文化育人""制度环境""组织环境"，为很可信；"师生关系"维度介于 0.6 和 0.7 之间，为比较可信。而计算所有问卷项目的 Cronbach's α 系数为 0.955，表明筛选后的问卷有较高的可信度。因此，该问卷可以用于正式调查。

(三) 效度检验

本书采用两种常见的问卷效度检验——内容效度和结构效度的检验。主要通过介绍本书设计问卷的合理性来进行内容效度检验；采用 KMO（Kaiser-Meyer-Olkin）检验和 Bartlett 球形检验判断其是否适合做因子分析，来判定问卷各维度的结构效度。

1. 内容效度检验

本次内容效度检验分三步进行：

第一，参考相关理论文献和教改经验拟定问卷初稿。通过广泛深入地查阅相关文献，并结合长期从事社会主义核心价值观教育教学改革的经验，初步拟定了调查问卷。

第二，邀请专家对初拟问卷进行评审修订。先邀请重庆交通大学思想政治教育相关专家 8 人对初拟问卷进行评审，然后综合专家建议修改问卷。

第三，利用试调查数据筛选问卷项目。通过随机抽选 50 名同学进行试调查，对调查结果进行问卷项目的差异性分析、同质性分析等，筛选出区分度高、差异显著的问卷，以形成正式调查问卷。

因此，本书设计问卷有较高的内容效度。

2. 结构效度检验

KMO 取值在 0—1 之间，用于判断是否适合做因子分析的一般检验原则是：KMO 值越趋近于 0，越不适合做因子分析，因为变量相关性变弱；而 KMO 值越趋近于 1，越适合做因子分析，因为变量相关性变强。Kaiser 指出，当 KMO 值小于 0.5 时不适合进行因子分析。

利用 Bartlett 球体检验也可以判断是否适合做因子分析，通过检验变量的相关系数矩阵是否为单位阵，来检验变量间的独立性。若拒绝单位阵原假设，则表明可以做因子分析；反之，则不可以做因子分析。Bartlett 球体检验是卡方检验，可通过其检验统计量值的显著性概率 P-value 的大小判断。若该概率 P-value 小于 0.05，则表明可以做因子分析。

利用试调查样本数据，运用 SPSS 26.0 采用主成分分析法抽取，对教育路径和效果各维度问卷项目进行 KMO 检验和 Bartlett 球形检验，检验结果如表 3-5 所示。

表 3-5   八个维度测试问卷的 KMO 和球形检验

序号	测试问卷部分	检验项目	检验结果		是否适合做因子分析
1	三全育人	KMO 值		0.591	适合
		Bartlett 的球形度检验	Approx. Chi-Square	322.845	
			df	6	
			Sig.	0	适合
2	师生关系	KMO 值		0.501	适合
		Bartlett 的球形度检验	Approx. Chi-Square	14.549	
			df	1	
			Sig.	0	适合
3	课程育人	KMO 值		0.587	适合
		Bartlett 的球形度检验	Approx. Chi-Square	119.09	
			df	6	
			Sig.	0	适合
4	网络育人	KMO 值		0.500	适合
		Bartlett 的球形度检验	Approx. Chi-Square	251.824	
			df	6	
			Sig.	0	适合
5	实践育人	KMO 值		0.681	适合
		Bartlett 的球形度检验	Approx. Chi-Square	148.118	
			df	6	
			Sig.	0	适合
6	文化育人	KMO 值		0.746	适合
		Bartlett 的球形度检验	Approx. Chi-Square	93.037	
			df	6	
			Sig.	0	适合

续表

序号	测试问卷部分	检验项目	检验结果		是否适合做因子分析
7	制度环境	KMO 值	0.671		适合
		Bartlett 的球形度检验	Approx. Chi-Square	89.155	
			df	6	
			Sig.	0	适合
8	组织环境	KMO 值	0.618		适合
		Bartlett 的球形度检验	Approx. Chi-Square	150.687	
			df	6	
			Sig.	0	适合

表 3-4 检验结果显示，各维度 KMO 值在 0.500—0.746 之间，均不小于 0.5，参考 Kaiser 的做法，可认为该问卷各维度均基本适合做因子分析。再查看 Bartlett 球形检验结果，发现其卡方值对应的概率 P-value 都为 0，表明适合做因子分析。因此，可认为该问卷具有结构效度，可用于正式调查。

三 正式问卷调查

（一）调研对象的确定

本次研究对象为全国在校青年学生，本书将青年定义为 14—35 岁在校学习的学生。按照中国的区域划分，从华东、华北、华南、华中、西南、西北、东北各个区域随机抽取省份。其中，华中、东北因为省份少只抽取了 1 个省，华东、华北、华南、西南、西北各抽取了 2 个省。最终，问卷调研涉及上海、广东、山东、甘肃、河南、黑龙江、重庆、西藏、海南等 14 个省。从这 14 个省随机抽取学校，主要采用配额抽样获得样本，按 6∶1∶3 选取本科、高职、中学，按 3∶1 选取高年级和低年级学生，问卷调研涉及上海财经大学、同济大学、上海旅游高等专科学校、华南理工大学、暨南大学、广东交通职业技术学院、中国海洋大学、山东科技大学、山东职业学院、西北师范大学、兰州交通大学、兰州外语职业学院、郑州大学、郑州铁路职业技术学院、哈尔滨工业大学、东北农业大学、哈尔滨职业技术学院、重庆大学、重庆交通大学、重庆交通职业技术学院、西藏民族大学、西藏藏医药大学、海南大学、海南科技职业大学等31所高校以及上海市第一中学、同济大学第二附属中学、深圳中学、华南师范大学附属中学、山东省实验中学、青岛第二中学、西北师范大学附属中学、兰化一中、白银市第十中学、郑州市第一中学、安阳市第一中学、哈尔滨市第三中学、哈尔滨市第九中学、黑龙江省实验中学、重庆市南坪中学、重庆市第八中学、重庆市朝阳中学、重庆市求精中学、拉萨中学、海口中学、海南中学等32所中学校。

（二）问卷发放与回收

本次调研通过"线上+线下"相结合的方式发放问卷20000份，回收问卷19488份，有效问卷19126份，问卷有效率为95.63%，最终样本结构如表3-6所示。

表3-6　　　　　　　　正式回收有效样本结构表

样本分类	人数（人）	百分比（%）
性别		
男	8352	43.7
女	10774	56.3
学校层次		
本科	10296	53.8
高职	2852	14.9
中学	5978	31.3
年级		
高年级	13564	70.9
低年级	5562	29.1
专业类别		
理工科	12026	62.9
经管类	1362	7.1

续表

样本分类	人数（人）	百分比（%）
文史法	935	4.9
其他	4803	25.1
合计	19126	100.0

（三）问卷的信效度分析

首先，利用正式调查数据，运用 SPSS 26.0 计算各维度的 Cronbach's α 可靠性系数（如表 3-7 所示），来进行判断信度。表 3-7 计算结果显示，八个维度的 Cronbach's α 都超过了 0.5，且总的 Cronbach's α 为 0.959，表明该有效问卷有较高的可信度。

表 3-7　　　　　　　八个维度测试问卷的可靠性系数

序号	测试问卷部分	Cronbach's α	项数	可信程度
1	三全育人	0.942	4	很可信
2	师生关系	0.759	2	很可信
3	课程育人	0.825	4	很可信
4	网络育人	0.583	4	比较可信
5	实践育人	0.823	4	很可信
6	文化育人	0.773	4	很可信
7	制度环境	0.513	4	比较可信
8	组织环境	0.805	4	很可信

然后，利用 KMO 和 Bartlett 球体检验来确定效度。运用 SPSS 26.0，采用主成分分析法抽取，分别对三全育人、师生关系、课程育人、网络育人、实践育人、文化育人、制度环境、组织环境 8 个维度的测试问卷，进行 KMO 检验和 Bartlett 球形检验，其结果如表 3-8 所示。

表3-8　　　　　八个维度测试问卷的 KMO 和球形检验

序号	测试问卷部分	检验项目	检验结果		是否适合做因子分析
1	三全育人	KMO 值		0.818	适合
		Bartlett 的球形度检验	Approx. Chi-Square	1180.531	
			df	6	
			Sig.	0.000	适合
2	师生关系	KMO 值		0.500	适合
		Bartlett 的球形度检验	Approx. Chi-Square	128.674	
			df	1	
			Sig.	0.000	适合
3	课程育人	KMO 值		0.692	适合
		Bartlett 的球形度检验	Approx. Chi-Square	534.857	
			df	6	
			Sig.	0.000	适合
4	网络育人	KMO 值		0.526	适合
		Bartlett 的球形度检验	Approx. Chi-Square	176.146	
			df	6	
			Sig.	0.000	适合
5	实践育人	KMO 值		0.674	适合
		Bartlett 的球形度检验	Approx. Chi-Square	501.901	
			df	6	
			Sig.	0.000	适合
6	文化育人	KMO 值		0.600	适合
		Bartlett 的球形度检验	Approx. Chi-Square	482.633	
			df	6	
			Sig.	0.000	适合
7	制度环境	KMO 值		0.516	适合
		Bartlett 的球形度检验	Approx. Chi-Square	148.246	
			df	6	
			Sig.	0.000	适合

续表

序号	测试问卷部分	检验项目	检验结果		是否适合做因子分析
8	组织环境	KMO 值		0.504	适合
		Bartlett 的球形度检验	Approx. Chi-Square	915.636	
			df	6	
			Sig.	0.000	适合

表3-8中数据显示，各维度 KMO 值均大于或等于0.5，表明基本适合做因子分析；另计算整个问卷的 KMO 值为0.871，也表明适合做因子分析。而 Bartlett 球形检验的卡方检验统计量值对应的概率 P-value 都为0，表明适合做因子分析。因此，该正式问卷具有结构效度。

四 调研结果分析

（一）青年学生对"三全育人"的认同现状

表3-9数据显示：大多数青年学生对全员育人、主体协同、全过程育人、全方位育人都比较认同，各项评分的均值都在4分以上，但个体认同度的平均差异较大（差一个认同度以上），前三项非常不认同的占比在10%以上。

表3-9 青年学生对"三全育人"认同的描述统计分析表

三全育人	均值	中位数	众数	标准差
全员育人	4.36	5	5	1.379
主体协同	4.31	5	5	1.381
全过程育人	4.20	5	5	1.463
全方位育人	4.26	5	5	1.315

由表3-10可知：81.2%的青年学生对"您身边的学校党员领导干部、思想政治理论课教师、辅导员、班主任、心理健康教育教师、就业指导教师等这样的党建和思想政治工作队伍，还有专业课教师、管理教

辅人员和后勤服务人员,都在社会主义核心价值观教育中发挥了各自的作用"这个观点十分认同,4.8%的青年学生对这个观点比较认同,这表明86%的学生对"全员育人"这个观点持认可态度。与此同时,12%的青年学生对"全员育人"这个观点很不认同,1%的青年学生对"全员育人"这个观点较不认同,这表明,有13%的青年学生认为"全员育人"没有落实到位。

表3-10　　青年学生对"三全育人"认同的人数统计分析表

变量名称	十分认同(%)	比较认同(%)	说不清楚(%)	较不认同(%)	很不认同(%)
全员育人	81.2	4.8	1.0	1.0	12.0
主体协同	78.0	6.0	2.0	3.0	11.0
全过程育人	75.0	6.0	3.0	2.9	13.1
全方位育人	72.0	10.0	4.0	6.0	8.0

对于青年社会主义核心价值观教育的"主体协同"问题,78%的青年学生对"主体之间配合、互动效果良好"这个观点十分认同,6%的青年学生对"主体之间配合、互动效果良好"这个观点比较认同,这表明84%的青年学生对"主体协同"这个观点持认可态度。与此同时,11%的青年学生对"主体协同"这个观点很不认同,3%的青年学生对"主体协同"这个观点较不认同,这表明,有14%的青年学生认为"主体协同"没有落实到位。

75%的青年学生对"您身边开展过的或者正在开展的社会主义核心价值观教育,实现了纵向各学段层层递进与横向各教育时间序列有效衔接相结合的双重衔接"这个观点十分认同,6%的青年学生对这个观点比较认同,这表明81%的青年学生对"全过程育人"这个观点持认可态度。与此同时,13.1%的青年学生对"全过程育人"这个观点很不认同,2.9%的青年学生对"全过程育人"这个观点较不认同,这表明,有16%的青年学生认为"全过程育人"没有落实到位。

72%的青年学生对"您所在的学校、家庭、社区的不同场域中都在通过各种途径、方法对青年开展社会主义核心价值观教育"这个观点十分认同,10%的青年学生对这个观点比较认同,这表明82%的青年学生对"全方位育人"这个观点持认可态度。与此同时,8%的青年学生对"全方位育人"这个观点很不认同,6%的青年学生对"全方位育人"这个观点较不认同,这表明,有14%青年学生认为"全方位育人"没有落实到位。

以上分析结果表明:大部分青年学生对"三全育人"持认可态度,认为"全员育人""主体协同""全过程育人""全方位育人"在青年社会主义核心价值观教育中得到体现[①]。但是,这并不表明"三全育人"就不需要总结提高了。因为,还有相当一部分青年学生对"三全育人"不认可。所以,我们要不断加强对"三全育人"的研究,如何进一步调动全部育人主体的积极性、如何实现全过程育人、如何覆盖全方位育人,这些都是我们必须深入思考的关键点。

(二)青年学生对"师生关系"的认同现状

表3-11描述统计结果显示:大多数青年学生对"学生中心"和"师生协同"都比较认同,均值在4分以上,中位数和众数都为5,但个体认同度的平均差异比较大,超过一个认同度,两项的非常不认同占比分别为14%和12%,需进一步分析。

表3-11　青年学生对"师生关系"认同的描述统计分析表

师生关系	均值	中位数	众数	标准差
学生中心	4.04	5	5	1.494
师生协同	4.22	5	5	1.352

由表3-12可知:66%的青年学生对"在您经历的社会主义核心价值观教育中,教师能以学生的价值诉求为着力点,师生之间的关系状态

---

① 徐园媛:《大学生社会主义核心价值观教育"四位一体"课程实施路径研究》,博士学位论文,西南大学,2017年,第77页。

表现为以学生为中心"这个观点十分认同,12%的青年学生对"学生中心"比较认同,这表明78%的学生对"学生中心"持认可态度。与此同时,14.2%的青年学生对"学生中心"很不认同,3.8%的学生对"学生中心"较不认同,这表明,有18%的青年学生对"学生中心"并不认同。

表3-12 青年学生对"师生关系"认同的人数统计分析表

变量名称	十分认同(%)	比较认同(%)	说不清楚(%)	较不认同(%)	很不认同(%)
学生中心	66.0	12.0	4.0	3.8	14.2
师生协同	68.0	11.0	3.0	6.0	12.0

68%的青年学生对"在开展社会主义核心价值观教育的过程中,师生间平等交往、主动对话、相互理解、相互促进,形成了师生协同的状态"这个观点十分认同,11%的青年学生对"教师能以学生的价值诉求为着力点"这个观点比较认同,这表明79%的学生对"师生协同"这个观点持认可态度。与此同时,12%的青年学生对"师生协同"这个观点很不认同,6%的青年学生对"师生协同"这个观点较不认同,这表明有18%的青年学生对"师生协同"这个观点并不认同。

以上分析结果表明:大多数青年学生对"学生中心"和"师生协同"都比较认同。但是,这并不表明"师生关系"就不需要总结提升了[①]。因为,还有相当一部分青年学生对"师生关系"不认同。所以,我们要不断加强对"师生关系"的研究,如何进一步体现"学生中心"的教育思想,使师生间能够平等交往、主动对话、相互理解、相互促进,如何让教师能"以学生的价值诉求为着力点"提升学生践行社会主义核心价值观的主动性,这些都是我们必须深入思考的关键点。

---

① 徐园媛:《大学生社会主义核心价值观教育"四位一体"课程实施路径研究》,博士学位论文,西南大学,2017年,第79页。

(三) 青年学生对"课程育人"的认同现状

表 3-13 描述统计分析结果显示：大多数青年学生对思政课、内容重复、其他课程、课程共同体等育人方面都有相对较高的认同度，各方面的平均认同度都超过 4 分，且中位数和众数都为 5，但个体的平均认同差异较大，超过一个认同度。除思政课以外，对内容重复、其他课程、课程共同体育人非常不认同的占比在 9%—15%，需进一步分析。

表 3-13　青年学生对"课程育人"认同的描述统计分析表

课程育人	均值	中位数	众数	标准差
思政课	4.46	5	5	1.136
内容重复	4.11	5	5	1.434
其他课程	4.34	5	5	1.252
课程共同体	4.18	5	5	1.345

由表 3-14 可知：82% 的青年学生对"思想政治理论课教师在课堂上阐释社会主义核心价值观相关理论，效果很好"这个观点十分认同，8% 的学生对"思政课教师阐释社会主义核心价值观理论效果很好"这个观点比较认同，这表明 90% 的青年学生对思政课发挥的阐释社会主义核心价值观的作用持认可态度。与此同时，6% 的青年学生对"思政课教师阐释社会主义核心价值观理论效果很好"这个观点较不认同，3% 的青年学生对"思政课教师阐释社会主义核心价值观理论效果很好"这个观点很不认同，这表明 9% 的青年学生对思政课发挥的阐释社会主义核心价值观的作用不认同。

表 3-14　青年学生对"课程育人"认同的人数统计分析表

课程育人	十分认同 (%)	比较认同 (%)	说不清楚 (%)	较不认同 (%)	很不认同 (%)
思政课	82.0	8.0	1.0	6.0	3.0
内容重复	68.5	6.5	7.0	3.0	15.0
其他课程	75.0	8.0	7.0	2.0	8.0
课程共同体	72.0	8.0	6.0	5.0	9.0

68.5%的青年学生对"在您的中学或者大学等学习阶段,社会主义核心价值观教育知识性内容并不存在重复交叉"这个观点十分认同,6.5%的青年学生对"社会主义核心价值观教育不存在知识重复交叉现象"这个观点比较认同,这表明75%的青年学生对"社会主义核心价值观教育不存在知识重复交叉"这个观点持认可态度。与此同时,3%的青年学生对"社会主义核心价值观教育不存在知识重复交叉现象"这个观点较不认同,15%的青年学生对"社会主义核心价值观教育不存在知识重复交叉现象"这个观点很不认同,这表明18%的青年学生认为社会主义核心价值观教育存在知识重复交叉现象。

75%的青年学生对"在您所修的课程中,除了思想政治理论课以外,其他课程渗透社会主义核心价值观的作用体现得很明显"这个观点十分认同,8%的青年学生对"其他课程渗透了社会主义核心价值观"这个观点比较认同,这表明83%的青年学生对其他课程渗透了社会主义核心价值观持认可态度。与此同时,2%的青年学生对其他课程渗透了社会主义核心价值观较不认同,8%的青年学生对其他课程渗透了社会主义核心价值观很不认同,这表明10%的青年学生认为其他课程没有很好地渗透社会主义核心价值观。

72%的青年学生对"您所参与的思想政治理论课程与其他课程在讲授或者涉及社会主义核心价值观内容方面相互印证、支撑,衔接效果很好"这个观点十分认同,8%的青年学生对"思政课程与其他课程涉及社会主义核心价值观内容方面相互印证"这个观点比较认同,这表明80%的青年学生对"思政课程与其他课程形成社会主义核心价值观教育的课程共同体"持认可态度。与此同时,5%的青年学生对"思政课程与其他课程涉及社会主义核心价值观内容方面相互印证"较不认同,9%的青年学生对"思政课程与其他课程涉及社会主义核心价值观内容方面相互印证"很不认同,这表明14%的青年学生对"思政课程与其他课程形成社会主义核心价值观教育的课程共同体"这个观点不认同。

以上分析结果表明:经过不断的努力,思政课已经成为传播社会主义核心价值观的主渠道①。因为，90%的青年学生对思政课发挥的阐释社会主义核心价值观的作用持认可态度。为了进一步更好地发挥思政课的主渠道作用，我们应该在继承的基础上创新，不断总结好的经验、坚持好的做法，不断思考新的方法，使思政课更好地发挥主渠道作用。18%的青年学生认为社会主义核心价值观教育存在知识重复现象，我们必须重视社会主义核心价值观各个学段的知识重复现象，要建立一体化的社会主义核心价值观教育课程体系，避免各个学段之间简单、交叉的重复。10%的青年学生认为其他课程没有很好地渗透社会主义核心价值观，我们应该继续推动课程思政建设，让各种课程都渗透社会主义核心价值观。只有80%的青年学生对"思政课程与其他课程形成社会主义核心价值观教育的课程共同体"持认可态度。还有相当一部分学生对"课程共同体"不认可。我们必须高度重视"课程共同体"的建设，让思政课程与其他课程成为同向同行的社会主义核心价值观教育渠道。

（四）青年学生对"网络育人"的认同现状

表3-15描述统计分析结果显示：大多数青年学生对利用网络载体、网络资源等育人都比较认同，各方面的平均认同度都超过4分，且中位数和众数都为5，但个体的平均认同差异较大，超过一个认同度，各项中非常不认同的人数占比在6%—15%之间，需进一步分析。

表3-15　　青年学生对"网络育人"认同的描述统计分析表

网络育人	均值	中位数	众数	标准差
网络载体	4.35	5	5	1.226
资源共同体1	4.08	5	5	1.467
资源共同体2	4.19	5	5	1.373
资源共同体3	4.23	5	5	1.478

---

① 徐园媛：《大学生社会主义核心价值观教育"四位一体"课程实施路径研究》，博士学位论文，西南大学，2017年，第83页。

由表 3-16 可知：80% 的青年学生对"学校利用专题网站、微信公众号、抖音、B 站等新媒体载体开展青年社会主义核心价值观教育，反响效果很好"这个观点十分认同，5% 的青年学生对"学校利用新媒体载体开展青年社会主义核心价值观教育效果很好"这个观点比较认同，这表明 85% 的青年学生对"学校利用新媒体载体开展青年社会主义核心价值观教育效果很好"这个观点持认可态度。与此同时，4% 的青年学生对"学校利用新媒体载体开展青年社会主义核心价值观教育效果很好"这个观点较不认同，6% 的青年学生对"学校利用新媒体载体开展青年社会主义核心价值观教育效果很好"这个观点很不认同，这表明 10% 的青年学生对"学校利用新媒体载体开展青年社会主义核心价值观教育效果很好"这个观点不认可。

表 3-16　　青年学生对"网络育人"认同的人数统计分析表

网络育人	十分认同（%）	比较认同（%）	说不清楚（%）	较不认同（%）	很不认同（%）
网络载体	80.0	5.0	5.0	4.0	6.0
资源共同体 1	72.0	6.0	5.0	6.0	11.0
资源共同体 2	74.0	8.0	2.0	8.0	8.0
资源共同体 3	70.0	8.0	2.0	5.0	15.0

72% 的青年学生对"青年社会主义核心价值观教育中，实体课堂与移动终端互联互通，效果很好"这个观点十分认同，6% 的青年学生对"实体课堂与移动终端互联互通效果很好"这个观点比较认同，这表明 78% 的青年学生认为实体课堂与移动终端协同使得互联互通的教育效果很好。与此同时，6% 的青年学生对"实体课堂与移动终端互联互通效果很好"这个观点较不认同，11% 的青年学生对"实体课堂与移动终端互联互通效果很好"这个观点很不认同，这表明 17% 的青年学生认为实体课堂与移动终端并不协同，从而影响了社会主义核心价值观教育的效果。

74%的青年学生对"青年社会主义核心价值观教育中,网上虚拟化体验与网下管理引导互联互通,效果很好"这个观点十分认同,8%的青年学生对"网上虚拟化体验与网下管理引导互联互通效果很好"这个观点比较认同,这表明82%的青年学生认为网上虚拟化体验与网下管理引导使得互联互通的效果很好。与此同时,8%的青年学生对"网上虚拟化体验与网下管理引导互联互通效果很好"这个观点较不认同,8%的青年学生对"网上虚拟化体验与网下管理引导互联互通效果很好"这个观点很不认同,这表明16%的青年学生认为网上虚拟化体验与网下管理引导协同并不好,从而影响了社会主义核心价值观教育的效果。

70%的青年学生对"青年社会主义核心价值观教育中,数字化教育场景与传统教育场景的互联互通,效果很好"这个观点十分认同,8%的青年学生对"数字化教育场景与传统教育场景的互联互通效果很好"这个观点比较认同,这表明78%的青年学生认为数字化教育场景与传统教育场景的互联互通,使社会主义核心价值观教育效果很好。与此同时,5%的青年学生对"数字化教育场景与传统教育场景的互联互通效果很好"这个观点较不认同,15%的青年学生对"数字化教育场景与传统教育场景的互联互通效果很好"这个观点很不认同,这表明20%的青年学生认为数字化教育场景与传统教育场景的协同并不好,从而影响了社会主义核心价值观教育的效果。

以上分析结果表明:目前,青年学生对利用新媒体开展社会主义核心价值观教育的满意度是很高的,达到85%,不满意的也只有10%。说明这块工作得到了绝大多数学生的认可。因此,我们要在继承以前好的做法的基础上,不断创新。实体课堂与移动终端协同、网上虚拟化体验与网下管理引导协同、数字化教育场景与传统教育场景协同这三个方面,学生的满意度并不高。我们应该努力提升实体课堂与移动终端的协同、网上虚拟化体验与网下管理引导的协同、数字化教育场景与传统教育场景的协同。特别是数字化教育场景与传统教育场景协同方面,不满意的青年学生很多,值得关注。

（五）青年学生对"实践育人"的认同现状

表 3-17 描述统计分析结果显示：大多数青年学生对实践基地及各类知识共同体育人都比较认同，各方面的平均认同度都超过 4 分，且中位数和众数都为 5，但个体的平均认同差异较大，超过一个认同度，各项中很不认同的人数占比在 5.5%—10.9% 之间，需进一步分析。

表 3-17　青年学生对"实践育人"认同的描述统计分析表

实践育人	均值	中位数	众数	标准差
实践基地	4.40	5	5	1.138
知识共同体 1	4.24	5	5	1.296
知识共同体 2	4.26	5	5	1.298
知识共同体 3	4.30	5	5	1.339

由表 3-18 可知：75% 的青年学生对"学校利用现有的实践基地如爱国主义教育基地、公益性互助组织、事务性志愿服务机构来开展社会主义核心价值观教育，反响效果很好"这个观点十分认同，8% 的青年学生对"学校利用现有的实践基地开展社会主义核心价值观教育反响效果很好"这个观点比较认同，这表明 83% 的青年学生对"学校利用现有的实践基地开展社会主义核心价值观教育反响效果很好"这个观点持认可态度。与此同时，2.5% 的青年学生对"学校利用现有的实践基地开展社会主义核心价值观教育反响效果很好"这个观点较不认同，5.5% 的青年学生对"学

表 3-18　青年学生对"实践育人"认同的人数统计分析表

实践育人	十分认同（%）	比较认同（%）	说不清楚（%）	较不认同（%）	很不认同（%）
实践基地	75.0	8.0	9.0	2.5	5.5
知识共同体 1	72.0	7.0	8.0	6.0	7.0
知识共同体 2	72.0	8.0	8.0	4.0	8.0
知识共同体 3	75.0	9.0	3.0	2.1	10.9

校利用现有的实践基地开展社会主义核心价值观教育反响效果很好"这个观点很不认同。这表明8%的青年学生对"学校利用现有的实践基地开展社会主义核心价值观教育反响效果很好"这个观点不认可。

72%的青年学生对"您所参与的社会主义核心价值观教育,在利用历史读本推进'学史崇德'与利用实践活动推进情感渲染方面协同得很好"这个观点十分认同,7%的青年学生对"利用历史读本推进'学史崇德'与利用实践活动推进情感渲染协同得很好"这个观点比较认同,这表明79%的青年学生对"利用历史读本推进'学史崇德'与利用实践活动推进情感渲染协同得很好"这个观点持认可态度。与此同时,6%的青年学生对"利用历史读本推进'学史崇德'与利用实践活动推进情感渲染协同得很好"这个观点较不认同,7%的青年学生对"利用历史读本推进'学史崇德'与利用实践活动推进情感渲染协同得很好"这个观点很不认同,这表明13%的青年学生对"利用历史读本推进'学史崇德'与利用实践活动推进情感渲染协同得很好"不认可。

72%的青年学生对"您所参与的社会主义核心价值观教育,在强化'有字之书'进行榜样引领与利用实践活动进行体验感悟方面协同得很好"这个观点十分认同,8%的青年学生对"强化'有字之书'进行榜样引领与利用实践活动进行体验感悟方面协同得很好"这个观点比较认同,这表明80%的青年学生对"强化'有字之书'进行榜样引领与利用实践活动进行体验感悟方面协同得很好"持认可态度。与此同时,4%的青年学生对"强化'有字之书'进行榜样引领与利用实践活动进行体验感悟方面协同得很好"这个观点较不认同,8%的青年学生对"强化'有字之书'进行榜样引领与利用实践活动进行体验感悟方面协同得很好"这个观点很不认同,这表明12%的青年学生对"强化'有字之书'进行榜样引领与利用实践活动进行体验感悟方面协同得很好"不认可。

75%的青年学生对"您所参与的社会主义核心价值观教育,在利用'有字之书'进行现实渗透与利用实践活动凸显生活化表达方面协同得很好"这个观点十分认同,9%的青年学生对"利用'有字之书'进行现实渗透与利用实践活动凸显生活化表达协同得很好"这个观点比较认同，这表明84%的青年学生对"利用'有字之书'进行现实渗透与利用实践活动凸显生活化表达协同得很好"持认可态度。与此同时，2.1%的青年学生对"利用'有字之书'进行现实渗透与利用实践活动凸显生活化表达协同得很好"这个观点较不认同，10.9%的青年学生对"利用'有字之书'进行现实渗透与利用实践活动凸显生活化表达协同得很好"这个观点很不认同，这表明13%的青年学生对"利用'有字之书'进行现实渗透与利用实践活动凸显生活化表达协同得很好"不认可。

以上分析结果表明：目前，青年学生对学校利用现有的实践基地开展社会主义核心价值观教育的满意度是很高的，达到83%，不满意的也只有8%。说明这块工作得到了绝大多数学生的认可。因此，我们要在继承以前好的做法的基础上，不断创新。而利用历史读本推进"学史崇德"与利用实践活动推进情感渲染、强化"有字之书"进行榜样引领与利用实践活动进行体验感悟、利用"有字之书"进行现实渗透与利用实践活动凸显生活化表达这三个方面，学生的满意度并不高。我们应该努力在现有社会主义核心价值观教育的基础上引导学生，将家国情怀与历史认同结合起来，将英雄榜样与个人感悟结合起来，将成长经历与时代使命结合起来，搭建"有字之书"与"无字之书"的实践育人平台。

（六）青年学生对"文化育人"的认同现状

表3-19描述统计分析结果显示：大多数青年学生对各类文化生态共同体育人都比较认同，其平均认同度都超过4分，且中位数和众数都为5，但个体的平均认同差异较大，均超过一个认同度，各项中非常不认同的人数占比在7.7%—10.9%之间，需进一步分析。

表3-19 青年学生对"文化育人"认同的描述统计分析表

文化育人	均值	中位数	众数	标准差
生态共同体1	4.28	5	5	1.285
生态共同体2	4.09	5	5	1.428
生态共同体3	4.28	5	5	1.319
生态共同体4	4.26	5	5	1.356

由表 3-20 可知：70% 的青年学生对"您所在学校的建筑、雕塑、景观设计等物质文化的环境创设，被思政课程、专业课程以及通识课程等课程育人平台利用，使社会主义核心价值观教育的效果更好"这个观点十分认同，10% 的青年学生对"物质文化的环境创设与课程育人平台协同使教育的效果更好"这个观点比较认同，这表明 80% 的青年学生对"物质文化的环境创设与课程育人平台协同使教育的效果更好"这个观点持认可态度。与此同时，6.3% 的青年学生对"物质文化的环境创设与课程育人平台协同使教育的效果更好"这个观点较不认同，7.7% 的青年学生对"物质文化的环境创设与课程育人平台协同使教育的效果更好"这个观点很不认同，这表明 14% 的青年学生认为物质文化的环境创设与课程育人平台协同效果并不好。

表 3-20　　青年学生对"文化育人"认同的人数统计分析表

文化育人	十分认同（%）	比较认同（%）	说不清楚（%）	较不认同（%）	很不认同（%）
生态共同体 1	70.0	10.0	6.0	6.3	7.7
生态共同体 2	68.0	9.0	5.0	7.1	10.9
生态共同体 3	72.0	8.0	6.0	6.0	8.0
生态共同体 4	75.0	5.0	6.0	5.0	9.0

68% 的青年学生对"在集体记忆、共同记忆中渗透的精神文化与学校的开学典礼、毕业典礼、重要人物纪念活动等仪式感很强的实践教育结合，为青年社会主义核心价值观教育的开展增加了亮色"这个观点十分认同，9% 的青年学生对"精神文化与仪式感很强的实践教育结合为教育的开展增加了亮色"这个观点比较认同，这表明 77% 的青年学生对"精神文化与仪式感很强的实践教育结合为教育的开展增加了亮色"这个观点持认可态度。与此同时，7.1% 的青年学生对"精神文化与仪式感很强的实践教育结合为教育的开展增加了亮色"这个观点较不认同，10.9% 的青年学生对"精神文化与仪式感很强的实践教育结合为教育的

开展增加了亮色"这个观点很不认同,这表明18%的青年学生认为精神文化与仪式感很强的实践教育协同得不好。

72%的青年学生对"学校制定的规章制度,与课程育人、网络育人、实践育人分别结合,对青年社会主义核心价值观教育起到了很好的推动作用"这个观点十分认同,8%的青年学生对"学校的规章制度与课程育人、网络育人、实践育人分别结合,对教育起到了很好的推动作用"这个观点比较认同,这表明80%的青年学生对"学校的规章制度与课程育人、网络育人、实践育人分别结合,对教育起到了很好的推动作用"这个观点持认可态度。与此同时,6%的青年学生对"学校的规章制度与课程育人、网络育人、实践育人分别结合,对教育起到了很好的推动作用"这个观点较不认同,8%的青年学生对"学校的规章制度与课程育人、网络育人、实践育人分别结合,对教育起到了很好的推动作用"这个观点很不认同,这表明14%的青年学生认为学校的规章制度与课程育人、网络育人、实践育人协同得并不好。

75%的青年学生对"针对青年社会主义核心价值观教育,您所了解到的物质载体、精神理念以及制度规范等综合功能发挥效果很好"这个观点十分认同,5%的青年学生对"物质载体、精神理念以及制度规范等综合功能发挥效果很好"这个观点比较认同,这表明80%的青年学生对"物质载体、精神理念以及制度规范等综合功能发挥效果很好"这个观点持认可态度。与此同时,5%的青年学生对"物质载体、精神理念以及制度规范等综合功能发挥效果很好"这个观点较不认同,9%的青年学生对"物质载体、精神理念以及制度规范等综合功能发挥效果很好"这个观点很不认同,这表明14%的青年学生认为物质载体、精神理念以及制度规范等协同作用发挥得并不好。

以上分析结果表明:80%的青年学生认为"物质文化的环境创设与课程育人平台协同使教育的效果更好",但是,不满意的占14%,这个数据值得关注。我们必须深入寻找物质文化的环境创设与课程育人平台的协同点,促使教育效果更好。77%的青年学生对"精神文化与仪式感很强的实践教育结合为教育的开展增加了亮色"这个观点持认可态度，18%的学生认为精神文化与仪式感很强的实践教育协同得不好。因此，我们要在精神文化与实践教育的协同方面深入研究。学校的规章制度与课程育人、网络育人、实践育人如何更好地协同，物质载体、精神理念以及制度规范等如何更好地发挥综合功能，这些都值得我们深思。

（七）青年学生对"制度环境"的认同现状

表3-21描述统计分析结果显示：大多数青年学生对制度协同、宏观制度、中观制度、微观制度育人都比较认同，其平均认同度都超过4分，且中位数和众数都为5，但存在个体平均认同差异较大，除微观制度育人外，其余三项的平均值差一个认同度，各项中非常不认同的人数占比在3.3%—6.2%之间，相较于其他育人方面波动小，反映出绝大多数青年学生对制度环境育人的认同比较一致。

表3-21　　青年学生对"制度环境"认同的描述统计分析表

制度环境	均值	中位数	众数	标准差
制度协同	4.47	5	5	1.066
宏观制度	4.63	5	5	0.917
中观制度	4.57	5	5	1.068
微观制度	4.28	5	5	1.234

由表3-22可知：70%的青年学生对"您所感受到的青年社会主义核心价值观教育宏观、中观以及微观制度环境衔接效果良好"这个观点十分认同，10%的青年学生对"宏观、中观以及微观制度环境衔接效果良好"这个观点比较认同，也就是说，80%的青年学生对"宏观、中观以及微观制度环境衔接效果良好"这个观点持认可态度。与此同时，4%的青年学生对"宏观、中观以及微观制度环境衔接效果良好"这个观点较不认同，13%的青年学生对"宏观、中观以及微观制度环境衔接效果良好"这个观点很不认同，也就是说，17%的青年学生认为宏观、中观以及微观制度环境衔接效果并不好。

表 3-22　青年学生对"制度环境"认同的人数统计分析表

制度环境	十分认同（%）	比较认同（%）	说不清楚（%）	较不认同（%）	很不认同（%）
制度协同	70.0	10.0	3.0	4.0	13.0
宏观制度	82.0	8.0	15.0	1.7	3.3
中观制度	78.0	8.0	3.0	2.0	7.0
微观制度	70.0	8.0	10.0	5.8	6.2

82%的青年学生对"为推动青年社会主义核心价值观教育，党和国家颁布了一系列制度性文件，这些制度文件内容对培育与践行社会主义核心价值观很有指导作用"这个观点十分认同，8%的青年学生对"党和国家颁布的政策文件很有指导作用"这个观点比较认同，也就是说，90%的青年学生对"党和国家颁布的制度文件很有指导作用"这个观点持认可态度。与此同时，1.7%的青年学生对"党和国家颁布的制度文件很有指导作用"这个观点较不认同，3.3%的青年学生对"党和国家颁布的制度文件很有指导作用"这个观点很不认同，也就是说，5%的青年学生认为党和国家颁布的制度文件没有什么指导作用。

78%的青年学生对"为推动青年社会主义核心价值观教育，省级教育行政机构结合区域实际、领域特点颁布了一系列制度性文件，这些制度文件内容对培育与践行社会主义核心价值观很有指导作用"这个观点十分认同，8%的青年学生对"省级教育行政机构颁布的制度性文件很有指导作用"这个观点比较认同，也就是说，86%的青年学生对"省级教育行政机构颁布的制度性文件很有指导作用"这个观点持认可态度。与此同时，2%的青年学生对"省级教育行政机构颁布的制度性文件很有指导作用"这个观点较不认同，7%的青年学生对"省级教育行政机构颁布的制度性文件很有指导作用"这个观点很不认同，也就是说，9%的青年学生认为省级教育行政机构颁布的制度性文件没有指导作用。

70%的青年学生对"您所在学校为落实国家和地方关于社会主义核

心价值观教育要求并结合自身情况而制定的各种制度,这些微观性的制度操作性强,对您学习社会主义核心价值观作用明显"这个观点十分认同,8%的青年学生对"学校制定的微观性的制度对社会主义核心价值观作用明显"这个观点比较认同,也就是说,78%的青年学生对"学校制定的微观性的制度对社会主义核心价值观作用明显"这个观点持认可态度。与此同时,5.8%的青年学生对"学校制定的微观性的制度对社会主义核心价值观作用明显"这个观点较不认同,6.2%的青年学生对"学校制定的微观性的制度对社会主义核心价值观作用明显"这个观点很不认同,也就是说,12%的青年学生认为学校制定的微观性的制度对社会主义核心价值观没有什么作用。

以上分析结果表明:80%的青年学生对"宏观、中观以及微观制度环境衔接效果良好"这个观点持认可态度,说明青年学生对三个层次制度的满意度还是很高的;但是17%的青年学生认为宏观、中观以及微观制度环境衔接效果并不好,这个数据值得重视。我们必须持续关注宏观、中观以及微观制度环境的衔接问题,以最大限度地发挥制度导向的作用。90%的青年学生对"党和国家颁布的制度文件很有指导作用"这个观点持认可态度,5%的青年学生认为党和国家颁布的制度文件没有什么指导作用,这说明,党和国家颁布的制度文件得到了广泛的认可。86%的青年学生对"省级教育行政机构颁布的制度性文件很有指导作用"这个观点持认可态度,9%的青年学生认为省级教育行政机构颁布的制度性文件没有指导作用,这说明,学生对省级教育行政机构颁布的制度性文件认可度也较高。78%的青年学生对"学校制定的微观性的制度对社会主义核心价值观作用明显"这个观点持认可态度,12%的青年学生认为学校制定的微观性的制度对社会主义核心价值观没有什么作用,这说明,学校制定的微观性的制度对社会主义核心价值观作用的发挥还需要加强。

(八)青年学生对"组织环境"的认同现状

表3-23描述统计分析结果显示:大多数青年学生对家校社协同、家校协同、校社协同、家社协同育人都比较认同,其平均认同度都超过

4分,且中位数和众数都为5,但个体的平均认同差异较大,均超过一个认同度,各项中非常不认同的人数占比均超过10%,在12%—14.3%之间,需进一步分析。

表3-23 青年学生对"组织环境"认同的描述统计分析表

组织环境	均值	中位数	众数	标准差
家校社协同	4.21	5	5	1.403
家校协同	4.18	5	5	1.418
校社协同	4.18	5	5	1.484
家社协同	4.31	5	5	1.399

由表3-24可知:72%的青年学生对"您所感受到的青年社会主义核心价值观教育中社会、家庭以及学校等组织环境衔接效果很好"这个观点十分认同,10%的青年学生对"社会、家庭以及学校等组织环境衔接效果很好"这个观点比较认同,这说明82%的青年学生对"社会、家庭以及学校等组织环境衔接效果很好"持认可态度。与此同时,12%的青年学生对"社会、家庭以及学校等组织环境衔接效果很好"很不认同,2%的青年学生对"社会、家庭以及学校等组织环境衔接效果很好"较不认同,这说明14%的青年学生认为社会、家庭以及学校等组织环境衔接效果并不好。

表3-24 青年学生对"组织环境"认同的描述统计分析表

组织环境	十分认同(%)	比较认同(%)	说不清楚(%)	较不认同(%)	很不认同(%)
家校社协同	72.0	10.0	4.0	2.0	12.0
家校协同	71.0	11.0	0.0	5.0	13.0
校社协同	72.0	9.0	2.0	2.7	14.3
家社协同	74.0	7.0	4.0	4.0	11.0

71%的青年学生对"青年社会主义核心价值观教育,家风家教的熏陶与学校的价值引领在信息共享以及协同作用发挥方面效果很好"这个观点十分认同,11%的青年学生对"家风家教的熏陶与学校的价值引领在信息共享以及协同作用发挥方面效果很好"这个观点比较认同,这说明82%的青年学生认为家风家教的熏陶与学校的价值引领在信息共享以及协同作用发挥方面效果很好。与此同时,13%的青年学生对"家风家教的熏陶与学校的价值引领在信息共享以及协同作用发挥方面效果很好"这个观点很不认同,5%的青年学生对"家风家教的熏陶与学校的价值引领在信息共享以及协同作用发挥方面效果很好"这个观点较不认同,这说明18%的青年学生对"家校协同"作用发挥不认可。

72%的青年学生对"青年社会主义核心价值观教育,学校'小课堂'协同社会'大课堂'的力度与效果很好"这个观点十分认同,9%的青年学生对"学校'小课堂'协同社会'大课堂'的力度与效果很好"这个观点比较认同,这说明81%的青年学生认可学校和社会协同作用的发挥。与此同时,14.3%的青年学生对"学校'小课堂'协同社会'大课堂'的力度与效果很好"这个观点很不认同,2.7%的青年学生对"学校'小课堂'协同社会'大课堂'的力度与效果很好"这个观点较不认同,这说明17%的青年学生认为学校和社会协同并不好。

74%的青年学生对"青年社会主义核心价值观教育,家庭教育与社会大课堂实践之间在衔接过渡上效果很好"这个观点十分认同,7%的青年学生对"家庭教育与社会大课堂实践之间在衔接过渡上效果很好"这个观点比较认同,这说明81%的青年学生对"家庭教育与社会大课堂实践之间在衔接过渡上效果很好"持认可态度。与此同时,11%的青年学生对"家庭教育与社会大课堂实践之间在衔接过渡上效果很好"这个观点很不认同,4%的青年学生对"家庭教育与社会大课堂实践之间在衔接过渡上效果很好"这个观点较不认同,这说明15%的青年学生认为家庭和社会协同并不好。

以上分析结果表明:82%的青年学生对"社会、家庭以及学校等组织环境衔接效果很好"持认可态度,14%的青年学生对"社会、家庭以及学校等组织环境衔接效果很好"并不认可。这说明，社会、家庭以及学校三者协同还需继续努力。82%的青年学生认可"家校协同"作用，18%的青年学生对家校协同作用发挥并不认可，这说明，家庭和学校协同还需继续努力。81%的青年学生认可学校和社会协同作用的发挥，17%的青年学生认为学校和社会协同并不好，这说明，学校和社会协同还需继续努力。81%的青年学生认为家庭与社会协同得很好，15%的青年学生认为家庭和社会协同并不好，这说明，家庭和社会协同还需继续努力。

第三节 访谈法的运用

在问卷调查的基础上，本书开展了个案访谈，其主要聚焦以下五个主题。第一，您认为社会主义核心价值观教育在教育主体范围、过程阶段以及时空场域上应当如何布局或者设置？第二，您认为，社会主义核心价值观教育"以学生为中心"的相互理解、平等交流、相互促进的师生关系是否已经建立？并谈谈教师在此种师生关系建立中的作用如何发挥。第三，您认为，青年社会主义核心价值观教育最大的困难是什么？并谈谈您的建议。第四，围绕青年社会主义核心价值观方式方法的改进优化，请谈谈您的想法。第五，您认为当前青年社会主义核心价值观教育，家风家教的熏陶与学校的价值引领在信息共享以及协同作用发挥方面的效果如何？

通过对高校的学生处处长代表、教务处处长代表、中学校长代表、教师代表、学生代表进行深度访谈，本书发现：受访对象普遍认为，青年社会主义核心价值观教育自开展以来，大体上呈现积极态势，也积累了一定的经验，但还需要从更新教育理念、优化师生关系、改善教育治理方法以及营造教育环境方面持续努力。

教育管理者代表认为：对青年学生学习习惯的培养贯穿于纵横交错的育人时空坐标中，遵循长期性和连续性的生命时序逻辑；党政管理人员、教育教学人员、后勤工作人员等都是育人主体，可以将教室、操场、学生公寓、食堂等学生开展活动的具体场所"点",连点成线,连成社会主义核心价值观"教育线",在纵横交错的物质空间、精神空间、虚拟空间中将"教育线"连线成廊,形成社会主义核心价值观"教育廊";育人过程需要不断拓展主体之间的交往空间以及延伸主客体之间的交往空间,教师与学生之间的联络圈层、互动频次只有不断增加才能够提升育人的效果;教育主体需要注意自己的态度、言行等,让学生在接受知识、收获启发以及享受服务的同时,感受到关怀,才能更好地实现育人目的。具体而言,党政工作管理者普遍认为:价值观的形成过程总是伴随着旧的价值认识的扬弃过程以及新的价值理念的升华过程,在这个蜕变过程中,价值目标会变得更加科学理性。因此,青年社会主义核心价值观教育必须发挥思想引领功能,要将社会主义核心价值观贯穿于纵横交错的物质空间、精神空间、虚拟空间等多维场景。教育教学管理者侧重于从教育思想和对象素养的角度提出建议:一是重构师生关系。在传统教学中,人们普遍重视教育者的主体地位,忽视受教育者的主体性。近代哲学把自我意识作为主体性的显著标志。为了提升青年学生进行社会主义核心价值观教育的效能,教育者应以开发学生的自我意识为突破口实现学生的"自主性、能动性、积极性和创造性"的"适应与超越"。二是提升教育主体运用新媒介、新技术的能力。例如,教育主体应将短视频、微电影、长图文等新媒体与社会主义核心价值观的"抽象理念"充分融合,设计出具有强烈视觉效果的动漫符号、具有生命感召力的影视符号、具有地域特色的民俗符号等,以增加教育内容的感染力。这里必须更加关注教育主体作为"人"的主体性,而不是作为客体的"新技术"更加具有"超主体性"的力量。三是提升青年学生的媒介与数字素养。对于青年学生而言,具备一定的数字素养能够使其冲破认知固化与认知障碍,提升以社会主义核心价值观为思想内核的高阶思维能力。

受访的一线教师普遍认为:青年社会主义核心价值观教育是处于多场域教育组织环境之中的,学校、家庭与社会的协同教育尤为重要。家庭虽然是学生的第一教育阵地,但是部分家长对青年价值观的培育关注度不足,且家长自身对社会主义核心价值观内涵与外延的理解也不到位。家长以身示范作用在一定程度上发挥不足,特别是一些错误待人接物的态度、语言表达的方式、处理问题的方法都会对青年产生消极影响,容易消解学校教育的实效。与此同时,一线教师也认为自身与其他教育主体之间的主动配合不够,从而导致了教育的合力不足。他们赞同青年社会主义核心价值观教育要以系统化的思维,结合人才培养方案的制定,对教育的各个要素进行转型升级,实现各要素的高效协同[1]。他们觉得教育场域协同必须拓展青年社会主义核心价值观育人空间,教育必须从平面化向立体化、从静态化向动态化、从时空性向超时空性转变。他们指出日常生活世界潜藏于个体的生命坐标中,日积月累的生活经历勾勒出个体自我生命成长的坐标图,并且这些日常生活经验常常潜在地发挥着参照图式作用。除此以外,一线教师十分关注教育实践操作,比如:在课堂教学中,如何明确教学目标、如何整体设计课程、如何力求做到把热点新闻与专业课程知识相结合、如何把影响较大的错误思潮与我国现实国情相结合、如何把阐释西方国家社会优势与制度弊端相结合、如何把分析我国社会问题与社会改革目标相结合、如何把介绍党史国史与优秀传统文化价值相结合。受访的一线教师提出建议:一是用系统化对"社会主义核心价值观效能不足"进行反思与重构。通过构建"整体统一+协作共进"的工作体系,实现"整体牵引力、外在推动力、内在驱动力"三驾马车的同向发力。二是激活传统伦理智慧,加强家庭、家风、家教建设。以民族史诗唤起中国人心灵深处的守望之情,构建"家国一体+心灵守望+德性自觉"的家庭伦理秩序,明确家既是个体社会生活的肉体安放之所,又是心灵安顿之处。在涵养熏陶、浸润教化中逐渐塑造家庭向上向善、求真寻美的德性精神。三是社会主义核心价值观教育应该关注学生的日常生活世界,用实实在在的"生活存在"中共享的历史记忆和共同的身份意识构筑起青年学生精神家园的"意义之网"。

---

[1] 徐园媛:《大学生社会主义核心价值观教育"四位一体"课程实施路径研究》,博士学位论文,西南大学,2017年,第113页。

受访的青年学生代表普遍认为：构建符合青年特点以及教育规律的师生关系对提升社会主义核心价值观教育的效能尤为重要。通过对青年学生进行深度访谈，我们发现当前我国学校的社会主义核心价值观教育还未彻底形成"教"与"学"的本位转换。传统的思政课以课堂教育为主，以课后谈心、社会实践为辅，教育主体的控制地位明显。辅导员开展的日常思想政治教育，大多数仍然处于以说教为主的样态。然而，教育需要以青年学生主动"学"为原点。"以学生为中心"的师生关系构建就是要形成"教"与"学"的双主体格局，提升青年学生对于接受社会主义核心价值观教育的热情度和主动性。此外，教育主体还要能以新鲜、生动、时尚的传播方式和青年学生进行互动交流。从与青年学生的深度访谈中，我们还发现，学生代表对于"以学生为中心"的师生关系特别期待。受访学生针对教育双主体"加深互动"提出具体建议：一是以价值议题设置促进精神交往。加快学校各级交流互动平台建设，突破组织屏障，建立直接便捷的沟通渠道，不断拉近部门之间、师生之间的沟通距离。实现议题及时发布，增加核心课程讨论、校园趣事讨论、校园名师投票等，这样就打破了传统校园活动的时空局限，通过多层级的循序渐进式的精神交往，拉近了学校成员之间的距离，提升了学校的治理效能[①]。二是以价值符号塑造学校发展新形态。校园生活中必须营造"平等、公正、诚信、友善"等氛围，这直接决定着青年学生对社会主义核心价值观内容的信心。平等的师生关系、公正的评优评先、诚信的学科考试、友善的同学关系……这些其乐融融的校园场景，对于提高校园治理效能、建设和谐校园是非常必要的。三是以视觉化叙事全景展现社会主义核心价值观的内涵。教育主体应以"人物形象+镜头语言+色彩烘托+场景布局"的象征性元素组合唤醒青年学生的共情意识，通过主观化辨识与客观性匹配的融合，实现青年社会主义核心价值观教育的"异质同构"。

---

① 韩文乾：《新媒体环境下高校社会主义核心价值观教育途径探析》，《思想理论教育导刊》2015年第3期。

第四节 研究发现

在综合问卷调查结果和深度访谈结果的基础上，本书认为：

一 树立"三全育人"协同教育理念是核心

"三全育人"的历史演进经历了从零散片面到高频表达、从概念设想到一体化推进等多条嬗变轨迹。"三全育人"即全员、全过程、全方位育人，是聚焦育人目标、升华育人共识、统筹育人要素、凝练育人规律、解决育人问题的科学理念，具有深刻的价值意蕴。开展青年社会主义核心价值观教育是回应落实立德树人根本任务的战略要求。青年社会主义核心价值观教育应树立"三全育人"协同教育理念，对"培养什么样的人、如何培养人、为谁培养人"问题作出科学应答。青年社会主义核心价值观教育秉持"三全育人"理念应表现在以下三个方面。一是立足时空维度的整体性构建。青年社会主义核心价值观教育的开展是一个呈网络型的动态交互过程，对青年的价值观进行塑造，青年所处的任何一种社会关系实质上都发生着价值观教育作用，不能只停留于单个点或单条线型，而是要更加注重整体性和系统性，把青年放在系统整体中，从各种相互关系的交互渗透中去考察青年[①]。二是教育治理科学化的内在耦合。青年社会主义核心价值观教育治理涉及多领域、多层级、多要素，需要不断优化治理思维、吸纳治理智慧，应该以"体系化推进、一体化设计、社会化整合、综合化施策"为改革路线，运用治理思维整合教育资源，建立协同育人机制。三是教育规律创新发展的根本遵循。规律是事物及其现象之间内在的、本质的、必然的联系。青年社会主义核心价值观教育作为一项特殊的社会实践活动，同样具有其内在规律。"三全育人"能够形成一体化育人空间，从而激发了思想政治工作的内

---

① 王学俭、顾超：《思想政治教育整体性协同创新》，《湖北社会科学》2016年第12期。

生动力，是对思想政治工作规律的深刻诠释。"三全育人"致力于发挥多元主体的协同效应，倡导教书和育人相统一，是对教书育人规律的深刻诠释。"三全育人"要求根据学生不同成长阶段构建递进式育人体系，是对学生成长成才规律的深刻诠释。

二 确立"双向协作"的"教与学"协同主体是关键

教育主体是青年社会主义核心价值观教育系统的基本要素之一。整体把握、系统构建"双向协作"的"教与学"协同主体，是青年社会主义核心价值观教育高质量、内涵式创新发展的内在诉求[①]。按照整体性的观点，任何决策得以圆满贯彻执行，必须调动各层次、各维度主体的主动性、积极性与意志力。教育主体与教育对象主体的积极性与主动性来自"政策牵引力＋外在推动力＋内在驱动力"的协同效应，而内在驱动力是核心引擎。内在驱动力主要来自主体利益需要的被尊重和被满足。青年社会主义核心价值观教育确立"双向协作"的"教与学"协同主体，可以表现为以下三个方面：一是协同满足教育双主体的价值诉求。对于青年社会主义核心价值观教育协同创新而言，坚持"倾听、尊重、统筹教育主体的利益诉求"与"认知、理解、满足教育对象主体的利益诉求"双线并进，通过"用户体验＋需求场景＋价值赋能"的循序渐进，能为青年社会主义核心价值观教育的协同创新提供强劲的内在驱动力。二是辩证且科学处理教育双主体的"教与学"关系。以往人们倾向于把二者看作简单的"授"与"受"的关系，尤其强调以教师为主导，把学生看作知识的单向接收器，把教学的双向活动演变为教师单方面的"填鸭式教育"。如此一来，教育就被异化为简单的行为操作，学生变成了流水线上的产品，丧失了原有的生命与活力。为提高社会主义核心价值观教育的效能，要求教育主体必须明白学生是一个有生命的能动的主体，学生自我的兴趣爱好、利益需要、知识经验、思维方式、情感意志

---

① 蒲清平、黄媛媛：《系统论视域下"大思政课"建设的理论意蕴与实践进路》，《思想理论教育导刊》2023年第3期。

会影响其对外部资讯的选择和吸收。教育主体应该构建出以"教学要点+学生关注点"为逻辑联系的问题链,从他者镜像的多维视角激发学生的主体性[①]。三是实践"双向协作"的育人规律。青年社会主义核心价值观教育工作根本上是围绕人而展开、做人的工作,有其内在的特有规律性。这就要求我们认识到必须正确处理教师与学生的辩证关系,秉持"教师是教育的主体,学生是学习的主体"这样的原则,建立"双向协作"的"教与学"协同主体关系。教师应通过师生互动形成教学相长、互学促进的"教师+学生"的共同体。"围绕学生、关爱学生、服务学生"育人育才——只有如此,社会主义核心价值观教育的效能才会不断得到提升,教师的职业使命感、职业荣誉感也会在良好的师生互动中不断得到升华。

三 搭建"四位一体"协同教育平台是重点

青年社会主义核心价值观教育是一个复杂的系统,这个系统中充斥着复杂多样的要素,这些要素共同作用于青年社会主义核心价值观教育的过程,影响其目标的实现。协同理论作为应对社会复杂性过程中产生的新型治理图式,因其对于社会发展的整体性把握和"协调"与"整合"的基本主张,与青年社会主义核心价值观教育协同机制构建具有契合性,具备内在的科学性和外在的可实施性。青年社会主义核心价值观教育搭建"四位一体"协同教育平台,体现在:一方面,搭建"课程、网络、实践、文化'四位一体'"协同教育平台。习近平在上海考察时指出:"要注意把社会主义核心价值观日常化、具体化、形象化、生活化。"因此,开展青年社会主义核心价值观教育,必须选取能够体现"日常化、具体化、形象化、生活化"的课程、网络、实践、文化等要素,搭建"课程、网络、实践、文化'四位一体'"协同教育平台:通过搭建课程育人平台,链接"思政课程"和"课程思政";通过搭建网

[①] 叔贵峰、张笑笑:《马克思哲学中"对象化"的理论变革及其实践内涵》,《沈阳师范大学学报》(社会科学版) 2019 年第 2 期。

络育人平台,链接"有形资源"和"无形资源";通过搭建实践育人平台,链接"有字之书"和"无字之书"[①];通过搭建文化育人平台,链接"显性教育"和"隐性教育"。最终,以课程、网络、实践、文化等要素之间的某种共通性和连接性为破题点,进行要素协同关系建立的研究。搭建"课程、网络、实践、文化'四位一体'"协同教育平台体现了以人为本的马克思主义人学思想,凸显了因材施教的教育思想,落脚点在于能够形成"步步是景、处处是情,总有一款触动你的教育氛围"。另一方面,通过"互联核心"打破课程、实践、网络、文化之间各自为政的封闭式壁垒。在把握青年社会主义核心价值观教育要素特点的基础上,找到教育主体、教育内容、教育方法等方面中枢连接点的"互联核心",构建这些要素之间的良性互动关系,形成能够发挥积极作用的自主网络,对于青年社会主义核心价值观教育的自身发展而言意义重大。《我们的全球伙伴关系》中所强调的治理的一个重要特征就是协调,通过确立共同目标以调和不同群体的利益关系,进而促成一个基于共同认可的自主合作网络,形成一个统一的前进方向。在这个维度上,内含于青年社会主义核心价值观教育的一个核心要义就在于促使各类复杂要素形成有序、和谐、稳定的互动关系,并能朝着一个基于认可的共同目标发挥自身的能量和作用。而在这些复杂要素之间有序、和谐、稳定的互动关系在青年社会主义核心价值观教育中,就体现为各要素之间的协同。

四 营造"多层次一体化"协同教育环境是保障

青年社会主义核心价值观教育环境是立足社会主义核心价值观的物质与精神需求,自觉建构的为思想互动、价值引导提供支撑的物质性与精神性交往情境,具有自觉性、情境性与互动性。青年社会主义核心价值观教育是在一定制度环境与组织环境下开展的,离开了制度环境与组织环境的保障任何实践行为都是"乌托邦"。青年社会主义核心价值观

---

① 许家烨:《大中小学思想政治理论课教材一体化建设:逻辑、问题与策略》,《思想教育研究》2022年第2期。

教育营造"多层次一体化"协同教育环境,体现在:一方面,营造"多层次"协同育人制度环境。青年社会主义核心价值观教育是一个政治性、理论性很强的工作,政策的指导性、引领性极其重要。以系统研究为视角,青年社会主义核心价值观教育政策设计体现和反映了马克思主义的普遍联系和永恒发展观点,通过青年社会主义核心价值观教育政策的制定和引导,各个要素和系统之间相互联系、相互作用、共同发展,形成青年社会主义核心价值观教育政策的统领、引导和整合作用,从而形成社会主义核心价值观教育政策合力,达成"整体大于部分之和"的效果[①]。青年社会主义核心价值观教育在对重点难点问题相关政策的制定中,既要考虑方向的正确,又要考虑现实的可操作性,注重各个地区政策的差异性和各个高校政策的差异性。在解决问题的过程中,要注意分期、分批筹划进行。对重点难点问题的政策制定往往具有一定探索性,没有太多经验可循,这就要求相关政策制定既要敢于"摸着石头过河",又要稳扎稳打,循序渐进。另一方面,营造"一体化"协同育人组织环境。青年社会主义核心价值观教育不仅需要以学校为主的引导、教育和管理,还需要家庭、社会的积极参与和助力。离开了学校、社会、家庭组织环境的保障,任何行动都是空中楼阁。学校是主阵地,家庭是沟通桥梁和衔接纽带,社会是潜藏在学生周围的隐形战场。就学校而言,相关部门的决策力度和教师队伍的育人深度在一定程度上决定着青年社会主义核心价值观教育的效度,它们是青年社会主义核心价值观教育的关键"上层",只有充分发挥好上层的作用,学校的主阵地作用才能充分发挥。就社会而言,创建良好的社会主义核心价值观运行环境和积极开展多样的社会主义核心价值观宣传活动,可达到社会教育以聚民心、以积民意、以化民德的重要隐形教育作用。就家庭而言,要树立家长教育意识,努力形成民主、平等的家庭教育环境,家长要成为践行社会主义核心价值观的典范。如果把社会主义核心价值观教育的任务仅仅诉之于学校教育的某一方面,社会主义核心价值观教育任务是不能圆满完成的。

---

① 陈玲:《"三全育人"协同创新组织的建构》,《学校党建与思想教育》2021年第4期。

人的本质是一切社会关系的总和，那么，青年的价值观自然也是从其所处的一切社会关系中产生的。青年社会主义核心价值观教育是一项宏大的工程，横向跨越学校、家庭、社会等复杂场域。"一体化"育人组织环境，重点要从教育过程中学校、家庭和社会三个方面的一体化教育入手，尤其需要学校教育主导、家庭风气营造、社会基础支持的一体化共同体环境打造。

第四章 青年社会主义核心价值观教育的困境厘析

青年社会主义核心价值观教育工作是高校思想政治教育工作的关键环节和重点内容，关系"培养什么人、怎样培养人、为谁培养人"这一根本问题。青年社会主义核心价值观教育立足新时代、迈向新征程，取得了许许多多的成效。但是，它仍面临一些困境，如教育理念上全景化思维深入不够、教育双主体之间的协同动能激发不够、教育治理中科学化运行推动较弱、教育环境意义建构的协同不够等。

第一节 教育理念上全景化思维深入不够

青年社会主义核心价值观教育不是单纯而简单地将理论知识、原理道理"塞进"青年学生的头脑，而是促进青年成人成才的智慧历练与价值塑造。应然状态的青年社会主义核心价值观教育是一个开放动态、不断自我调整和优化的大系统。但是，实然状态的青年社会主义核心价值观教育由于在教育理念上存在全景化思维深入不够的问题，使教育目标、教育主体、教育内容、教育时空要素等缺乏统筹兼顾，最终导致青年社会主义核心价值观教育出现了以下几个问题："全员"尚未到位，存在"短板"；"全过程"尚未贯通，存在"断点"；"全方位"不够完善，存在"盲区"[①]。

---

① 郝保英、王涛：《"大思政课"视域下高校思政课的实践性论析》，《思想理论教育导刊》2022年第10期。

一 "全员"尚未到位，存在"短板"

从系统科学的角度出发，青年社会主义核心价值观教育是一个体系庞大、结构复杂的系统。教育主体是此系统构成的有机组成部分，是由不同类型的、具有社会主义核心价值观教育职责的人员构成的。根据系统论的观点，在系统的构架结构以及运行结构中，部分与部分之间只有相互联系、相互支撑、相互作用，才能实现整体的功能最大化。

教育理念上全景化思维深入不够的第一个表征是：教育主体自身定位有偏差。教育主体在教育主客体关系中处于主导地位，对青年社会主义核心价值观教育系统中其他要素具有统摄与协调作用。教育主体应是"大队伍"和"大先生"的有机统一。"大队伍"不局限于传统意义上的思想政治理论课教师、辅导员、班主任，还应当包括专业课教师、党政管理人员、校外社会组织成员、家庭成员等。"大队伍"要求教育主体"政治要强、情怀要深、思维要新、视野要广、自律要严、人格要正"，成为"大胸怀、大格局、大学问、大视野、大境界、大品格"的"大先生"。事实上，由于青年社会主义核心价值观教育在操作过程中不同程度地存在任务的临时化、欠系统化的情况，使得教育主体在开展工作过程中不同程度地存在定位偏差的问题。部分教育主体创新主动性较弱，疲于完成任务的情况一定程度存在，具体表现在以下这些方面。

学生工作干部工作内容多、杂、难，完成了基本工作以后，只剩碎片化时间，集中思考及研究社会主义核心价值观的时间较少，心有余而力不足，较难全身心地投入专项教育工作，导致社会主义核心价值观教育出现空疏化现象。如：思想政治工作脱离于日常，匹配对接青年学生价值观认知、情感、意识以及动力系统缺乏共情氛围感；价值观引导脱离生活进行单一说教，社会主义核心价值观教育贯穿日常思想政治教育过程较为生硬，尤其是话语表达呈现程序化、机械化倾向；专题学习脱离于实际，党团活动涉及相关主题的动员宣讲浮于形式，任务完成应付化程度较高。

思想政治理论课教师总体而言积极灌输社会主义核心价值观理论的思想体系，但在融入日常思政课的过程中，部分教师将社会主义核心价值观融入相关课程的主动性与专业性还有待提升。例如：有的思政课教师课堂教学质量与内涵体现不够，思政课阐释社会主义核心价值观理论意蕴以及挖掘、讲述典型故事的能力还需提升，照本宣科念课件、内容陈旧脱离时代的情况还存在；有的思政课教师与青年学生心理之间缺少共鸣，未找到青年学生的关注点，无法真实地对青年学生感到困惑的点进行及时的澄清，无法以其应有的"温度"凸显其蕴含的价值；有的思政课教师不能平衡好科研与教学的关系，虽然积累了一些社会主义核心价值观的科研成果，但是无法有效转化运用在思政课的实际教学操作过程中；有的思政课教师将社会主义核心价值观内容融合马克思主义中国化创新理论的方式较为机械，对于全过程人民民主的"民主"、人类命运共同体的"和谐"、中国式现代化的"富强"、人类文明新形态的"文明"等理论话语的理解仅停留在表面，难以从核心、本质层面讲透社会主义核心价值观。

部分专业课教师未完全理解"课程思政"的内涵，只"教书"不"育人"的现象还一定程度存在。例如：有的教师面临"巧妇难为无米之炊"的困境，对于社会主义核心价值观元素"从哪挖""挖什么""怎样挖"不甚明了；有的教师因专业课程任务多而对最新的思想政治要求理解不够深入，脱离时代背景讲授专业课程，造成专业知识教育与社会主义核心价值观教育相脱离；有的教师自身主观认识存在偏差导致主动意识不够，认为社会主义核心价值观教育是思想政治工作者的任务，忽视甚至轻视专业课程的价值导向功能；有的教师具有融入社会主义核心价值观"育人"元素的意识，但个人马克思主义理论功底不足，不仅没有实现"课程思政"的目标，反而破坏了专业课堂原有的完整性，贴标签、联合式、表面式的"两张皮"效应引发了青年学生的反感。

管理服务工作虽然不是社会主义核心价值观教育的主渠道，却是看似无形却有形的阵地。管理和服务部门的部分教职工对分工和职责的育人功能认识不足，部分人员文化素养相对偏低，加之缺乏相应的激励政策，育人意识较为薄弱、育人身份认同不足，仅仅停留在生硬机械完成日常工作，较为缺乏育人情怀与本领。有的管理服务人员在实际工作过程中忽视自身也具有教育者身份且也需要发挥育人的窗口作用，造成管理育人、服务育人中育人主体意识的缺位，直接影响到青年学生对于践行社会主义核心价值观的直观感受与亲身体验。少数管理和服务部门的教职工甚至出现错误言语、行为失范的现象，由此带来的负面影响，对课堂社会主义核心价值观教育成效产生抵消作用。

家庭育人主体与社会育人组织作为教育主体的校外构成部分，一定程度上存在自身定位偏差的问题。部分家庭育人主体自身的育人水平还需提升，科学教育观念还未完全树立，对青年学生身心发展规律的了解不够深入，对青年学生行为习惯以及身心健康的细微表现把握不精准，存在重言教轻身教、重目标轻过程、重知识轻能力等问题，这就导致社会主义核心价值观的家庭育人主体一定程度的缺位。社会育人组织对社会主义核心价值观教育的社会责任认识不够深刻，示范作用不够明显，仅仅作为任务性工作勉强完成来看待，主动开放共享普惠性社会教育资源的力度还需加大，常态化宣传教育、文化传承、兴趣培养以及主体实践体验活动的参与方式、传播渠道广度覆盖不够，现有的适合青年学生的优秀作品还不能很好地满足青年学生的审美需求[①]。

此外，不同教育主体之间还一定程度存在着沟通交流障碍问题。开展青年社会主义核心价值观教育，必须要最大限度地激活全部教育主体的主体意识，实现各方面力量的有效联结。但是，现实中，各教育主体还存在一定的隔阂，较难实现协调合作。比如：学校党务工作队伍往往受制于职责边界，难以真正参与到教学、管理、服务工作中；思政课教师较少参与到其他课程育人以及"课程思政"等领域，主动对接、融通学校整体课程体系的意识不明显；辅导员等学生工作干部，大部分表现为马克思主义理论功底较为薄弱，联动思政课教师开展工作的底气不足，

---

① 郝保英、王涛：《"大思政课"视域下高校思政课的实践性论析》，《思想理论教育导刊》2022年第10期。

且学校内部也较为欠缺两支队伍互联互通制度，两支队伍基本上是"敲锣卖糖，各管一行"，似乎形成两条不相交的平行线；管理服务人员，对于青年学生的一手信息较难及时、完整地传递到辅导员、思政课教师处，影响到教育信息的有效利用。

从其原因上看，一方面，教育主体的育人自觉还未充分激发。虽然目前大多数教育主体的教育理念已经更新，教育的立德树人根本任务已经深入人心，但教育主体的思维定式难以完全消除，现有育人水平与新时代育人要求还不协调。育人共同体的职业认同感不强甚至缺位的现状，其中既有体制机制束缚的问题，也有惯性思维依赖的问题。因此，必须全面提升教育主体的内生动力，促进全员育人格局的形成。另一方面，学校文化维度之组织文化兼容性欠缺，导致教育主体的定位存在偏差甚至教育主体的主体意识缺位。学校内部组织集合了政治领导权、行政管理权、学术治学权和民主监督权四种基本权利，蕴含了政治文化、行政文化、学术文化和民主文化四种文化形态，且各自有不同的运行逻辑。组织文化与其他各个文化因素之间存在交互共生关系，这种交互共生关系会对其成员的精神状态、思维方式、价值观念等因素产生客观影响。更为重要的是，这种交互共生关系对成员具有自反性，这种自反性根源于组织文化中成员的反思性，他们会根据对周围事态的理解来调整自己的观念和行为，反过来又重构对事态的理解①。由于学校的党政管理人员、思政课教师、专业课教师、管理服务人员等不同教育主体所依赖的不同组织文化之间共生性不强，使得实现青年社会主义核心价值观教育的目标指向缺乏一种同向同行的合力。事实上，导致主体性意识不足的各种表现，都是协同参与青年社会主义核心价值观教育环节上的卡点和堵点。进一步深究其发生原因，从矛盾论的角度上看，是对教学、服务、管理与育人之间辩证统一关系把握不足。以上所有教育主体，虽然职能不同、岗位不同、任务不同，但是立德树人的育人目标是一致的。教学、服务、管理是青年社会主义核心价值观教育的关键环节。教学、服务、

---

① 陈玲：《"三全育人"协同创新组织的建构》，《学校党建与思想教育》2021年第4期。

管理统一于不可分割的育人过程,是一个相互作用、相互影响、相互支撑的整体,统筹于教育主体和教育对象主体这一对基本范畴中。人才培养一定是育人和育才过程的相统一,其中育人是根本,这就是人才培养的辩证法,价值观的思想引领尤其需要尊重这个规律。

二 "全过程"尚未贯通,存在"断点"

时间是人们探索世界、认识事物、把握规律的重要维度。时间反映的是事物的连续关系,是连接过去、现在与未来的枢纽。马克思指出:"时间实际上是人的积极存在,它不仅是人的生命的尺度,而且是人的发展的空间。"① 青年社会主义核心价值观教育是综合性的实践活动,需要辩证思维方法的融入与贯通,对每一阶段时间序列进行"联系的、普遍的、非孤立的"审视,正如坚持发展地而不是静态地、全面地而不是片面地、系统地而不是零散地、普遍联系地而不是单一孤立地观察事物,准确把握客观实际,真正掌握规律,妥善处理各种重大关系。

青年社会主义核心价值观教育全程化是指:纵向维度,各个学段要层层递进,实现由低向高的循序渐进和螺旋上升,即初中、高中、大学各个阶段无断点衔接、因时而进、顺势而为、进阶式统筹推进社会主义核心价值观教育;横向维度,各个时间序列要无盲区衔接,防止出现缺漏脱节的情况,即在青年学生的入学前、学习过程中、寒暑假等不同阶段的各个时间序列都要抓住时机对学生开展社会主义核心价值观教育。

教育理念上全景化思维深入不够的第二个表征是:青年社会主义核心价值观教育全程化目标、内容及方式的衔接与连贯性有待加强。在实际教育过程中,时时贯通的全程性体现不足,只是达到"点"的连接,无法实现"面"的贯通。具体表现在:教育主体对于各阶段的目标把控还不够清晰,对社会主义核心价值观教育目标定位工作的重视程度还需

---

① 《马克思恩格斯全集》第 37 卷,人民出版社 2019 年版,第 161 页。

提高，例如中学阶段的情感及认知目标与大学阶段的理论及认同目标，目标定位的进程化、阶段化不够明晰，难以充分发挥价值观教育的最大效果。全过程的效果跟踪评价较为缺乏，针对性、个性化培养难以长效持续，例如教育评价的所属部门、过程以及环节缺乏细化标准，难以实现有效评估。在青年社会主义核心价值观教育过程中，心理引导是一个容易被忽视但又极为重要的环节，往往青年学生压力得不到有效排解，就会出现各种心理问题，育人效果也会受到较大影响。

从其原因上看，青年社会主义核心价值观教育时序结构不均衡，较为缺乏进阶式梯度构建，容易导致全过程培养的断档断层。从幼年、少年到青年，从低年级到高年级，从情感认同、知识认知、价值认同到行为实践，这些综合的时序结构形成了青年成长成才的情理进度和精神历程。时序结构中任何一个环节出现缺失或者质效弱化，都会影响整体育人结构功能的发挥。列宁曾提出："人的认识不是直线，而是无限地近似于一串圆圈、近似于螺旋的曲线。"著名心理学家皮亚杰提倡的个体道德认知发展理论特别是认知阶段学说，也说明了道德认知发展的阶段差异性及其序列和顺序的重要性。顺应不同阶段"学生的认知规律和接受特点"而非违背规律、忽视个性，这是青年社会主义核心价值观教育全过程育人的重要原则。社会主义核心价值观是当代中国精神的集中体现，是实现中华民族伟大复兴的价值引领与大德彰显，凝结着全体人民的共同价值追求。加强不同年龄阶段青年的认知特点、认同机理、接受习惯的基础研究，梳理提炼不同阶段青年思想意识关键点、整合凸显贯通其中的逻辑主线，探索形成循序渐进、潜移默化的进阶方法，构建层层递进的工作逻辑，是突破青年社会主义核心价值观教育时时贯通理念统筹兼顾较为弱化困境的实践路径。

三 "全方位"不够完善，存在"盲区"

空间是事物存在的场域，空间的存在为个体活动划定了特定的物理范围。马克思在《资本论》中论述地租问题时指出："空间是一切生产和一切社会活动的要素。"全方位的青年社会主义核心价值观教育体现全面性的育人理念,即以学生的全面发展作为目标,促进道德观念、知识传授与能力培养有机结合,实现青年个体的全面发展。因此,青年社会主义核心价值观教育应是多场域融合的实践活动,具体落地在课程、文化、实践、心理、网络、服务、管理等全方位的空间结构中,涉及课内与课外、线下与线上、校内与校外、教育与管理、引导与约束等多个领域的交互融通,以实现不同平台之间的协同联动。

教育理念上全景化思维深入不够的第三个表征是:青年社会主义核心价值观教育欠缺场域协同平台,各现有平台存在壁垒鸿沟且资源分离情况不同程度地存在。场域是一种空间存在形式,由现实到虚拟,是教育环境和空间的转变。一般而言,场域供给要跟上需求主体的步伐,甚至引领需求主体的步伐。但是实然状态的青年社会主义核心价值观教育存在场域性协同不足的问题。现实场域与虚拟场域之间的矛盾,信息技术及媒体传播的运用能力不足,教育主体与教育对象主体代际效应扩大等,最终导致各育人场域之间通道不畅。这些矛盾与问题体现在青年社会主义核心价值观教育理念上,重点表现为课程育人、网络育人、实践育人、文化育人等教育平台协同建构意识不足。例如:在课程育人方面,重思政课程思想引领轻"课程思政"价值认同,通识课程、专业课程与思政课育人统筹协同效果欠佳;在网络育人方面,教育资源挖掘与内容整合上缺乏共享性,教育话语构建与传播缺乏共传性,育人载体关联对接上缺乏通畅性;在实践育人方面,重发挥社会主义核心价值观思想引领功能,较为忽视情感氛围营造、生动现实渗透及日常生活化表达等作用的发挥;在文化育人方面,重显性传达轻隐性浸润。并且,育人平台之间协作联动机制不健全,存在各自为政、相互脱节的现象,导致社会主义核心价值观教育出现盲区和断点,从而影响育人实效。

从其原因上看,对于"大思政"的育人格局理解不到位导致社会主义核心价值观教育处处融合的全方位性体现不够。青年社会主义核心价值观教育是各个子系统相聚合的整体系统,各子系统之间的协同作用是系统不断升级的关键所在。青年社会主义核心价值观教育系统内部各个子系统只有做到协调运转、各司其职，实现通力互补、深度耦合，才能最大限度发挥系统的整体性价值。事实上，学校在对待社会主义核心价值观教育的子系统建设方面有所欠缺，缺少明确的具体分工和协调措施，没有明确各个子系统之间的"互联核心"，没有解决好各个部门各自为营、力量分散的问题，在教育内容的共融、教育时空的共振、教育资源的共享等许多方面，较为欠缺顶层谋划和整体统筹①。

从构建"大思政"育人格局意义上看，青年社会主义核心价值观教育，只有建立通畅高效的育人体系，打通各个育人子系统，才能落实好立德树人的根本任务。青年社会主义核心价值观教育中理论与实践、知识与价值、课堂与社会、线上与线下、硬件与软件相结合的程度与效率，来源于是否深刻理解"大思政"的系统化、协同化、多维化育人格局，来源于是否真正突破被动育人路径依赖、主动实践探索研究，来源于是否正确把握教育方式与载体的分众化吸收、促进教育内容的大众化接受。尤其是，在青年社会主义核心价值观教育过程中，思想政治理论课与日常思想政治教育分别自成系统，系统内部的"互联核心"不够明确，系统之间的"互联核心"不够清晰，导致"大思政"育人格局理念贯通实施的效果不够明显。例如：教育主体的"互联核心"不明确，思政课教师队伍与学生管理队伍各自为政的理念梗阻还存在，归属部门的机构梗阻还存在，考核依据的评价梗阻还存在；教育硬件的"互联核心"不明确，青年社会主义核心价值观教育的物质载体共享、共用、共分担还存在不通畅的问题，教育对象主体学习、生活、心理以及实践活动数据的互联互通还需要进一步优化；教育软件的"互联核心"不明确，思想政治理论课与日常思想政治教育共同营造社会主义核心价值观教育文化氛围与生态环境方面，较为缺乏同步共振的关键契机，分离操作现象较为突出。

---

① 高晓林、骆良虎：《仪式教育融入"大思政课"建设的内在逻辑、价值意蕴与实践理路》，《思想教育研究》2023 年第 1 期。

第二节　教育双主体之间的协同动能激发不够

在开展青年社会主义核心价值观教育过程中，教育主体是社会主义核心价值观教育实践活动的主动发动者、实际组织者和具体实施者；青年学生是教育对象，在社会主义核心价值观育人实践活动中处于受动者、参与者、接受者的地位，是教育的对象主体。由此呈现出社会主义核心价值观教育双主体的特征。从控制论的角度来看，教育主体的主体性是青年社会主义核心价值观教育整体控制系统的重要因素。青年学生的主体性，包括选择自主、参与主动、自发创造等，是青年社会主义核心价值观教育活动自控系统的重要因素。自控系统受到整体控制系统的指引和制约，犹如整体控制系统的"咽喉"，如果自控系统"失灵"，青年社会主义核心价值观教育活动成效必将受到影响。离开教育主体的主导性作用发挥，青年社会主义核心价值观教育活动就无法正常开展；缺乏青年学生的主体性参与，青年社会主义核心价值观教育活动难以呈现育人成效。在实际工作中，青年社会主义核心价值观教育存在双主体协同动能激发不够的问题，影响了教育效果的提升。

一　教育主体统筹教育对象主体价值诉求的能力不足

青年社会主义核心价值观教育是体系化工程，教育主体与教育对象主体具有不同的价值诉求。教育主体如何能动性统筹教育对象主体的价值诉求，使其组成要素或子系统在共同目标指引下协同发力，是青年社会主义核心价值观教育主体之间协同动能激发需要解决的关键问题。

青年社会主义核心价值观教育双主体之间协同动能激发不够的第一个表征是教育主体统筹教育对象主体价值诉求的能力不足，具体表现在以下几个方面。一是部分教育主体缺乏对教育对象主体差异化价值诉求的辨识能力。新时代的青年是一个个具体的、独立的、生动的人，持有一定的利益追求与价值诉求，这种多样化的利益价值形态在一定程度上会导致对社会主义核心价值观教育立德树人根本目标的离散。知识社会学认为，学生不是空着脑袋走进教室。也就是说，教育对象主体在接受教育前，已经在社会空间中生成了关于价值观、道德观、法治观等方面的潜在认知。教育主体把握教育对象主体差异化价值诉求的能力不足，体现在教育主体对教育对象主体客观存在的年龄层次、社会阅历、知识背景、认知水平等方面辨识不准、了解不够。这必然会导致青年社会主义核心价值观教育要素供给与需求之间产生矛盾。二是教育主体采用的教育方法匹配教育对象主体现实需求不够精准。青年社会主义核心价值观教育突出的是对青年进行理想信念教育和思想价值引领的精神自觉，注重教育主体在日常教育工作中融入其教育元素的育人方法以及手段，而不是仅仅停留在单纯知识技能的灌输传授层面[1]。教育方法要匹配教育对象主体的身份定位与角色定位，回应"教育是谁"的问题；教育方法要匹配教育对象主体的使命担当与目标任务，回应"为谁教育"的问题；教育方法要匹配教育对象主体的生活观念与日常实际，回应"教育为了谁"的问题。青年社会主义核心价值观教育内容相较于教育方法的供给是一个恒量，教育方法的供给则是一个相对变量，教育主体还不能充分尊重教育对象主体的差异化诉求，采用不同的教育手段，整合、推送、传播社会主义核心价值观的教育内容，这就使得教育对象主体在多元现实环境中认知、认同以及践行社会主义核心价值观效果不够明显。三是教育主体针对教育对象主体的"生活世界"价值诉求满足度不高，缺乏自洽性的针对性教育措施。著名现象学家胡塞尔提出了"生活世界"理论，指出我们生存其中的现实而具体的生活境域是科学世界和文化世界的现实基底与意义之源[2]。教育主体对教育对象主体"生活世界"的持续关注不够、融入教育对象主体学习生活场域的频次较低，教育主体没有全面掌握社会主义核心价值观对教育对象主体"生活世界"的影响程度、介入深度等数据信息，导致教育主体对教育对象主体的情感呼

---

[1] 黄科、周琪：《主体需要视域下思想政治教育价值发展嬗变及实现路径》，《学校党建与思想教育》2022年第16期。

[2] 潘斌：《论教育回归生活世界》，《高等教育研究》2006年第5期。

应、成长体验、价值认同的具体关怀不足。心理健康诉求是教育对象主体"生活世界"中的重要部分，教育主体不能准确研判教育对象主体情绪反应、认知状况、心理态度等关键信息，在现实中忽视、偏离以及不能满足教育对象主体心理诉求的现象一定程度存在，从整体上影响了教育的效果。

从原因上看，是对青年社会主义核心价值观教育的根本价值遵循的把握和理解还不深刻。"思想、观念、意识的产生最初是直接与人们的物质活动，与人们的物质交往，与现实生活的语言交织在一起的。"

满足时代发展需要，将"人"塑造成为国家和社会需要的人，是青年社会主义核心价值观教育重要的使命和责任。教育主体精准掌握教育对象主体的思想道德现状与社会主义核心价值观要求之间的差距，有计划、有步骤地将教育对象主体之思想塑造成符合社会主义核心价值观要求的人，是社会主义核心价值观教育主体统筹教育对象主体价值诉求的现实价值之一。但在教育实践中，这种统筹价值诉求的能力不足，原因还在于教育主体对于统筹价值诉求的动态性过程认识不到位。教育主体的"结果导向"态度倾向容易造成过程断裂式分析的局限，未将"主体人的思想实际"放置在纵向沉淀生成的维度中进行考量，不仅较难准确地把握青年思想行为变化的来龙去脉，也不容易将社会主义核心价值观教育对其价值观影响的过程进行长线追踪与前后比对。这也启示我们，青年社会主义核心价值观教育不能仅仅停留在客观世界层面进行一般性思考，还更加需要植根于丰富生动的生活实践，积累以知、情、意等为内容的现实经验。人的自由而全面发展是马克思主义人学理论的根本价值目标，也是新时代培养担当民族复兴大任时代新人的根本价值指向。青年社会主义价值观教育应当正视各教育对象主体价值诉求的共同点与差异性，在统筹中华民族伟大复兴的战略全局和统筹培养担当民族复兴大任的时代新人的战略任务中审视青年社会主义核心价值观教育过程中各教育对象主体的价值诉求协同。

为提高青年社会主义核心价值观教育的效能，教育主体应精准分析教育对象主体需求的新形势、新特点。一是要实现教育对象主体需求的

"知识逻辑和价值逻辑"的统一。物质层面获得感的提升和精神层面愉悦感的增强只有在知识逻辑和价值逻辑双线并进的时空坐标中才能呈现螺旋式上升的态势。教育主体必须将社会主义核心价值观"是什么+为什么+怎么做"的知识逻辑和"价值引领+理论传授+能力培养"的价值逻辑交互融通,才能在知识与价值的协同共进中满足教育对象主体的需求。二是要实现教育对象主体需求的"整体性和阶段性"的统一。从哲学的角度讲,只有正确处理好"整体—部分""当前—长远""宏观—微观"之间的逻辑关系,我们才能更好地认识世界和改造世界。当前,我国仍然处在社会主义初级阶段,全社会有效供给不足,增长结构性矛盾突出。青年社会主义核心价值观教育,既要从整体上把握当前的新阶段特点对青年思想形成发展带来的新问题,观照青年学生当前的思想实际上表征出阶段性特征,也要注重用整体性宏大目标的引领来汇集青年学生蓬勃向上的力量。最终,通过"前与后"的承接、"总与分"的结合实现"整体性和阶段性"的辩证统一。三是要实现教育对象主体需求的"广泛性和层次性"的统一。教育对象主体需求的广泛性体现在多个方面,如物质需求方面的"求生存""求质量"以及精神方面的"求发展""求尊严"等。青年社会主义核心价值观教育要充分关注教育对象主体需求的广泛性,在统筹多个需求的过程中展现问计于民的真情。教育对象主体的需求具有层次性。因为,从单个个体出发,美好生活需求并没有统一标准。因此,青年社会主义价值观教育要充分认识到青年学生需求的发展变化规律,在实践中充分尊重青年学生的多样化需求,引导青年学生把自身需求和社会与国家整体需求结合起来。

二 教育双主体之间协同的中心定位不准

从学界有关主体间性理论研究成果看,主体间性是一种以个人主体为基础,主体与主体在交往中相互依存、相互联系,并在自我与他我之间构成互为主客体的统一关系。教育双主体之间的协同动能激发不够的第二个表征是教育主体协同的中心定位不准,教育主体与教育对象主体各自的主体定位认识还处于浅表化层次。

（一）"学生中心"定位还不够突出

"以学生为中心"是"以人民为中心"的价值取向在青年社会主义核心价值观教育中的逻辑必然，是马克思主义关于人的全面发展理论在青年思想引领上的理论自觉。从教育主体的角度来分析，教育主体对青年学生的主体性意识、需求以及表达的时代特征认识不足，还未充分把握青年学生的物质利益需求、社会关系需求以及全面发展需求，还未能精准把握青年学生思想行为发展的"最近发展区"以及精准捕捉青年学生思想行为发展的"最佳增长点"。从教育对象主体的角度来分析，青年学生践行社会主义核心价值观是教育最直接的目的。但是传统教育中对青年学生的定位一定程度上影响了育人实践中青年学生作为教育对象主体的作用发挥，具体表现为：青年学生在社会主义核心价值观教育中唯书、唯上，缺乏质疑、消极接受的态度存在；青年学生在教育主体的引导下，对于教育内容和教育方式的自主选择性和能动塑造性相对较弱；部分教育主题活动表面上看设计得"丰富多彩"，其实青年学生的参与积极性不高。

从原因上看，教育主体与教育对象主体对青年学生的主体性本质内涵认识不足导致青年社会主义核心价值观教育"学生中心"定位还不够突出。人的主体地位确立与否、主体性发展程度如何，取决于人认识客观世界程度的高低以及改造客观世界为我所用的目的性的善恶。人在社会实践活动中，认识客观世界的程度愈高即愈合规律性，改造客观世界为我所用目的愈善即愈合目的性，其主体地位及其主体性确立程度愈高；反之，其主体地位及其主体性确立程度愈低。主体是实践中的人，主体性是实践中的人以自主性、自为性、选择性、创造性为手段，对事物合规律性与合目的性的理论自觉、价值认同、行为信奉水平的状态描述与评价。以此审视青年社会主义核心价值观教育对象主体的主体性，尊重青年学生在教育过程中的自主性、自为性、选择性以及创造性，因地制宜地采用合规律性与合目的性教育内容，提升其理论认知、价值认同、行为水准，恰是其教育主体性地位是否确立及其主体性程度高低的体现。由此，教育主体与教育对象主体都需要充分认识到，青年社会主义核心价值观教育对象主体的主体性，既是一种客观存在，也是对这种客观存在的能动反映，应从规律本质上把握教育对象主体的主体性地位。

青年社会主义核心价值观教育对象主体中心地位的认知体现在对教育对象主体自身的认知、对教育系统内部其他要素的认知以及对青年社会主义核心价值观教育的整体认知等方面。一方面是教育对象主体自知力和掌控力的构建。教育对象主体"中心地位"的确定需要自身主体素质的提升与构建，素质具体内容的应然构成不仅要满足自身的优化发展，也要兼顾其他要素作用的实现，更要体现时代特点和诉求。例如，对自我的认知包括对自身素质的认知、对自己专业的认知，青年社会主义核心价值观教育的针对性尤为需要青年学生树立专业意识，明确专业责任，这样才能做到不盲从、不随波逐流，坚定价值立场与内心信念。另一方面是教育对象主体内提升和外强化的建设。不仅需要致力于教育对象主体在社会主义核心价值观教育中自觉性的提升和主动意识的增强；也需要强调教育系统内部各要素之间的共存共享，进一步增强系统内部各个要素之间的交流协作，形成要素联动机制，这是提升教育对象主体素质的重要举措；还需要拥有国际视野和时代精神，以开放的心态借鉴国外关于教育对象主体地位的先进理念和成功范例，并与自身实际相结合，从而做到拓宽视野和弥补不足①。

（二）教育"双主体"地位还不够明确

青年社会主义核心价值观教育是一个双循环过程。教育者是施教主体，应发挥主导作用；青年学生是学习主体，应发挥主观能动性。而实然状态的青年社会主义核心价值观教育，一方面是教育主体缺乏科学合理的引导导致教育对象主体主动性、积极性受到一定程度的影响；另一方面是教育对象主体的主观能动性未能充分发挥从而导致教育主体主导性功能无法更好地得到实现。从教育主体维度来分析，教育主体发挥主导性作用体现不够。具体表现为：准确把握教育目标、精准选择教育内

---

① 吴正国、侯勇：《高校思想政治教育系统整合：理论分析、现实诉求与优化路径》，《思想教育研究》2022年第11期。

容，特别是确定以怎样的教育内容激发教育对象主体的学习需求方面能力不足，教育引导的抽象感、孤立感以及空洞感一定程度存在；综合运用网络、实践等载体传播社会主义核心价值观的能力不足；在日常工作和生活中对于社会主义核心价值观的示范作用还需不断提高；在教育过程中让学生主动展示的机会不多，比如在课程设计中，应该给青年学生角色扮演的机会，运用小组研讨、课堂辩论等形式让学生自己讲，以实现青年学生"客体我"和"主体我"结合统一，实现自我教育的目的。从青年学生维度来分析，青年学生的主观能动性发挥不够。具体表现为：学习社会主义核心价值观的相关理论知识，培养发展能力以及提升综合素养方面的辩证统一把握不足；对于自身需求与社会主义核心价值观教育内容有用性以及实用性特点认识不到位；一定程度上，忽视接受主体的自主选择性和能动塑造性。

  从原因上看，教育主体与教育对象主体对教育双主体的规律性认识不足易导致"双主体"定位不准。青年社会主义核心价值观教育引入双主体理念，主要源于青年学生思想实际发展的需要以及在教育过程中发挥其主动性和能动性的需要。但在具体教育实践中，教育主体双方一定程度上没有清晰认识青年社会主义核心价值观教育双主体的内涵，具体体现为：一是没有意识到青年社会主义核心价值观教育的主体共存与各自发挥的合理尺度，影响了教育主体的能动性发挥；二是没有意识到教育主体与教育对象主体之间互动交流是体现青年社会主义核心价值观教育主体间性的基础，教育双主体的交互活动还会对以有形或无形方式存在的教育客体产生影响；三是没有意识到青年社会主义核心价值观教育的教育主体与教育对象主体之间具有共同了解、彼此信任、人格平等的基础，必须从行为上遵守共同的规范；等等。"双主体说"认为，在青年社会主义核心价值观教育过程中，教育者和受教育者都是主体，而教育过程中的各种要素是客体。现实情况是，部分教育主体与青年学生还未充分认识主客体的基本形态演变，尤其是青年学生地位的变化，依照教育理念的传统模式，未能把握教育主体主动主导性与教育对象主体主观能动性发挥的客观规律。

青年社会主义核心价值观教育双主体定位的重要性不言而喻，教育过程并不是教育施教者和教育受教者的硬性叠加。这种表面上的硬性叠加并不会形成真正的"教育共同体"。一是青年社会主义核心价值观教育双主体确立的意义在于它超越了一般意义上教育主体对教育客体的理解，使教育主体之间的关系由"我—它"型转向"我—你"型，由"独白—哑语"型转向"对话—沟通"型[①]。二是青年社会主义核心价值观教育双主体确立的意义在于它有助于培养具有双主体品格的人，以培养"可贵品格"为职责，在双主体思维方式中使培养社会主义核心价值理论与实践相统一、倡导与践行相结合、培育与再培育相融合等品格的人成为可能。三是青年社会主义核心价值观教育双主体确立的意义在于它有助于教育主体与教育对象主体的主动性、能动性的形成与发挥，改变以往片面强调受教育者个体的服从与依赖，把受教育者视为天然教育客体，忽视其独立性、自主性、创造性和建构性。总之，建立在"主体—客体"对象性实践观基础上的主客关系理念，必然会造成对受教育者主体性和主体地位的否定，与社会主义核心价值观教育实践尊重人、理解人、提升人、实现人的全面发展宗旨是背道而驰的。

三 教育双主体之间协同的交流合作共享力度不够

青年社会主义核心价值观教育是教育主体和教育对象主体以教育目标、内容、方法以及环境等为媒介要素所开展的实践活动。教育主体在施教过程中发挥主导作用，教育对象主体在受教过程中也具有主观能动性。教育主体和教育对象主体之间呈现出联结、耦合、互动的动态融合关系。

教育双主体之间的协同动能激发不够的第三个表征是教育双主体之间协同的交流合作共享力度不够，具体表现在以下三个方面。一是民主平等赋能较弱、形式化合作较为明显。教育主体与教育对象主体之间支配与被支配状态一定程度存在，二者不平等地位相对明显，社会主义核

[①] 毕红梅、谭江林：《思想政治教育主客体问题的三重论域》，《思想教育研究》2021年第6期。

心价值观单向灌输痕迹较为突出，青年学生民主精神、自主意识较为缺乏，尤其是社会主义核心价值观中民主、平等、自由、公平是其重要价值，教育主体与教育对象主体在社会主义核心价值观教育具体运行中，民主、平等关系构建不够[①]。二是双向互动力度不够、单向度影响作用较为明显。教育主体单方面影响教育对象主体，决定教育目标的制定、教育内容的确定以及教育方法的选择等方面，教育主体处于积极主动地位、教育对象主体处于被动接受地位，教育主体过多立足于个人权威的视角来审视核心价值观教育过程，强调教育主体对教育对象主体的"供给"与"施加"，将教育对象主体当作"没有生命的物体"来看待，因此教育主体与教育对象主体之间交流共享程度不足。三是相互转化深度不足、浅表性沟通较为明显。由于教育主体与教育对象主体的角色定位有偏差，青年社会主义核心价值观教育中教育主体与教育对象主体共同参与、共同提升的动力显示不足，相互转化的力度和深度都不够。教育主体学习动力不足，教育对象主体由"他教"向"自教"的转化动力不够。

从其原因上看，教育主体与教育对象主体平等合作以及交往互动较弱易导致构建"师生共同体"成效不明显。平等的思想是处理教育主体和教育对象主体之间关系的思想基础。教育主体和教育对象主体之间虽然是塑造与被塑造的关系，但是，双方实质上是共存的、平等的。教育主体和教育对象主体的相互作用不是孤立、单向地发挥，而是在交互中发挥。交往互动是正确处理教育主体和教育对象主体之间关系的重要途径。青年社会主义核心价值观教育实践活动不能被简单认定为一个个体向另一个个体"灌输"思想的行为，而应当是在教育主体和教育对象主体之间真正实现思想共鸣的一种交往互动[②]。只有这样，才能避免"填鸭式"灌输和"刻板式"简单教化。这种交往互动既是动态发展、双向

---

① 徐园媛：《大学生社会主义核心价值观教育"四位一体"课程实施路径研究》，博士学位论文，西南大学，2017年，第113页。

② 吴正国、侯勇：《高校思想政治教育系统整合：理论分析、现实诉求与优化路径》，《思想教育研究》2022年第11期。

循环的矛盾运动过程，又贯穿于整个青年社会主义核心价值观教育全过程，涉及多层次、多方面、多角度，是教育主体和教育对象主体相互倾听和诉说，彼此敞开自己的精神世界，彼此都获得精神提升的过程。因此，在青年社会主义核心价值观教育过程中，必须通过交往互动来释疑解惑，使教育主体和教育对象主体相互理解、相互支持，从而形成良性互动，建立和谐的双主体关系。

教育双主体之间协同的交流合作共享力度不够问题的出现，反映出实然状态的青年社会主义核心价值观教育实践，更为重视教育目标、内容、方法、环境等"物"的因素，较为忽视教育主体与教育对象主体是具有主体性的"人"的因素，共同体作用互动的关系较弱，教育双主体之间的转化动能不足。这种把学校看作工厂，把青年学生看作原料，强调经过"输入—输出"的过程把青年学生训练成具有特定性格的社会成员，必然会导致青年学生主体性地位的缺失，压抑他们的积极性、主动性、创造性。如此一来，学校变成工厂，学生变成原料。学生被塑造成一个个被摆弄的工具，就像一件件物品，被整齐地搁置。这种教育方式的反生理化倾向，导致"人的世界"变成"物的世界"，教育过程的生命情怀被彻底淡化，更谈不上构建用"'生命影响生命'的师生共同体"。

第三节　教育治理中科学化运行推动较弱

青年社会主义核心价值观教育要想取得实效，必须体现教育治理的科学化。青年社会主义核心价值观教育系统是一个通过不断与外部环境交换信息、物质、能量等保持系统平衡并实现发展跃升的复杂系统。教育治理的科学化体现在能辩证地分析系统整体与部分、结构与功能、信息与组织、控制与反馈、系统与环境之间的关系。这既是对青年社会主义核心价值观教育整体性原则的遵循，也是推进青年社会主义核心价值观教育系统内部主体、客体、介体、环体等要素相互依存、相互促进的内生动力要求。实然状态的青年社会主义核心价值观教育在其教育治理过程中存在科学化、规律化运行推动较弱的问题。

一 要素功能发挥效度不够

青年社会主义核心价值观教育作为系统性工程，是一个多种元素相互联系、相互作用的有机整体，需要教育目标、教育内容、教育方法等要素间实现互通互联，保持开放共享。青年社会主义核心价值观教育工作系统内的各个要素都是不可或缺的重要构成，任何要素的变化都将引发社会主义核心价值观教育工作的整体状态和性质的变化。

青年社会主义核心价值观教育治理中科学化运行推动较弱的第一个表征是教育要素功能发挥缺乏有效性。社会主义核心价值观教育内容是针对受教育者的"对象化"的呈现，也是将一个个抽象的概念映射到具体生活中，使"二十四字"成为鲜活的价值理念与实践行为的过程。社会主义核心价值观教育目标的实现必须通过空间维度，将社会主义核心价值观具象化为可感知、可观察的各要素的空间呈现、空间关系和空间结构，使社会主义核心价值观教育从抽象的时态与质态转化为空间中活生生的人、物、活动、关系、形态等要素。青年社会主义核心价值观教育方法需要尊重青年成长规律和价值观形成规律，尤其是要根据青年特点需求设计具体的教育方案，要素运行存在问题会影响教育要素功能发挥的有效性。例如，青年社会主义核心价值观教育思政课程要素功能发挥上主要存在以下问题：初中、高中与大学有关社会主义核心价值观的内容都较为强调基本内容、意义特征、践行要求，这样的内容呈现符合理论逻辑，也一定程度上按照学段层次提升要求在重复部分文字表达上做到了由简到繁，但事实性、价值性、实践性不同性质知识的反复增量设计仍未兼顾好年龄特征与学段差别；教育主体对于青年学生身边的日常典型挖掘不够，用身边人身边事激励青年学生的力度较弱，教育方法说教化较为突出，忽视受教育目标、具体教育环境等因素，重言传轻身教，重灌输轻疏导。又如，青年社会主义核心价值观教育在"课程思政"环节要素功能发挥上，主要存在以下问题：一是在部分通识课程教学上，立德树人的教育目标贯穿始终的力度不够，通识知识的讲授游离于家国情怀、使命担当培养之外，教学内容的知识体系与价值体系交融化与同构化不够充分，价值引领的强大态势还未深度呈现在通识课程教学过程中。二是在部分专业课程教学上，知识理论、专业技能、职业道德、行业规范的教育与社会主义核心价值观教育融会贯通的程度还止于表面，教材使用、课堂教学、实训实习等环节的育人资源挖掘还有待深入，教师熟练运用中国化时代化的马克思主义解决学生普遍关心的本专业领域热点问题的能力还不足。

从其本质原因上看，是教育主体在把握青年社会主义核心价值观教育过程矛盾及规律上还欠缺科学性[1]。基本矛盾是贯穿于事物过程的始终并规定事物及其过程本质的矛盾。思想政治教育过程的基本矛盾是"教育者所掌握的一定社会的思想品德要求与受教育者的思想品德水平之间的矛盾"。思想政治教育过程的基本规律是"适应超越律"，即"教育者的教育活动既要适应受教育者的思想政治品德基础和发展要求，又要超越受教育者当前原有的基础"。青年社会主义核心价值观教育要素功能发挥缺乏有效性的原因在于：教育主体提供的实然教育内容与教育对象主体的接受期待之间的矛盾没有解决，教育主体挖掘的实然教育资源与符合教育对象主体特点与需求的教育资源的矛盾没有解决；青年社会主义核心价值观教育的"供给侧"，还没有完全适应教育对象主体的认知基础和发展要求同时又超越教育对象主体当前现有基础。新时代的青年学生，他们的思想观念、心理特征、成长诉求都发生了深刻变化。教育主体只有及时甚至超前捕捉到这一"关键变量"，并将其转化为"最大增量"，才能使得青年社会主义核心价值观教育要素功能得到充分发挥[2]。

二 教育方法衔接贯通不足

教育是教育主体和教育对象主体双向作用的过程，任何教育教学活

---

[1] 邵献平、何丽君：《思想政治教育的逻辑起点》，《思想政治教育研究》2013年第5期。
[2] 王丽娜、姜军、孙红华：《大学生思想政治教育的主体间性转向》，《齐齐哈尔大学学报》（哲学社会科学版）2012年第4期。

动的开展都离不开具体方法的支撑。在探索的认识中，方法也就是工具，是在主体方面的某个手段，主体方面通过这个手段和客体相联系。青年社会主义核心价值观教育的方法是连接教育主体和教育对象主体的桥梁，是实现教育目标的工具，方法运用得当更易被青年接受和喜欢，其效果就越明显。同时，教育方法也是实现青年社会主义核心价值观教育治理科学化的关键。

青年社会主义核心价值观教育治理中科学化运行推动较弱的第二个表征是教育方法衔接贯通不足。方法协同不够是社会主义核心价值观教育协同体系构建中较为突出的问题。一是青年社会主义核心价值观教育基本方法之间协同贯通不足。理论教育方法与实践教育方法同为青年社会主义核心价值观教育惯常使用的基本方法。例如，思想政治理论课堂主要以理论讲授为主，日常思想政治教育则是注重学生行为养成的实践引导教育，但在开展社会主义核心价值观教育过程中，这几种主要基本方法单独或者单一运用的倾向较为明显，根据教育对象主体的特点差异、情态变化、环境转换而交替使用、衔接使用、变通使用的意识不强，能力也较为滞后。尤其在信息技术快速发展的背景下，传统的、单一的基本教育方法以及静态的教育资源形式已然无法适应新时代需求，急需交替变换使用各种有效的基本教育方法，搭建大资源平台，以增强教育说服力、吸引力和感染力。二是青年社会主义核心价值观教育具体方法之间衔接贯通不足。思想收集方法、思想分析方法等认识方法，理论灌输、情景体验、访谈交流、谈心谈话、集体宣讲等实施方法，还有反馈调节、总结评估、学术研究等其他方法，都可以大量运用在青年社会主义价值观教育过程中。从认识方法到实施方法，再到反馈、评估、研究，本身就是一个丰富的具体方法体系，需要综合协同运用。但是，具体方法之间衔接贯通不足的问题还是普遍存在。例如，学情调研方式较为单一，启发式、探究式、体验式等多样化的具体教学方法运用不足，创新发展小组研学、情景展示、课题研讨、课堂辩论等多元化教学模式使用不够，为学生提供互动性、参与性和实践性学习体验的机会不多。由于具体方法协同不畅通导致青年社会主义核心价值观教育的操作环节实效性、生动性、鲜活性不够。三是青年社会主义核心价值观教育基本方法与具体方法之间统筹协同不足。基本方法与具体方法之间，从功能和作用上看，是指导与被指导、统筹与被统筹、一般和特殊的关系。青年社会主义核心价值观的培育和践行，也是青年"知、情、意、行"相统一的过程，最终落地在实现知行合一。基础方法针对的是一般性问题，具体方法解决的是特殊性问题，两者的统筹性协同不足势必会影响教育效果。例如，谈心谈话方法的使用，大道理的理论教育贯穿始终，心灵抚慰与情感倾听的方法较少，理论教育的方式方法较多，青年接受社会主义核心价值观的效果自然堪忧。又如，情景体验方法的使用，原本想融入理论教育的基本方法，但由于没有注意时机与分寸，结果适得其反、收效甚微。朝向知行合一的目标运用基本方法与具体方法，需要在统筹协同上下功夫，才能提质增效、相互强化。

从其原因上看，是教育主体在局部与整体的关系上对青年社会主义核心价值观教育方法缺乏理性认知导致的。青年社会主义核心价值观教育是党和国家实现后继有人的战略目标的重要组成部分，这是局部与整体的关系；青年社会主义核心价值观教育的各种方法、方式、途径、载体同样也是其重要组成部分。局部与整体的关系是一对辩证统一关系，相互影响，相互制约，各局部具体方法功能发挥与彼此衔接互动的效果影响着方法统筹的科学运行推动[①]。青年社会主义核心价值观教育的基本方法与具体方法各有优势，需要将其力量凝结与整合，增强社会主义核心价值观教育的贯通与合力效应，共同构建互融互通的方法协同体系。青年社会主义核心价值观教育不同层次方法的衔接互动、整合统筹，有利于其协同机制推动教育治理科学化运行。

---

① 吴满意、高盛楠：《高校思想政治教育数据治理研究》，《马克思主义理论学科研究》2022年第9期。

三 育人格局同频共振力度不够

"大思政"育人格局的构建需要遵循教育规律,重视教育诸要素之间的协同与合作,突破青年社会主义核心价值观教育单一教育形式的局限,切实推动教育资源的整合与共享,联动课程、实践、网络、文化各个育人平台综合施策。

青年社会主义核心价值观教育治理中科学化运行推动较弱的第三个表征是"大思政"育人格局同频共振力度不够。实然状态的青年社会主义核心价值观教育,各个教育主体的职责较为分散,存在对"大思政"育人格局思想认识不到位、工作配合不到位、力量凝聚不到位等现象,无法形成思想统一、密切协同的育人共同体,具体表现在以下几个方面。第一,"思政课程"与"课程思政"的课程共育格局不到位。社会主义核心价值观相关知识被称为知识元,知识元通过关联构成知识链,不同知识链联通交叉又构成知识面,进而通过融通、衍生形成不同的知识空间。社会主义核心价值观的传输需要反复多次以不同形式、在不同课堂出现,通过不断刺激叠加,才能构成学生的知识图谱。由于社会主义核心价值观教育在理论教学、通识教学、专业教学中的布局不够合理,课程布局核心地位与支撑作用、渗透作用的关系把握不够到位,使学生的知识图谱构成不完整。第二,网上与网下的资源共育格局不到位。社会主义核心价值观教育内容云端资源与传统资源统筹运用不够,纸质载体资源转化为电子媒体资源力度不够,身边故事资源线上传播广度不够。第三,课堂内外的知识共育格局不到位。鲜活生动的社会实践并没有成为社会主义核心价值观抽象理论的"源头活水","行万里路"并没有成为"读万卷书"形象、丰富、有力的现实支撑,"抽象的世界"与"现实的世界"也没有达到合二为一、互为表里的和谐状态。第四,以文化人的生态共育格局不到位。对于文化育人的柔性力量认识不足,忽视社会主义核心价值观教育物质以及空间环境创设、知情意的精神文化营造以及保障运行的制度文化建设。第五,各个育人平台之间的"互联核心"没有明晰。

"大思政"育人格局需要课内与课外、校内与校外、网上与网下、显性与隐性的联通互动,从而构建青年社会主义核心价值观的课程育人平台、网络育人平台、实践育人平台与文化育人平台。也就是说,必须坚持从系统视域理性认识"同频共振"系统运行的内在机理,切实把握"同频共振"系统建设的基本规律。但在实际操作过程中,青年社会主义核心价值观教育的育人形态与新时代青年认知倾向同频共振的结合度还需提升,课程育人形态较为偏重理论化,网络育人形态较为偏重随机化,实践育人形态较为偏重任务化,文化育人形态较为偏重专题化,各个育人形态之间共鸣与共情、导入与展开、共言与共传的结合都还需提升。

从其原因看,"大思政"格局的协同育人本质把握上还需进一步深入。2020年4月,教育部等八部门颁布的《关于加快构建高校思想政治工作体系的意见》以全面提升高校思想政治工作质量为导向,以建立健全全员、全程、全方位育人体制机制为关键,提出构建高校思想政治工作体系。高校思想政治工作体系构建的本质就是协同育人,这是"大思政"育人格局的核心要义。青年社会主义核心价值观教育各子系统被现代化的时代内容分割成更加细小的空间,不断产生新的系统形态,如虚拟形态、媒介形态、社会公共空间等。新的子系统和传统子系统相互渗透,给教育主体带来了认知中的混乱,无法明晰青年社会主义核心价值观教育各子系统之间稳定的互动性规律,最终导致"大思政"育人格局同频共振力度不够。"大思政"育人格局同频共振力度不够是社会主义核心价值观教育要素功能发挥有限、教育方法衔接贯通不足在工作体系整体性推进、内涵式发展以及实效提升方面存在问题的一体多面的表现。

第四节 教育环境意义建构的协同不够

青年社会主义核心价值观教育与其所在的教育环境存在着普遍性、本质性、稳定性的联系,存在着信息、资源、数据等方面双向互通、相互影响的关系。青年社会主义核心价值观教育环境意义建构及优化程度，直接影响其协同机制运行效果。教育环境意义建构的协同不够主要表现在制度环境层次性协同建构力度不均衡与组织环境一体化协同建构效度不明显两个方面。

一 制度环境层次性协同建构力度不均衡

青年社会主义核心价值观教育离不开其制度环境的创设与发展，相关法规、政策、规定或指南等都属于制度环境的组成部分，青年社会主义核心价值观教育环境的建构存在宏观、中观、微观制度内部以及制度之间层次性协同不够的问题。

青年社会主义核心价值观教育制度环境层次性协同建构力度不均衡的具体表现包括以下三个方面。一是在宏观、中观、微观制度环境三层制度架构中，微观制度环境建设较为薄弱。进入新时代，国家治理现代化有序推进势必对加强青年社会主义核心价值观教育制度环境建构提出更高要求。然而，受主客观因素和条件的影响，微观、中观、宏观制度环境建构存在不同步、不协调、不兼容的情况。国家层面制定的相关规定从顶层设计、宏观把握的层面进行了总设计，地方教育行政部门以此为依据做了相应调整，指导各级各类学校开展教育教学实践，但是地方学校在落实落地国家、地方的制度性规定时，较为缺乏可操作性、有针对性的路线图、进度表。归纳起来有如下表现：一方面，微观制度认同度不高，国家顶层设计的宏观制度与地方政策执行的中观制度之间转化不对等，还不能完全匹配青年可接受的心理状态和行为方式，影响制度治理作用的有效发挥，致使教育对象主体不能有效认同制度自身[①]；另一方面，制度制定参与协商机会较少，政策制定管理权力的依附性过强，教育对象主体的能动性不能有效发挥，个别组织或部门赋权不足，导致教育主体与教育对象主体不能有效参与制度建设的过程。二是微观制度

[①] 梁伟、马俊、梅旭成：《高校"三全育人"理念的内涵与实践》，《学校党建与思想教育》2020年第4期。

环境较难发挥主动呼应与落实上级政策的建构作用。微观制度环境，主要指的是实务工作制度，即根据青年社会主义核心价值观教育具体工作任务及要求，为保证教育实践活动的顺利开展而建立的一整套规范体系。微观制度环境较难发挥主动呼应上级政策的建构作用表现在：学校作为宏观以及中观制度落地见效的"最后一公里"实施末端，管理者理解政策精神、消化政策内容、传达政策指令的实然状态不能充分满足上级政策文件的应然要求，思想政治理论课教师、辅导员等教育具体环节的执行者，建构社会主义核心价值观教育微观制度环境存在弹性空间，容易出现理解偏差。微观制度环境较难发挥主动落实上级政策的建构作用表现在：将上级政策从静态指令转化为动态措施的制度创新性不明显，微观制度建设不能快速而全面地对应解决价值观教育发展的新情况、新问题，不能全面而精准地把握青年学生的思想动态和行为特征，不能针对特定的青年价值观棘手问题制定和完善相关制度规范，甚至在个别领域还存在制度盲区以及制度重叠的问题，教育资源结构性矛盾与浪费的问题同时并存，从而遏制了制度环境优化的内在动力。三是微观制度环境营造形式化问题一定程度存在。制度环境建设一旦浮于形式，就易导致"稻草人""两张皮"现象的出现。具体表现如下：在社会主义核心价值观教育治理整体推动中，因为轻视其地位与作用，而导致制度环境建构边缘化、形式化的问题，规定任务打折完成，临时任务应付完成。在高校思想政治教育治理具体环节中，一些部门、组织和管理者把社会主义核心价值观教育摆在业务工作之后，而非贯穿融入业务工作之中，微观制度建设只求其"有"，不求其"用"，使得功效不能完全发挥。部分学校存在转发文件、生硬移植、应付任务等现象，难以实现微观制度环境的有效建构，影响青年社会主义核心价值观教育的环境生态的层次性协同。从这些现象可见，形式主义是影响青年社会主义核心价值观教育制度环境协同效能发挥的较大障碍。

青年社会主义核心价值观教育制度环境层次性协同建构力度不均衡的原因，可以分为两个方面。一是客观性原因：层次化政策环境需要纵向政策制度层层落实的具体化，而教育过程中纵向制度安排时常出现贯通不足、运行不畅的现象,让众多教育主体感到无所适从。青年社会主义核心价值观主要涉及青年德育领域,从国家到地方、从中央到基层的政策体系围绕这一核心领域,需要自上而下的统筹与自下而上的支撑。国家政策的宏观性应然要求与学校规定的微观实然需求之间矛盾张力,贯穿制度环境的层次性互联核心主线不够明晰,微观制度环境转化融入宏观制度环境的难题尚未解决。制度环境的整合性存在缺陷,纵向制度"各管各的"层次领域,导致宏观、中观以及微观制度的衔接断裂。二是主观性原因:微观制度环境的建构者对政策文件价值取向的理解会影响其行为变化,青年社会主义核心价值观教育的管理者在理解消化宏观制度时,由于思想境界、理论水平、认知程度以及生活经验等因素,甚至对外在制度环境的反应、解释回应能力呈现弱化趋势,都会影响微观制度与宏观、中观制度层次性协同的环境营造。

二 组织环境一体化协同建构效度不明显

青年社会主义核心价值观教育是一项有组织的教育实践活动,学校、家庭、社会都是组织环境的组成部分。多方参与、多元主体的组织环境建构存在组织以及组织之间一体化协同不够的问题。

青年社会主义核心价值观教育组织环境一体化协同建构效度不明显具体表现在以下几个方面:一是学校环境过滤与应对社会环境、家庭环境带来的负面影响力度不够。如若将青年社会主义核心价值观教育生发与实施的时空域所看作教育场域,社会场域、家庭场域与学校场域都是其不可或缺的重要组成部分,学校场域与社会场域、家庭场域存在交互关系,随时都在进行信息、资源、数据等的传输与渗透。青年社会主义核心价值观教育不仅生发于学校场域内,更是在社会空间、家庭环境中展开的,学校与社会、家庭都具有社会主义核心价值观教育组织者的职能职责,区别在于定位和侧重点不一样。学校作为青年社会主义核心价值观教育的主阵地,不断与社会场域的其他群体及力量发生思想交锋、碰撞和博弈,针对社会环境以及家庭环境带来的意识形态、价值取向、文化思潮等方面的挑战,仅凭借控制、管理等手段来消除对青年学生的负面影响,手段是单一的,同时效果不尽如人意。这种堵而不疏的方法只能暂时管用,难以长效化改观,学校必须营造思想辩驳的微观教育环境才能坚定青年的价值观信仰。二是学校、家庭、社会教育组织环境的协作配合不够。问题的关键在于:各种教育力量之间缺少多渠道的有机联系,存在各要素多形式参与的结构性矛盾,尤其是社会教育主体缺乏以适当的角色身份承担相应的教育任务、实施有针对性的教育行为,进而无法有效实现青年社会主义核心价值观教育价值再生产、再利用、再转化。学校教育作为主阵地,同时也需要家庭组织参与合作。学校教育和家庭教育各有优势和侧重,但学校教育和家庭教育的合力不足、沟通不畅、传导衰减等问题存在,影响了整体合力效果,甚至家庭环境的负面影响还会反向对冲学校教育的效果。从社会整体教育实施与教育衔接方面看,教育活动在不同领域的分布存在较为严重的不平衡、不充分问题,呈现出传统思想政治教育模式下的分散化、碎片化、个体化等特征。由此可见,创建以共同体为核心理念的青年社会主义核心价值观教育协同机制势在必行。三是社会教育联动学校教育应对教育数字化转型的效果不佳。数字化生存、网络化生存是人们崭新的生存方式,数字化、数据化趋势深刻改变着人们对数据信息的获取、传播、管控与开发利用,而大数据治理,可以全域全景式精准捕捉、收集各种行为数据,数据治理十分强调治理活动的精准化程度与水平。目前学校教育大多重定性轻定量、重因果关系数据轻相关关系数据,导致教育数据零散化。与此同时,数据的跨部门传输也存在障碍,导致数据可用性不强、数据流通共享性不畅等一系列问题,致使教育治理的精准性不够。从对等层级的联通到网络联通再到赋予联通完全社会属性的人类行动,随着5G时代的发展,人机混合、接触与非接触行动必将是一个自然趋势[①]。社会教育环境对青年的影响通过数字化网络的加持无处不在,社会教育环境与学校教育环境的数字化联通性较弱,学校教育数字化程度、速度以及覆盖面不及社会数字化教育,必然会影响社会主义核心价值观教育的效果。

---

① 邱泽奇:《连通性:5G时代的社会变迁》,《探索与争鸣》2019年第9期。

青年社会主义核心价值观教育组织环境一体化协同建构效度不明显的原因，可以分为三个方面。一是学校教育与社会教育面对环境变化缺乏协调同步。受现实条件所限，学校环境与社会环境具有差异性，青年社会主义核心价值观教育的学校场域和社会场域虽处同一"平行时空"里，但常处于社会场域中的"高层"，或者"悬浮"于社会场域之上。学校教育立足于宣传教育引导、注重价值导向功能的建构，但解释、回应以及论证社会问题的力度不够。青年社会主义核心价值观教育重学校教育的任务完成，轻视社会教育的意义建构，媒体公益性传播、社区服务性展示、公职人员示范性引导的力度还需要进一步提升。二是注重一体化共同体意义建构的环境格局还需要不断优化。教育环境建构的整体化推进，尤其需要学校教育主导、家庭风气营造、社会基础支持的一体化共同体环境打造。青年社会主义核心价值观教育共同体意义的环境建构，其实指的是全社会、各方面都须引起重视，尤其需要重视新媒体矩阵全天候的引导教育。青年社会主义核心价值观教育环境中象征符号意义建构较为常见，但是将象征符号植入青年日常学习生活环境的整体化推进比较薄弱。注重青年社会主义核心价值观教育社会化开发和一体化建设，重点要从学校、家庭和社会三个方面的一体化教育入手，但又不局限于这三个领域，而是继续拓展到更广的范围，拓展到涉及个体发展的各个环节和各个方面。不断优化建构一体化共同体的环境格局，主要在于不断更新教育理念，丰富教育形式和内容，从日常生活和特定时间入手，从社会化细胞建设入手，着力把社会主义核心价值观教育融入社会各领域各阶段，形成教育资源体系网络，以综合调动各种力量，产生共生共振的青年社会主义核心价值观共同体协同机制。三是学校教育和家庭教育的大数据运用能力不对等。社会主义核心价值观教育情景的时空错位与衔接不畅，家庭成员对教育数字化转型的理解、认识以及信息技术技能的掌握滞后于学校教育主体，教育理念认识的深浅差异，导致学校环境与家庭环境数字化协同困境。大数据的应用对人类社会的运转和治理产生了重大影响，治理活动由过去的事前防范、事后处理转变为网络治理、在线治理、实时治理。大数据时代，学校与家庭，都需要人们树立全局性、开放性、包容性、服务性、迭代性和创造性思维。大数据思维要求坚持以数据为中心,强化青年社会主义核心价值观教育数据治理,就是要引导学校教职工、家庭成员以及社会主体积极探索并充分利用大数据来创新教育以及管理工作。从数据获取到数据统计,从数据维护到数据优化,从数据流动共享到个体隐私安全保障等方面,家庭教育所呈现出的数据获取、分析、处理能力明显跟不上学校教育数据治理能力。通过家校互动培训,培养和提升家庭成员的数据治理能力,匹配、适应学校教育数字化环境,是用好数据、善用数据开展社会主义核心价值观教育的突破口。

第五章 青年社会主义核心价值观教育协同机制的构建

新时代青年社会主义核心价值观教育协同机制是由多种要素、多个方面、多种层级、多个环节构成的。协同机制的活力，既有赖于构成机制的每一要素、方面、层级、环节是富有活力的，也有赖于其是有效关联的，犹如健康之人体，血脉贯通。富有生命力的青年社会主义核心价值观教育协同机制，是主体广泛激活、力量有效联结、对象全面覆盖、工作全程贯通、要素深度融入的机制。让所有的育人主体、资源、要素等都真正"动起来""实起来""联起来"，都高度自觉发挥作用并凝成合力，是新时代青年社会主义核心价值观教育协同机制构建的目的意义所在①。

习近平在全国高校思想政治工作会议上明确指出："要坚持把立德树人作为中心环节，把思想政治工作贯穿教育教学全过程，实现全程育人、全方位育人，努力开创我国高等教育事业发展新局面。"② 这一论述立意深远，为青年社会主义核心价值观教育指明了方向。党的二十大报告指出："用社会主义核心价值观铸魂育人，完善思想政治工作体系。"③ 这一论述内涵丰富，为青年社会主义核心价值观教育提供了方法。因此，

---

① 李畅、李亚员：《习近平关于社会主义核心价值观重要论述的思想要义》，《当代世界社会主义问题》2021年第2期。
② 《把思想政治工作贯穿教育教学全过程 开创我国高等教育事业发展新局面》，《人民日报》2016年12月9日第1版。
③ 《习近平著作选读》第一卷，人民出版社2023年版，第38页。

第五章 青年社会主义核心价值观教育协同机制的构建

我们应以打造"育人共同体"为价值引领,通过树立"三全育人"协同教育理念,确立"双向协作"的"教与学"协同主体,搭建"四位一体"的协同教育平台,营造"多层次一体化"协同教育环境,构建新时代青年社会主义核心价值观教育协同机制,形成"全景协同、全域推进、全程优化、全员育人"的大格局(如图 5-1 所示)。

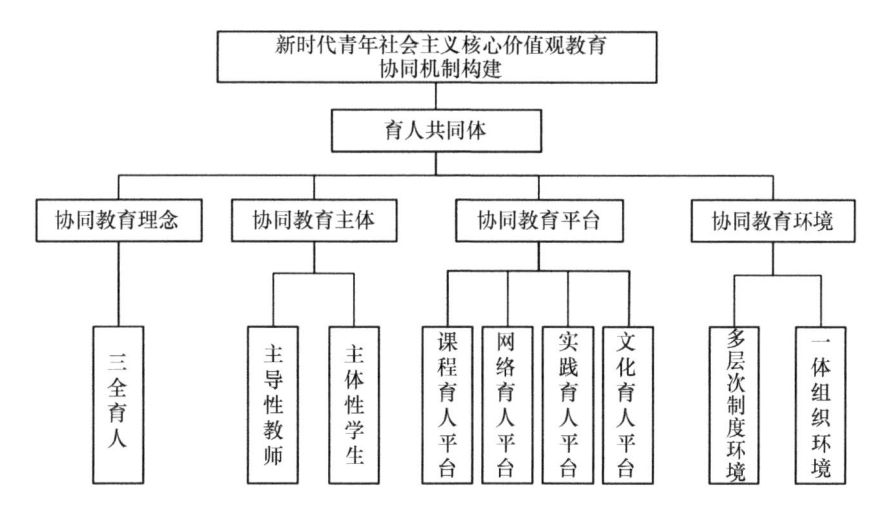

图 5-1 "新时代青年社会主义核心价值观教育协同机制"示意图

第一节 树立"三全育人"协同教育理念是核心

理念是行动的先导,协同机制的构建首先要统一思想认识。新时代青年社会主义核心价值观教育协同机制构建的核心问题是树立"全员育人、全程育人、全方位育人"(以下简称"三全育人")的协同教育理念(如图 5-2 所示)。"三全育人"是由育人主体、育人时间、育人空间构成的有机系统,涵盖了"主体要素、时间要素、空间要素"三大要素。"三全育人"的成效有赖于学校党委的顶层设计和规划实施。因此,必须进一步加强学校党组织对青年社会主义核心价值观教育的全面领导,发挥党委统揽全局、协调各方的领导核心作用,构建党委统一领导、顶层设计,党政群齐抓共管,相关部门各司其职的"三全育人"有机协同实施体系。"三全育人"的重点是形成合力,也就是说,开展青年社会主义核心价值观教育必须着力打通具体各项教育工作之间的"条块"区隔,回归育人的整体化格局。"三全育人"协同教育理念是对教育的本质和规律的再认识,是构建青年社会主义核心价值观教育协同机制的思想灵魂。

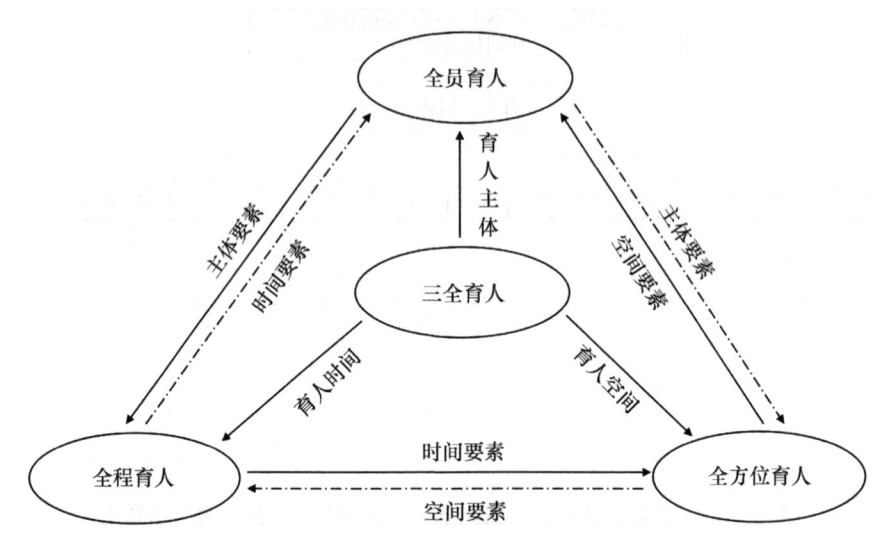

图 5-2 "三全育人"示意图

一 协同育人主体要素:立足"人人"参与的"大协同"理念

树立"三全育人"协同教育理念,首先要树立全员育人理念。人是主体,具有积极的能动性,这是一切工作机制构建和运行的前提。"全员"作为育人主体,发挥所有成员的能动要素,在"三全育人"体系中发挥着至关重要的作用,也是实现全过程、全方位育人的前提基础。因此,必须构建党组织统一领导下的"人人"参与的"大协同"联动体系,准确把握各育人主体自身定位,解决社会主义核心价值观教育育人主体协同性不足的难点。"大协同"的联动体系需要体现育人的一体化、全面性、全员性,"人人"这是体现"三全育人"理念主体要素生动形象的话语要求。

第五章 青年社会主义核心价值观教育协同机制的构建

青年社会主义核心价值观教育需要构建党组织领导的一体化"大格局"。青年社会主义核心价值观教育统筹性与协作性的系统化要求，必须发挥党的集中统一领导、总揽全局的政治优势，强化政治引领，做好顶层设计，从而实现统筹战略规划、完善制度机制、压实落实责任，保证党对青年社会主义核心价值观教育协同"大格局"的全面领导。第一，从宏观层面，将其纳入党和国家战略规划的整体部署中，勾勒愿景、绘就蓝图，出台赋能青年社会主义核心价值观教育协同机制构建的行动纲要。第二，从中观层面，将其纳入各省教育厅的发展规划中，制定青年社会主义核心价值观教育协同任务书、路线图、时间表，统筹指导各个学校规划的制定编制、政策的运行衔接、工作标准的科学运行、评估检查的有效开展、经费保障的有效落实等各方面工作。第三，从微观层面，构建学校党委统一领导、党政群齐抓共管、相关部门各司其职的社会主义核心价值观教育工作体系，由学校党委统一建立各个岗位的责任清单，确保各要素有机协调、各环节有序推进、各部门通力配合，促使社会主义核心价值观教育工作体系产生最大的合力和功效。

青年社会主义核心价值观教育需要"人人"参与的全面性"大协同"。相对于其他育人方式而言，全员育人主要是指育人队伍的参与广度及范围，体现"人人"参与的全面性。从育人主体的范围上看，广义上的育人队伍是由学校、家庭、社会和学生共同构成的。"三全育人"中的"全员"理念就是整合各场域育人力量，通过育人主体之间的整合和联结，实现多股力量融合产生新力量的目的。人的发展是一切发展的核心和目标，育人是教育的本质。青年社会主义核心价值观教育的整体性，必须要求树立各场域主体"人人"参与的理念，攻克协同教育的难点。在"培养什么人"的目标指引下，通过"人人"参与的全面性"大协同"，实现"怎样培养人"。

青年社会主义核心价值观教育需要"人人"育人的全员性"大协同"。从狭义上看，全员育人强调学校育人主体层面的"人人育人"，要求全体教职工都要强化育人意识，挖掘各自岗位的育人要素，积极对学生进行相应的思想引领，守好一段渠，种好责任田，体现出社会主义核心价值观教育的全员性。这里的"全员"既包括学校的党政领导干部、思想政治理论课教师、辅导员、班主任、心理健康教育教师、就业指导教师等思想政治工作队伍成员，也包括直接对学生进行知识认知教育的全体专业课教师、间接对学生产生思想行为影响的管理教辅人员以及后勤服务人员等[①]。其中思想政治理论课教师与辅导员、班主任这两支队伍必须形成相互交织、穿插弥合的育人共同体，以交叉互融的效应补齐短板，具体可表现在：学情调研、思想动态的共享协同，专题教育、日常教育的互动协同，职业素养、核心能力的互补协同，等等。全员育人侧重于育人主体的全员性，是全过程和全方位育人的人力基础。为破解社会主义核心价值观教育主体意识缺位及育人主体定位偏差问题，需要在"教育"与"管理"、教育"主阵地"与教育"主渠道"之间打破死板机械的"条""块"之分，全员形成育人自觉，才能构建"大团队"、凝聚"大智慧"、形成"大合力"。

二 协同育人时间要素：围绕"时时"贯通的"全程化"理念

树立全过程育人理念，是树立"三全育人"理念的第二项重要内容支撑。全过程育人主要立足时间要素，侧重于育人时间的前后衔接，是全员育人和全方位育人的载体依托。全过程育人要求我们围绕"时时"贯通的"全程化"理念，将社会主义核心价值观教育嵌入教育教学的全时段、各环节，实现由低向高的循序渐进和螺旋上升，消除育人衔接性不够的盲点。"全程化"的时序结构需要体现过程的连贯性、衔接的流畅性，这是体现"三全育人"理念时间要素的具体要求。

青年社会主义核心价值观教育需要时序衔接的"全程化"。青年社会主义核心价值观教育是一项动态变化的工作，贯通时序衔接的"全程化"需要实现纵向各教育学段层层递进与横向各教育时间序列有效衔接相结合的双重衔接。在这个过程中，各教育学段的目标时序与各教育时

---

① 梁伟、马俊、梅旭成：《高校"三全育人"理念的内涵与实践》，《学校党建与思想教育》2020年第4期。

间序列的需求特征尤为关键。一方面纵向各教育学段要层层递进。教育管理者必须高度重视社会主义核心价值观教育的目标定位工作，制定出科学合理的教育总目标、阶段目标，在和学生共同完成阶段目标之后，最终才能完成教育之总目标①。另一方面教育管理者要针对青年在不同横向时序阶段表现出不同的需求特征，开展不同时序阶段的教育，让他们的学习生活充实而有意义。基于纵向学段与横向时序、目标时序与需求时序的衔接需求，青年社会主义核心价值观教育贯通时序衔接的"全程化"强调：遵循由易到难、由远及近原则，将社会主义核心价值观教育目的任务分解为多个日常化、操作性强的具体目标，就如完成触手可及的点滴小事，从而实现价值观教育的分层开展和逐级递进目标。

青年社会主义核心价值观教育需要知行转化的"全程化"。也就是说，青年社会主义核心价值观教育应贯穿于青年成长成才全过程，包括青年的入学、在校、寒暑假、毕业实习、就业等不同阶段，也涵盖青年日常生活、学习过程、心理状态等各个方面。各个时间阶段序列密切相关、相互作用，形成全过程、可持续、贯穿式育人链条。例如，高校社会主义核心价值观育人工作起点前移，伴随录取通知书发送"给新同学的一封信"，在此布置就近开展社会实践的"暑期作业"，引导新生在理论学习和社会实践中思考社会主义核心价值观国家、社会、个人三个层面的内容。又如，高校社会主义核心价值观育人工作终点后移，延伸时间范围，持续跟踪调研和实地寻访，深入用人单位交流毕业生思想动态、工作表现以及综合能力，既可作为教育效果评估依据，又可实现青年知行转化"全程化"引导重要抓手。

三 协同育人空间要素：紧扣"处处"协作的"强融合"理念

树立全方位育人的理念，是树立全员育人与全过程育人理念的落脚点，全方位育人侧重于育人空间的立体化和全覆盖。全方位育人要求青

---

① 冯一青：《行动思政：五年制高职校"三全育人"的路径探索》，《华人时刊》（校长）2022年第4期。

年社会主义核心价值观教育不仅要融入课堂教学、实践教学、第二课堂等一切学校教育教学活动，还要实现课内课外、校内校外、纵向横向、线上线下的有机衔接。全方位育人既离不开学校所有教职工的责任自觉和积极参与，又需要挖掘不同领域的育人要素，整合不同力量的育人功能，探索不同载体的育人方式[①]。因此，我们应当紧扣"处处"协作的"强融合"理念，突破空间限制，充分发挥各场域的育人功能，以此弥补协同育人兼容不足的问题，这是体现"三全育人"理念空间要素的具体要求。

青年社会主义核心价值观教育需要现实场域之间"处处"协作的"强融合"。青年社会主义核心价值观教育不是在真空中进行的，也不是在一种封闭孤立的环境中实施的，而是一种在开放的现实社会中开展的涉及多场域的实践活动，需要学校、家庭、社会以及政府的多维协同联动。如果说全过程育人是从时间意义上来界定的，全方位育人则主要是从空间意义上而言的。全方位育人主要指在学校、家庭、社会的大环境中通过各种途径、措施对青年学生进行教育全覆盖。家庭是社会的主要组成部分，一定要注重良好家风的形成，把家庭教育纳入整个社会主义核心价值观教育体系中，分析学生在多个场所的思想动态，通过学校和家庭之间的联动，发动家庭成员积极引导学生践行社会主义核心价值观。在社会层面，要净化社会风气，全社会要担负起青年成长成才的责任，社会对青年的影响非常广泛，只有全社会形成共同参与育人的大氛围、大气候营造，才能提高社会主义核心价值观教育的实效[②]。教育、文化、妇联等部门要统筹协调多方社会资源支持家庭以及学校社会主义核心价值观教育。

青年社会主义核心价值观教育需要现实场域与虚拟场域"处处"协作的"强融合"。新时代背景下，网络环境对青年社会主义核心价值观教育的影响越来越凸显。随着互联网信息技术的发展，手机、平板电脑

---

① 冯刚、王振：《论社会主义核心价值观与大学生利益需求的同构性》，《国家教育行政学院学报》2016年第10期。

② 沈壮海：《在思想政治工作体系中理解和推进课程思政》，《教育研究》2020年第9期。

等移动终端的广泛使用,新时代青年的学习与生活早已伴随其中。因此,虚拟存在场域的网络育人平台已经成为青年社会主义核心价值观教育实践中一个至关重要的构成部分。青年社会主义核心价值观教育现实场域与虚拟场域"处处"协作的"强融合",贯穿于课内与课外、线下与线上、校内与校外、教育与管理、引导与约束等多个领域,联动课程育人平台、网络育人平台、实践育人平台、文化育人平台等多维平台,发挥不同平台之间的互补和配合作用[1]。例如,现实场域中的大众化引导与虚拟场域中的分众化指导协作融合,线下精品课程与线上丰富教育资源的对接融合等,都是对贯彻现实场域与虚拟场域"处处"协作的"强融合"的初步探索。

第二节 确立"双向协作"的"教与学"协同主体是关键

教师是教育的主体,学生是教育的对象主体,"教与学"双主体功能的发挥,旨在打造以学生为中心(以下简称"一中心")的社会主义核心价值观教育"师生共同体"。这是构建新时代青年社会主义核心价值观协同教育机制的关键。

一 打造"一中心":以青年学生为中心的"师生共同体"

"师生共同体"是由教师和学生共同构成的凸显以学生为中心的关系联合体。构建以青年学生为中心的"师生共同体"要着力实现"需求侧"和"供给侧"的双向协同,呈现平等交往、主动对话、相互理解、相互促进等特点。

(一)尊重主体性,体现"一中心"的外在表征

在新的历史方位下,青年学生主体性意识不断增强,充分尊重青年

---

[1] 张文强:《新时代构建高校思想政治教育协同机制研究》,《国家教育行政学院学报》2019年第12期。

学生的主体性，是以学生为中心的外在特征。

一是尊重青年学生主体性意识强化"一中心"。青年学生的主体性意识主要表现为现阶段青年学生在生活、工作和学习中判断、选择、表达等方面的主动意识显著增强。例如，青年学生易表现为不盲从于教师、教材，敢于表达自己的多元观点并提出相应缘由进行论证；直抵社会现实问题，期待教师对此予以解释和回应；同学之间、师生之间交流时，能熟练切换以及运用各种网络热词的话语表达；等等。充分尊重学生主体性意识，是体现"一中心"的基本前提。

二是尊重青年学生主体性需求支撑"一中心"。新时代青年学生的学习生活成长场域呈现出经济迅速发展、文化日益多元、信息高度发达的特点，青年学生群体独立个性更加鲜明张扬，多向思维更加前卫活跃，使其在人际关系处理方式上更加坚守个人意志，在未来规划选择上更加倾向于个人兴趣。因此，打造"一中心"的师生共同体要求教师在开展社会主义核心价值观教育过程中能解决青年学生生活、学习、工作上的思想困惑与实际问题，而非就理论讲理论、就现象讲现象、就灌输而灌输；同时需要构建平等的师生关系，在师生交流沟通互动中赋予青年学生自主选择的机会和权利。充分关切青年学生的主体性、多元化需求，是体现"一中心"的动力前提。

三是尊重青年学生主体性表达彰显"一中心"。网络传播的普及与延展、信息技术的内嵌与加持，使得越来越多的青年学生倾向于在网络上出镜，在自媒体上发声，在"快手""火山""抖音"等短视频平台直播。青年学生熟悉多种社交软件、公众平台以及自媒体的使用，时刻关注微博、微信朋友圈个人动态，乐于分享衣食住行等信息，同时呈现出敢于表达自我、乐于宣扬个性的时代特征。因此，打造"一中心"的师生共同体，更加需要教师通过微信、QQ、微博等青年学生熟悉的、乐于广泛使用的网络平台与其沟通，注重交流时间的灵活机动、交谈方式的轻松坦诚，促进学生主体性表达更加自如真切。

（二）满足内生需求，突出"一中心"价值诉求

满足青年学生内生需求，要求教师将社会主义核心价值观的具体内

容融入青年学生学习、日常生活与社会实践中，突出"一中心"价值诉求。

1. 满足青年学生物质利益需求

社会主义核心价值观所倡导的价值观念与青年学生的物质生活紧密联系，"师生共同体"的形成过程事实上就是契合青年学生物质利益需求的过程，满足青年学生物质利益需求可从以下四个方面展开。一是引导青年学生认识国家富强是个人实现物质利益需求的现实基础。新时代以来我国生产力水平不断提高，综合国力不断增强，青年学生学习和生活条件得以极大改善，不断充实的物资极大地满足了青年学生的物质利益需求。二是引导青年学生认识全过程人民民主能保证人民享有当家作主的权利。民主实践可表现为青年学生通过一定渠道向学校、社会和国家表达利益诉求，从而保障青年学生的物质利益需求能够顺利实现。三是引导青年学生认识平等是实现物质利益需求的重要条件。各项权利平等可体现为让青年学生共享社会发展的成果。四是引导青年学生认识法治是实现物质利益需求的制度性保障。法治规定了青年学生的物质利益范围，同时也保障了青年学生能够民主、平等地获得物质利益。

2. 契合青年学生社会关系需求

社会主义核心价值观所倡导的价值观念与青年学生的社会生活紧密联系，"师生共同体"的形成过程事实上就是契合青年学生社会关系需求的过程，满足青年学生社会关系需求可从以下三个方面展开。一是引导青年学生认识和谐的社会是实现个人利益与社会利益的基础，在和谐环境中结成的社会关系才会牢固。稳定友好的同学关系、师生关系，可靠牢固的同事关系，融洽亲密的亲朋关系，都需要在和谐的环境中才能实现。二是引导青年学生认识自由是参加社会实践活动的重要条件。自由可以拓展青年学生的实践领域和思维边界，使其在广泛实践中自觉地建立各种社会关系。三是引导青年学生认识公正作为一种法律观念，使人回归到人的本质，突破社会关系出现的非对称性以及排他性。当面对非对称性、排他性的社会关系资源时，公正机制可以确保青年学生站在同一平台上竞争①。

3. 融合青年学生全面发展需求

社会主义核心价值观所倡导的价值观念与青年学生的全面发展紧密联系，"师生共同体"的形成过程事实上就是契合青年学生全面发展需求的过程，融合青年学生全面发展需求可从以下三个方面展开。一是用自由与平等打造创新创业发展、人生启航的舞台。只有以自由与平等为前提，才能充分调动和发挥青年学生的主观能动性。二是用诚信与友善指引道德审美的方向。诚信、友善是社会关系的试金石，养成诚信友善的个人品质能促使青年学生保持良好的师生关系、同学关系。三是用敬业为青年学生专业发展提供内生驱动力。敬业作为公民的道德要求，也是青年学生专业发展的内在要求，在客观上促使其在实践中专注工作，为专业素养发展注入内在驱动力②。

二 提倡"双主体"：教师与学生之间的主导性与主体性关系构建

苏联教育家赞可夫指出："就教育工作效果来说，很重要的一点就是要看教师和学生之间的关系如何。"对象主体论的观点认为师生之间是没有客体的主体间关系，即教师是教育主体，学生是教育的对象主体。发挥教师的主导性作用和学生的主动性作用是青年社会主义核心价值观教育提倡"双主体"关系构建的具体表现。

（一）教师是教育的主体，应注重发挥教师主导作用

教师在社会主义核心价值观教育中的主导作用可以体现为微观和宏观两个层面，即微观层面实施上的主导与宏观层面多层次、多维度、全方位的主导。从微观层面来看，教师的主体性与其在社会主义核心价值观教育过程中的实施主导地位是相适应的，因而表现为实施上的主导性，即在推进、传授、引导方面的主导。青年社会主义核心价值观教育过程

---

① 杨威、魏道：《完善新时代思想政治工作体系：意义、目标与路径》，《马克思主义与现实》2023年第3期。

② 仉建涛：《实施"四全"育人工程 构建合力育人机制》，《河南教育》（高校版）2005年第8期。

是无数个"教师推进—学生跟进""教师传授—学生接受""教师引导—学生跟随"过程的组合,并反复交替进行。从宏观层面看,教师的主导是多层次、多维度、全方位的主导。多层次体现在,不同学生成长发展需求、接受水平、认知特点等具有差异性,教师必须因材施教;多维度体现在,社会主义核心价值观教育的目的是培养人,教师的主导作用发挥必须结合人才培养的多维需求;全方位体现在,社会主义核心价值观教育必须突破课堂限制,拓展教育时空与场域,凡是青年学生关注的、活跃的、期待的时空场域都是教师主导性发挥的时机。习近平指出:"广大教师要用好课堂讲坛,用好校园阵地,用自己的行动倡导社会主义核心价值观,用自己的学识、阅历、经验点燃学生对真善美的向往,使社会主义核心价值观润物细无声地浸润学生们的心田、转化为日常行为,增强学生的价值判断能力、价值选择能力、价值塑造能力,引领学生健康成长。"[①] 统筹宏观与微观两个层面,教师发挥主导作用可从以下四个方面入手。

1. 教师榜样示范的主导性

彰显教师的主体性,教师首先要展现社会主义核心价值观自信榜样示范的主导性。教师的价值导向对学生价值取向的影响是尤为关键的,其影响力远远高于符号化的榜样人物。教师自身发展是促进学生发展的前提,教师应从榜样模范标准反观自身,坚持正己正心、以德示范、以行立身。一方面,教师自身要明道、信道。教师对社会主义核心价值观的真懂、真信、真用会对学生形成极大的辐射效应。在社会主义核心价值观植入教师信仰体系以及师生互动双线并进的过程中,学生会明显感受到知识的魅力与心灵的震撼,学生对社会主义核心价值观的"知识性获得+思想性获得+价值性获得"都会呈螺旋性上升的趋势[②]。另一方面,教师应示范践行社会主义核心价值观。教师榜样示范的过程其实就是塑造了一个社

[①] 习近平:《做党和人民满意的好老师:同北京师范大学师生代表座谈时的讲话》,人民出版社2014年版,第5页。

[②] 刘有升、潘颖琦:《扎实办好中国特色社会主义高校——习近平关心福州大学建设的哲学意蕴与时代价值》,《福州大学学报》(哲学社会科学版)2022年第5期。

主义核心价值观的具身化场景，这个独特的场景是教师用"一言一行"刻画出来的真实样态，学生会在体悟教师言行的过程中收获"理解认同的精神性获得"。例如，教师以高尚的道德品质、爱岗敬业的工作态度、简朴的生活习惯潜移默化地影响学生，这种"学为人师、行为世范"的过程就使抽象的社会主义核心价值观话语变得具有亲和力，教师的获得感和学生的获得感都会在师生紧密的互动中协同增效。

2. 教师提升学生品德修养的主导性

彰显教师的主体性，教师要在提升学生品德修养上发挥主导性作用。一是教师要通过开展社会主义核心价值观教育引导学生修好"报效国家、服务人民"之大德。大德是道德层次中的最高级，是国家伦理、政治伦理层面的要求[①]。教师要充分发挥主导作用，引导青年学生树立远大理想、坚定理想信念、厚植爱国情怀、担当时代责任，以此来提升学生的道德水平。二是教师要通过开展社会主义核心价值观教育引导学生修好"省察克己、明德至善"之公德。公德是人们在公共生活中应当遵守的基本道德规范，是维系社会正常运转的道德规则。教师要充分发挥主导作用，引导学生用助人为乐处理人与人之间的关系、用遵纪守法处理人与社会之间的关系、用"人与自然和谐共生"处理人与自然之间的关系。三是教师要通过开展社会主义核心价值观教育引导学生修好"慎独自律、知行合一"之私德。私德是用于处理私人关系的道德规范，是一个人为人处世基本原则的集中体现，包括个人品德、生活作风、行为习惯等个人处理私人领域关系的道德规范。教师要充分发挥主导作用，引导学生对照道德标准和法律要求，不断检视自身，保持自省自律意识，经常自我约束、自我反省，做到慎独慎小。

3. 教师指引学生学业进步的主导性

彰显教师的主体性，教师要在指引学生学业进步上发挥主导性作用。学业是学生的立身之本。教师应通过开展社会主义核心价值观教育，在

---

① 伍廉松：《论社会主义核心价值观对大学生精神生活的引领》，《思想政治教育研究》2020年第2期。

学业上引导学生成才进步。一是教师主导学生明确"为什么学习"的方向性。教师要将信仰的力量传递给学生，用透彻的理论征服学生，用生动的案例吸引学生，用亲和的话语感染学生，让学生明白刻苦学习的目的是什么，将社会主义核心价值观的爱国思想传递给学生。例如，教师可以通过深度辅导、班会、主题活动等形式，调动学生的学习积极性。二是教师主导学生明确"为了谁学习"的价值性。青年社会主义核心价值观教育过程不仅是知识信息的传递过程，还是师生情感共融以及价值共享的实践过程。教师自身应厚植人民情怀，用对中国特色社会主义实践的真实感受，触动学生内心世界，以此引导学生树立以人民为中心的奉献思想。三是教师主导青年学生明确"如何学习"的个体差异性。每一个学生都是一个独一无二的个体，教师应充分了解学生的知识来源、个性特征、认知特点、心理状态、学习习惯等，针对学生的特点为学生量身定制发展目标，对其施加差异化的教育策略，使学生获得差异化的最佳发展。比如，创设"吸引＋探究＋解释＋迁移"相结合的教学模式。吸引阶段，针对不同学生的特点设计不同的问题情境来激发学生的兴趣；探究阶段，针对不同学生的特点设计不同的"教学支架"；解释阶段，鼓励学生根据自己已有的经验进行推理；迁移阶段，鼓励学生运用新概念解释新的类似问题[①]。

4. 教师关心学生日常生活的主导性

彰显教师的主体性，教师要在关心学生日常生活上发挥主导性作用。著名教育家徐特立指出："教书不仅仅是传授知识，更重要的是教人。"教师不仅需要传授知识，同时也需要了解学生日常所思所想，应将社会主义核心价值观融入青年学生生活的方方面面。一是通过开展社会主义核心价值观教育缓解学生的心理困惑。内卷化环境样态与矛盾化社会心态横向链接、内在不确定性和外在不确定性纵向分布，在纵横交错的社会关系网络中，学生内心的和谐被打破了。教师要以社会主义核心价值

---

① 曲建武、谭丽萍：《新时代大学生思想政治教育场域合力的三维构成》，《思想教育研究》2022年第6期。

观为引领，提升学生感知心理危机、疏导心理焦虑的内生力，培育学生科学的平等观与公正观，引导学生在理性面对社会不公平现象的过程中塑造平和的社会心态①。二是通过开展社会主义核心价值观教育开发学生的心理潜能。教师应坚持"以德养心、以心育德、德心交融、德心互哺"，发挥社会主义核心价值观在心理健康教育中的调节功能，通过"德育+心育""大众化+分众化""说理性+具身性"，激发学生积极的心理品质，使学生认识到个体健全的人格是促使社会和谐、提升社会文明程度的催化剂。三是通过开展社会主义核心价值观教育规范学生的行为习惯。行为习惯需要在长期实践过程中慢慢生成并累积。教师应注重学生日常学习及生活行为的习惯养成教育。引导学生将社会主义核心价值观作为人生准则，知行合一，从点滴小事做起，在实现中国梦伟大实践中实现个人人生价值。

（二）学生是教育的对象主体，应注重发挥学生的主观能动性

主体性是人作为对象性活动的主体所具有的本质特性。学生是教育的对象主体，具体体现为学习的主体，在开展社会主义核心价值观中，应注重发挥学生的主观能动性。学生在社会主义核心价值观教育实践中的主观能动性是根据自身需要，通过自主选择、能动认识、积极创造而实现改造主观与客观世界的目的。

1. 强化选择的自主性

在人的对象性活动中，主体的主观能动性体现在按照自我意志预设目标并选择客体。青年社会主义核心价值观教育中，强化学生的选择自主性，体现为教育主体尊重教育对象主体不唯书、不唯上，敢于质疑、积极求真的态度，帮助其树立从事实本身出发的马克思主义认识论立场；体现为在面对各种社会现象时，教育对象主体自觉遵守社会公德、职业道德、家庭美德的主动行为；体现为教育对象主体在重大节庆日、纪念日、重要时间节点在不同场合，通过不同方式积极发表意见并转发点赞，促进社会正能量的积极传播。此外，针对社会主义核心价值观理论教育

---

① 闫鹏、吴家华：《社会主义核心价值观认同转化论析》，《江淮论坛》2020年第6期。

"学什么""怎么学"等关键问题,学生选择的自主性也表现为较强的自我性,倾向于选择符合兴趣爱好与年龄特点的学习形式、方法、手段等,主张在学习中追求更高的自由度。强化选择的自主性,应当尊重学生表现出的自主选择性和能动塑造性,这将直接影响学习参与度和专注度,促进提升教育内容的接受效果。

2. 增强认识的能动性

主体在认识活动中,需要激发兴趣这一发挥主观能动性的前提,也需要通过理性思维来揭示事物内在本质和规律。增强教育对象主体认识的能动性,需要发挥教育对象主体提取有用教育资源、屏蔽无效信息、有效整合运用教育内容的能力与素养。从这个角度上讲,体现了学生对于自身特点与教育内容有用性认知的主观能动性,呈现出学生学习的积极性和主动性与社会主义核心价值观教育成效的密切联系。例如,爱国主义是我们民族精神的核心,增强爱国认知的主观能动性,就是要让青年学生从感性认识和理性认识上都明确,爱国是一种朴素、持久的情感,更是一种职责与义务;引导学生意识到爱国不是抽象的,主动提升与错误思潮作斗争的本领,从理论逻辑、历史逻辑、现实逻辑三维结合的高度,帮助其认识到新时代爱国主义的本质就是爱国和爱党、爱社会主义的高度统一;激发学生担当作为与奋斗精神,促使其从思想层面与行为层面,把奉献国家、扎根人民、拥护中国共产党和坚持社会主义统一起来。

3. 提升实践的创造性

人作为推动社会发展的主体,本身就是创造历史和为历史所创造的主体,不断改造客观世界、完善自身就是一种推动社会发展的实践创造。学习社会主义核心价值观理论知识、发展能力、提升素养,其目的在于运用、践行、传播社会主义核心价值观,这很大程度上依赖青年学生实践创造性的充分发挥。例如,青年社会主义核心价值观教育发挥实践的创造性,需要发挥青年学生文化自信自强的主体性。社会主义核心价值观是调节学生日常生活行为的基本规范,是一种激励学生向上向善的精神力量,也是中国人价值观念上的最大公约,凝聚起强大的中国力量。

文化自信自强不能停留在口号上，青年学生应主动作为，只有将实践行为与价值观相结合才能发挥强大的正向作用，这样的青年学生才能成为铸魂兴国的现实力量，才能真正肩负起个体与时代同进步的责任使命，成为创造历史的时代新人。

三　倡导发挥师生主体间的双向协同作用

开展青年社会主义核心价值观教育要发挥师生主体间的双向协同作用，实现教学相长。双向协同作用倡导：师生之间自由平等交往，师生之间互动，师生之间主动对话、相互理解、协同发展。

（一）发挥师生主体间自由平等交往作用

自由与平等，以尊重个体人格与自我意识为前提，是教师与学生主体间作用得以发挥的基础。发挥师生主体间自由平等交往作用，具体而言就是"以学生为中心"的师生共同体需要在围绕学生、服务学生、关照学生中充分尊重学生。不管是理论课教学，还是日常学生教育管理，必须从实际工作中分析和了解学生。在青年社会主义核心价值观教育过程中，激发青年学生主体性、发挥青年学生主体作用，必须回到学生教育管理实践中、教育教学实践中、学生活动实践中去分析学生的认知规律和接受特点。学生管理部门要利用互联网技术和平台对青年学生思想热点、思想动态、学习活动、学习时间和学习习惯等进行全面跟踪，为开展社会主义核心价值观理论教育的教师有针对性地设计教学提供依据；后勤保障部门要广开言路、畅通渠道、收集和分析青年学生的意见和建议，深入挖掘学生的实际需要，提高理论课教师解决思想问题和解决实际问题相结合的能力，同时强化青年学生自我管理、自我服务意识；思想政治理论课教师要努力扩充如教育学、心理学、法学、管理学等教育教学知识，提高分析社会热点焦点问题的能力和水平，尽力充分发挥教师主导作用。

（二）发挥师生主体间主动对话、相互理解、协同发展的作用

教育是用"生命影响生命"的实践活动，平等交流、主动对话、相互理解、协同发展的过程就是"以学生为中心"的师生共同体的形成过程。发挥师生主体间主动对话、相互理解、协同发展的作用，需要开辟

师生对话合作交流阵地，尤其注重师生积极性和主动性协同发挥，以学生为中心、对话为基础、合作为目的，不断拓展教师教育主体性和学生学习主体性相统一的空间。例如，以党团活动为抓手，拓展师生思想共鸣空间；以心理健康教育为抓手，拓展师生心灵互动空间；以社会实践为载体，拓展师生价值认同空间。通过思想共鸣、心灵互动、价值认同，促进师生之间同心同德、同向同行、同频共振。

第三节　搭建"四位一体"协同教育平台是重点

新时代构建青年社会主义核心价值观协同机制的重点是搭建课程育人平台、实践育人平台、网络育人平台、文化育人平台相协同的"四位一体"教育平台。通过"四位一体"教育平台间联动，打破课程、实践、网络、文化之间各自为政的封闭式壁垒，形成"课内课外、校内校外、网上网下、显性隐性"相结合的协同育人大格局。

一　以构建核心协同模块共同支撑的育人大格局为指导思想

根据系统论，各种系统中相互作用和相互制约的若干组成部分都有一个共同的发展目标，系统各要素需要围绕既定目标采取不同的方式、方法或者手段促使系统有序演化[1]。青年社会主义核心价值观协同机制的四个育人平台，通过目标协同、主体协同、场域协同、方法协同，最终使系统的整体目标得以实现。

（一）目标协同

思想政治教育目标是上层建筑以其根本意志为本质内核，向外构建个体的社会关系，向内构建个体的认知结构，从而构建起凝聚社会各领域共同价值的、具有超越性和影响力的抽象概念[2]。社会主义核心价值

---

[1] 李姿雨、方凤玲：《系统思维视域下大数据与思想政治教育有效融合研究》，《思想教育研究》2022年第3期。
[2] 赵达远、臧宏：《思想政治教育目标体系研究》，《思想教育研究》2016年第11期。

观教育目标的实现是一个将抽象概念具体展开的过程，分别对应向外构建社会协作关系、协调内外关系、向内构建认知结构三个方面。社会主义核心价值观教育"四位一体"协同教育平台，贯穿融入系统思维，既聚焦各平台育人共同体的核心目标，同时又实现各平台育人目标的差异化协同。在总的目标主线的指引下，四大育人平台通过聚焦各自的目标着力点、寻找相互的目标契合点，在"点线结合"中，达成共识、走向共情，形成社会主义核心价值观教育的内生动力。

"四位一体"协同教育平台育人载体丰富，例如教学课堂、专业实习、典礼仪式、劳动实践、志愿服务、公益活动、勤工助学等，这些载体交叉贯穿于课程、实践、网络、文化分众化模块。我们应注重系统功能的结构性，围绕核心目标、兼容目标差异，构建协同目标体系。课程育人平台、实践育人平台、网络育人平台、文化育人平台的目标，具有各自的指向与特点。课程育人平台重在理论性、知识性讲授，凸显青年社会主义核心价值观教育的具体化。网络育人平台打破了时空壁垒，凸显青年社会主义核心价值观教育的日常化，网络流行于网络原住民的新时代青年中，符合无处不网、无人不网的信息化时代特征，是满足青年需求的重要举措。实践育人平台注重让青年在生动的社会观察中去深化理论认知，凸显青年社会主义核心价值观教育的生活化，社会实践必须和读"有字之书"深度融合、良性互动、相互支撑。文化育人平台重在氛围浸润潜移默化，凸显青年社会主义核心价值观教育情境性、形象化的发展趋势。社会主义核心价值观内化为人们的精神追求，需要深入挖掘其丰富的文化蕴涵，遵循文化发展建设规律，充分认识显性文化与隐性文化这两种文化规范形式，采用以文化人的方式，完善显性与隐性相结合的综合体系以构建青年社会主义核心价值观教育文化育人平台。这些平台的子目标既有相同指向，又有各自差异，不能相互替代，只能协同互补。各平台的育人子目标，最终汇成育人共同体的大目标，各平台的育人子目标的实现过程就是青年社会主义核心价值观教育协同机制的层层落地过程。

第五章 青年社会主义核心价值观教育协同机制的构建

（二）主体协同

青年社会主义核心价值观教育主体，是指根据社会主义核心价值观教育的内在要求，对青年这一教育对象的价值观施加可控性影响的组织者和教育者。青年社会主义核心价值观教育主体协同就是指要汇聚各支教育队伍力量，形成合力。主体协同是立足于大视野、大系统、大师资等多维要素对青年社会主义核心价值观教育进行的整体性描述。主体协同就是要在马克思主义系统观指导下，让每一支队伍、每一个育人主体都参与到不同层面的社会主义核心价值观育人体系中，把分散的力量整合成集中的力量，明确各支队伍在协同育人中的功能定位与责权边界，形成组织协调、分工负责、全员参与、合力推进的工作"大格局"。

青年社会主义核心价值观教育主体协同体现在，既能明确各教育主体的边界，又要集成各教育队伍的合力。例如，学校课程、科研、实践、文化、网络、心理、管理、服务、资助、组织等工作的各类主体都是"大格局"育人的各支队伍，包括思政课教师、专业课教师、辅导员、党政领导干部、后勤服务人员、群团组织成员等。以上不同的教育主体、教育队伍，必须要相互联通、相互配合、相互补充，朝着社会主义核心价值观教育的同一目标，切实提升教育实效性。主体协同需要最大限度激活青年社会主义核心价值观教育主体的协同意识与提升协同能力。例如，思政课教师与辅导员既要明确自身职能职责，更要双向奔赴、主动对接，思政课教师向辅导员多学习了解如何从侧重生活实践角度开展社会主义核心价值观教育，辅导员向思政课教师多学习请教如何从理论层面深化社会主义核心价值观教育。又如，后勤服务人员、群团组织成员，可以将服务对象的一手信息及时、准确地与辅导员、思政课教师以及党政领导干部分享沟通，以便提升教育的针对性和精准性，这同样也是主体协同的具体表现。

（三）场域协同

场域是以关系网络为介质构成的一个抽象的空间范围，它不同于一般的空间领域划分，随着关系网络主体的变化而变化，在一定的时间延展和空间覆盖中变幻，具有可变性与自主性。青年社会主义核心价值观教育作为直接指向人的全面发展的重要实践，其推进也必须以时间、空间为重要前提，并将人作为活动主体，场域协同的指导思想必须贯穿始终，主要包括学校、家庭、社会三大场域时空协同。青年社会主义核心价值观教育场域合力的形成，需要学校场域的核心力、社会场域的支持力和家庭场域的助推力三种力量充分施展，更需要三大场域互补融合，打好三力交融的组合拳①。三大场域联合交互，形成多场域育人共识，凝聚多场域育人合力，促进青年社会主义核心价值观教育提质增效。

青年社会主义核心价值观教育场域协同体现在三个方面：学校场域和社会场域同步协同、学校场域与家庭场域互补融合、家庭场域与社会场域衔接互通。第一，学校场域应与社会场域紧密衔接，共同为青年学生提供课内课外、校内校外的育人平台，有效推动学校场域和社会场域同步协同。例如，各级各类社会机构落实爱国主义教育基地对青年学生无偿开放的政策，吸引动员学生走进爱国主义教育基地，聆听红色故事，接受革命精神教育；社会各部门联动企业、工厂和农场等组织积极履行社会责任，协调各类组织与学校共建劳动实践教育基地，让学生在与普通劳动者共同劳动的过程中增强敬业意识②。第二，学校场域应借助家庭场域的力量，促进社会主义核心价值观教育提质增效。例如，学校精心设计录取通知书上的校训、校徽、校园建筑，将社会主义核心价值观植入录取通知书设计理念与表现形式，通过隐性方式向家长和学生传递社会主义核心价值观元素，赢得家长对学校的信任，增强家长的协作意识。又如，辅导员分享育人故事，吸引家长主动关注学校育人工作，辅导员通过精准家访、组织校园开放日、召开家长座谈会等方式，促进学校和家庭形成场域合力③。第三，家庭场域与社会场域衔接互通式的协

---

① 虞花荣：《论立德树人的内涵》，《伦理学研究》2020年第6期。
② 曲建武、谭丽萍：《新时代大学生思想政治教育场域合力的三维构成》，《思想教育研究》2022年第6期。
③ 张青平、常腾：《场域理论视域下研究生导师与辅导员协同育人策略研究》，《陕西教育》（高教）2023年第9期。

同，凭借家庭细胞与社会机体融合的独特优势，形成更为立体、全方位的场域协同。例如，社会各部门应协调城乡街道、社区组织辖区家庭中的青年学生开展便民服务活动，为辖区家庭提供老人关爱服务、环境清洁维护、义务维修家电等方面的志愿服务活动，让青年在劳动服务中践行友善精神。总之，学校、社会、家庭三大场域应当同时发力、形成合力，形成三大场域同步协同、延展协同、互动协同的场域协同"大格局"，实现青年社会主义核心价值观教育既有学校场域的力度，又有社会场域的广度，还有家庭场域的温度。

（四）方法协同

正确的结果来源于科学的方法，方法即是解决问题的手段，是实现目标愿景的桥梁。要实现青年社会主义核心价值观教育的提质增效，就必须找到科学的方法。社会主义核心价值观的培育和践行无法在单一的方法、路径、策略及措施中得以实现，单一方法也不能满足教育本身的需要，因此尤其要注重方法的协同，方法协同必须引入协同育人大格局的指导思想中。

青年社会主义核心价值观教育方法协同，主要是指基本方法与具体方法之间的协同。第一，从基本方法上看，主要包括理论教育方法、实践教育方法、批评与自我批评方法等，青年社会主义核心价值观教育采用以上的基本方法，需要将其作为一个协同整体看待，既不能相互替代，也不能相互脱离。理论教育要联系实际，实践教育要以正确的理论为指导，批评与自我批评既要有正确的指导思想，又要以实践为基础，坚持实事求是的原则。例如，对青年社会主义核心价值观教育而言，学校小课堂往往以理论教育方法这种显性化教育为主。方法协同要求教育必须实现显性化与隐性化的并进。为更好地发挥隐性教育的作用，就需要引导青年学生走出学校小课堂、走入社会大课堂，搜集来自一线的鲜活素材，在感悟时代伟业和了解社会现状的过程中、在分析社会热点和批判错误思潮的过程中、在正确认识自身价值和社会发展的关系中，帮助青年树立正确的价值观。第二，从具体方法上看，包括思想收集方法、思想分析方法等认识方法，以及理论灌输、情景体验、访谈交流、谈心谈话、集体宣讲等实施方法，还有反馈调节、总结评估、学术研究等其他方法，以上这些具体方法在青年社会主义核心价值观教育的各环节、各阶段发挥着不同的作用，共同构成相互关联的协同方法体系。为了提升系统教育方法的效能，方法协同需要将日常教育和课堂教育相结合。例如，思政课教师注重搜集所教学生班级的基本学情，经过数据分析，聚焦学生的关注点，在讲授内容上坚持理论与实践联动，在实现教书和育人同向同行的过程中，也实现了认识方法与实施方法的协同。又如，辅导员在青年学生的日常学习生活中以社会主义核心价值观为价值引导，在选拔干部、评优评先、团学活动、谈心谈话中自觉融入社会主义核心价值观，这就实现了实施方法与评估方法的协同。第三，基本方法与具体方法之间的指导性协同主要表现在，基本方法的一般性与具体方法的特殊性必须相互耦合，具体方法既要体现一般性方法的共性又要体现解决不同问题采用不同具体方法的特殊性。例如，谈心谈话的疏导教育方法，既要广开言路、耐心倾听，又要循循善诱、说服教育。这种具体教育方法实质是理论教育方法、实践教育方法以及批评与自我批评方法在青年这一特定对象上的点面结合的具体呈现。

二 打造"四位一体"平台的育人共同体的策略分析

四种育人平台，突出四种育人向度，就其目标上来讲就是构建育人共同体。各平台的育人子目标，最终汇成育人共同体的大目标，各平台的育人子目标的实现过程就是青年社会主义核心价值观教育协同机制的层层落地过程。

（一）课程育人平台：构建"思政课程"与"课程思政"相统一的课程共同体

课程是教育运行的手段，是用以传达信息、表达意义、说明价值的媒介。在青年社会主义核心价值观教育协同机制构建中，打造课程育人平台，也就是要构建"思政课程"与"课程思政"（中学一般称"学科德育"）相统一的课程共同体。"课程共同体"范畴既是解决好本学段内各类课程与思政课相互配合的理念指导，又是解决好不同学段各门课程间衔接联动的方法指导①,有助于发挥所有课程育人功能,构建全面覆盖、类型丰富、层级渐进、相互支撑的课程育人体系,形成协同效应,实现"既要有波涛汹涌的声势,又要有春风化雨的效果"。

构建"思政课程"与"课程思政"相统一的课程共同体应从以下三个方面入手:第一,强化社会主义核心价值观教育中思政课育人的主导作用,坚持思想政治理论课的"一体"核心地位;第二,增强专业课程的支撑作用与通识课程的渗透作用,充分挖掘"课程思政"之"两翼"资源;第三,在大中小思想政治教育一体化的原则下,凸显思政课程"一体"与课程思政"两翼"同向同行、同频共振的统筹协同。

1. 强化思想政治理论课育人的主导作用,坚持"一体"核心地位

学校思想政治理论课是开展青年社会主义核心价值观教育的主渠道,应通过课程内容"一体化"和融入方式"一体化"实现多课联动,解决社会主义核心价值观教育知识供给的问题。一是课程内容"一体化",即社会主义核心价值观教育充分依托思想政治理论课教学内容体系,实现思政课程体系化。学科知识的积累及专业基础的构建是理解和接受概念的前提,促进这一过程的实现是学科课堂的重要任务。课程内容的整合是课程育人平台建设的重心,社会主义核心价值观三个层面应在思想政治理论课程内容中都有集中体现。也就是说,学校思想政治理论课应在社会主义核心价值观教育中找寻价值支点:在阐释"中国道路+中国理论+中国之治"的过程中勾勒富强、民主、文明、和谐的国家价值愿景;在解读"中国之强+中国智慧+中国话语"的过程中把握自由、平等、公正、法治的社会价值目标;在讲述"中国故事+中国力量+中国实践"的过程中树立爱国、敬业、诚信、友善的公民价值准则。二是融入方式"一体化",即要明确不同课程的知识要点和讲授重点,充分体现历史与现实、理论与实践的融入需要。以高校思想政治理论课为例,可以看出大学生思想政治理论课分别从

---

① 王瑞:《构建全课程育人的高校思想政治教育大格局》,《思想理论教育导刊》2019年第3期。

五大逻辑维度阐释社会主义核心价值观。大学生思想政治理论课程体系包括"马克思主义基本原理""毛泽东思想和中国特色社会主义理论体系概论""中国近现代史纲要""思想道德与法治""形势与政策"五门课程。各门课程大纲明确,教学内容界限清晰,充分展现了系统全面的思政课顶层设计。整体规划现有高校思想政治理论课,设计社会主义核心价值观教育内容融入的整体方案,可从以下总体思路来思考:"中国近现代史纲要"可从历史逻辑维度来阐释社会主义核心价值观,讲述中国近现代革命历程中人民英雄的民族气节、民族精神及中国共产党人不屈不挠的爱国主义精神、革命斗争精神的红色故事[①];"毛泽东思想和中国特色社会主义理论体系概论"可从理论发展逻辑维度来阐释社会主义核心价值观,以运用马克思主义及其基本原理为背景,讲述富强、民主、文明、和谐的中国故事,突出这一层面的"价值目标"在指导中国革命、建设、改革过程中以及创建中国特色社会主义理论成果过程中的意义和作用;"思想道德与法治"可从现实逻辑维度来阐释社会主义核心价值观,讲述以和谐、法治、敬业、友善等为主题内容的实践故事,重点凸显其与大学生思想品德修养的关系;"马克思主义基本原理"可从理论指导逻辑维度来阐释社会主义核心价值观,立足分析其中的理论基础、时代内涵及当代意义[②];"形势与政策"可从实践逻辑维度来阐释社会主义核心价值观,多从文明、公正、诚信等方面加以引导,结合国情、党情以及世情,让学生充分认识自身与中国、自身与世界的多维关系。

以上设计方案将"理论指导—历史线索—实践运用"的主线,贯穿于青年社会主义核心价值观教育,有助于在理论与实践、历史与现实、价值与传统、中国与世界的关系中,让大学生多视角、多层面地理解社会主义核心价值观,使"一体化"课程在教育内容上既各有侧重又有机

---

① 徐园媛:《大学生社会主义核心价值观教育"四位一体"课程实施路径研究》,博士学位论文,西南大学,2017年,第72页。

② 徐园媛:《大学生社会主义核心价值观教育"四位一体"课程实施路径研究》,博士学位论文,西南大学,2017年,第73页。

联系，相互衔接，融为整体①。

2. 增强专业课程的支撑作用与通识课程的渗透作用，充分挖掘"课程思政"之"两翼"资源

专业课程、通识课程是社会主义核心价值观教育的重要途径，共同构成了"课程思政"之"两翼"。社会主义核心价值观知识是对概念与内涵的阐释，揭示了社会主义核心价值观"是什么"。这种规范性知识由于实践性特征非常明显，只有与专业课程和通识课程整合，才能收到好的教育效果。深化青年价值观认识，并不是一两门课程能解决的问题，需要长期的、各门课程的综合发力，学校专业课程、通识课程除了蕴含丰富的专业知识，也蕴藏着鲜明的价值导向，这些课程与思想政治理论课同向同行，形成社会主义核心价值观教育的强大合力。专业课程和通识课程围绕人才培养这个核心点，具有传播社会主义核心价值观的义不容辞的责任；专业课程和通识课程，既有传承和发展专业的需要，同时更具有社会主义核心价值观的培育需求；专业课程和通识课程，就其自身的教育资源而言，蕴含着丰富的社会主义核心价值观育人元素。因此，专业课程、哲学社会科学课程与思想政治理论课同向同行，具有构建"思政课程"与"课程思政"相统一的课程共同体的现实可行性。具体而言可从以下三个方面实施。

第一，全面增强通识课程的渗透能力。通识课程作为面向全体学生开设、培养学生综合素质的课程，具有独特的渗透作用，是"一体两翼"课程体系中的"一翼"。② 通识课程应依托学校自身的办学资源、特色和优势，融入社会主义核心价值观科学内涵，围绕世界与中国发展大势，紧扣学生普遍关注的热点难点焦点问题，破解理论与应用领域前沿问题，从而培养学生的家国情怀与创新能力。通过顶层设计与整体统筹，注重在文史哲、经管法等哲学社会科学类课程中，强化社会主义核心价

---

① 徐园媛、旷媛园：《"互联网＋"视域下大学生爱国主义教育创新研究》，《学校党建与思想教育》2020 年第 17 期。

② 张斌斌：《从思政课程到课程思政：高校思想政治教育话语共同体的生成与建构》，《湖北师范大学学报》（哲学社会科学版）2022 年第 6 期。

值观育人初心的回归、育人内涵的重构，从爱国情怀、文化自信以及社会责任等不同角度，促进青年学生形成正确的价值判断。

第二，全力打好专业课程的支撑基础。正如美国卡内基教学促进基金会主席欧内斯特·博耶所说："这个领域的历史和传统是什么？它所涉及的社会和经济问题是什么？要面对哪些伦理和道德问题？"专业课程的教学任务不仅是让学生掌握专业技能，更重要的是培养其职业道德以及该专业领域的社会意义和特定使命。例如，自然科学类专业课程可注重培养科学精神、探索创新精神，将敬业、和谐等价值理念渗透到专业课教学中，增强人与自然环境和谐共生意识，明确人类共同发展进步的历史使命和时代责任；工程技术类专业应培育求真务实、精益求精的敬业精神，将富强、爱国等价值理念渗透到专业课程中，培养学生爱国奋斗的优秀品质；经济管理类专业应突出公平公正、诚实守信，注重经济社会活动中的公平理念与实践教育，培养社会主义法治精神。

第三，统筹成立"课程思政"教学研究中心。"课程思政"教学研究中心可在以下几个方面展开探索：一是开展"课程思政"示范课、"课程思政"工作室建设，打造特色鲜明的"课程思政"教学品牌；二是根据学科专业特点，明确教材编写、课堂教学、实习实训等环节的"课程思政"要求，探索有效、科学的价值观教育方式，把知识、原理、技能教育同行业规范、职业道德等教育结合起来，增强专业课程、通识课程对于社会主义核心价值观教育内容针对性和鲜活性的反哺作用；三是破解"课程思政"建设表层化、碎片化、同质化的问题，把握不同专业课程的协同育人目标与内在逻辑规律，围绕课程群进行顶层设计和深度开发，形成"全面覆盖、类型丰富、层次递进、相互支撑"的社会主义核心价值观的知识谱系。

3. 在大中小思政课一体化工作原则下，强化思政课程"一体"与课程思政"两翼"同向同行、同频共振的统筹协同

大中小思政课一体化工作是落实立德树人任务的重要举措。大中小思政课一体化工作必须遵循学生认知规律设计育人课程，按照学生的阶

段性特点因材施教。比如：初中阶段重在开展其内容的体验性学习，旨在打牢情感基础；高中阶段重在开展相关内容的常识性学习，旨在提升思想素养；本专科阶段重在开展社会主义核心价值观理论性学习，旨在增强使命担当[①]。大中小思政课一体化工作原则，需要在强化顶层设计之下，统筹各级各类学校的思想政治教育课程建设和教育教学水平；在课程内容设计、教材编审中循环上升、阶梯式渐进；协调各方促进大中小学思政课教师之间学习了解，建立课程育人共同体；探索"一体化"基础理论研究，指导课程育人实践。思政课程"一体"与课程思政"两翼"的统筹协同，应在统筹推进大中小思政课一体化的基础上，通过破除学科壁垒和体制藩篱，构建"思政课+通识课+专业课"课程体系，实现青年社会主义核心价值观教育课程育人全面覆盖、纵向贯穿、类型丰富、层次递进、相互支撑的目标任务。

对课程目标而言，应实现"思政课程"与"课程思政"育人方式的统筹协同。"思政课程"与"课程思政"从本质上看都是立德树人的教育，教学资源在思想性与学理性上是可以相互贯通的，在实践性与鲜活性上是可以彼此借鉴的。在统筹育人本质的视域下，"思政课程"与"课程思政"从方式上讲，须把教书育人规律、学生成长规律和思想政治工作规律紧密结合起来，并将协同育人贯穿其全过程、全要素、全场景。从育人方式上看，"思政课程"与"课程思政"都要通过谈心谈话、课堂延展、教学反馈、心理辅导、学业指导等方式开展教育，因此需要畅通"思政课程"教师、学生、"课程思政"教师的沟通渠道。教学研究单位党组织首先应担负起"思政课程"与"课程思政"的对接任务，在授课内容、授课形态以及教学素材资源上勇于尝试、联合实施，将社会主义核心价值观的育人本质与育人方式统筹协同。教学研究单位党组织应制定系列关联统筹"思政课程"与"课程思政"的制度文件，定期监督检查制度落实、推进情况并作出工

[①] 蔡祎、王辰：《基于主题式教学的大中小学思政课一体化策略研究——以"走中国特色社会主义政治发展道路"主题教学为例》，《北京教育》（德育）2023年第2期。

作反馈和布置下一阶段工作任务。

对课程教师而言，应实现"思政课程"教师与"课程思政"教师在特性与共性上的统筹协同。传授知识、提升能力、塑造价值是两类教师的共同使命与责任担当。从共性上讲，政治强、情怀深、思维新、视野广、自律严、人格正的基本要求，需融入政治学习、业务培训、技能练兵、现场展示、实践调研等环节中，从普遍性上塑造"思政课程"与"课程思政"教师的政治素养、理论水平和能力素养。从特性上讲，"思政课程"教师重在培养立足社会主义核心价值观理论角度讲"道理"的能力，"课程思政"教师重在提升结合专业知识、通识知识讲社会主义核心价值观"道理"的能力。从逻辑上看，"思政课程"是寓教于"理"，即将马克思主义之"理"贯穿于社会主义核心价值观教育；"课程思政"是寓教于"事"，即用专业、日常之"事"讲社会主义核心价值观之"理"。两类教师特性与共性的统筹协同，体现出"讲道理"上的共同点与一致性，通过提升讲道理的政治站位、技能素质以及话语表达，实现育人主体协同的目标。

对课程运行而言，应实现"思政课程"与"课程思政"治理体系的统筹协同。在课程设计上，必须坚持顶层设计和基层探索相结合，通过构建科学的治理体系，推动课程改革向纵深发展。校级层面要高度重视课程建设，把课程建设作为重要内容纳入学校教育事业发展战略规划之中，统筹各种类别教育教学资源，兼顾对"思政课程"与"课程思政"的投入力度。院系要从学科、课程体系、课堂教学、教师队伍等方面强化施策，谋划制定"思政课程"与"课程思政"建设的具体实施路径。在课程体系上，学校应按照思想政治理论课、通识课程、哲学社会科学专业课程、自然科学专业课程分类明确社会主义核心价值观教育教学重点，"思政课程"重在原理、理论教学，"课程思政"重在价值取向教育、精神培育教育。在教学体系上，学校应统筹好如何联动党委职能部门、教务管理部门、二级教学单位等相关机构，共同商定制定社会主义核心价值观教育实施办法、教学计划、主题活动、进程安排，联合开展教师培训、教学督导以及评优推荐等。"思政课程"与"课程思政"的课程运行治理体系协同，涉及的部门构成、队伍组成、实施体系方面都需要做好衔接制度建设，才能推动协同要素之间保持连续性和有序化状态。

（二）网络育人平台：构建"有形资源"与"无形资源"相统一的资源共同体

新时代青年绝大多数是"网络原住民"，对网络生活环境十分依赖，表现出非常突出的网络化生活样态。在青年社会主义核心价值观教育协同机制构建中，建设网络育人平台就是要构建"有形资源"与"无形资源"相统一的资源共同体，可从以下三个方面入手。

1. 建立共建共享的云共享数据库，创新青年社会主义核心价值观教育的内容供给

"共建共享"是指基于互联网本身的数字化、互联化、开放化等特征，以大数据、云共享、人工智能等技术为手段，以打造社会主义核心价值观教育智慧平台为契机，建立一个拥有"大教育"概念的云共享数据库，将优质的社会主义核心价值观专题课程、社会主义核心价值观经典案例、涉及社会主义核心价值观的古今有代表性的故事等都存于此云共享数据库中，教育主体与教育对象主体共同享有社会主义核心价值观教育的丰富资源[1]。"共建共享"的本质是实现资源的优化配置，是对传统社会主义核心价值观教育内容供给模式的继承、发展以及创新。共建是共享的前提和方法，共享是共建的目的和标准，两者你中有我、我中有你。"共建共享"把优质的教育资源科学合理地整合起来，精准推送、对接分配到有所需要的教育对象主体，打破传统的单独个体占有资源的藩篱，打破区域链、文化圈的壁垒，让多元教育对象主体最大限度地共同享有优质资源。

"共建共享"的云共享数据库注重利用"互联网＋"的大数据思维，随时捕捉与挖掘教育对象主体的刚性需求，使教育内容由泛化转为量化、

---

[1] 徐园媛、胡亚男：《"互联网＋"视域下的大学生思想政治教育工作研究》，《黑龙江高教研究》2019年第4期。

盲目化转为精细化，从而实现对教育对象主体进行社会主义核心价值观教育资源的精准投放。当前最直接的表现是慕课、优质课程数据库、虚拟仿真技术、VR技术等基于网络技术的数字化教育资源在"互联网+社会主义核心价值观教育"中的运用[①]。例如，复旦大学融媒体矩阵终端推出思政系列课程"中国故事·复旦通识"，邀请知名院士和专家学者拍摄网络公开课，发掘和培育了一批名篇名作，在强化目标引领、过程指导和成效评估的同时，大大提升了社会主义核心价值观的传播范围与深度。与传统的教育空间场景相比，"共建共享"云空间提供和展示了更具有泛在化特点的教育资源。例如，"学堂在线"云平台，借助数千门课程和各种沉浸式场景，极大方便了教育对象主体接受丰富的社会主义核心价值观教育资源，同时优化了其学习体验。这种通过互联网传播、基于分布式处理以及特写式呈现的集成平台，打通了"强关系、圈层、场景"之间的逻辑链路，实现了认知重构、诠释升维等多项功能的同向发力。

2. 培育共言共传的网络流行话语，创新青年社会主义核心价值观教育的话语体系

互联网时代，青年学生对社会主义核心价值观教育资源的选择具有高度的自主性和自由度，使得爱国主义教育话语在网络空间处于"被选择"的位置。青年学生不但关心"说什么"，即话语内容；而且关心"怎么说"，即话语表述。因此，选择行之有效的社会主义核心价值观教育话语表达方式，转换和创新话语表达方式，是赢得互联网时代社会主义核心价值观教育主动权的重要因素。牢牢掌握社会主义核心价值观网络话语权，关键在于民言民语、学言学语、网言网语并举。也就是说，必须坚持理论深度、实践力度、情感温度、网络热度并重，转变话语方式，提升社会主义核心价值观话语表述的大众性[②]。

[①] 吴满意、高盛楠：《高校思想政治教育数据治理研究》，《马克思主义理论学科研究》2022年第9期。

[②] 李颖、靳玉军：《网络空间视域下高校思想政治教育治理的创新发展研究》，《重庆大学学报》（社会科学版）2020年第3期。

"共言共传"是指基于共通的语言交流形态基础上，共同言说、共同传播社会主义核心价值观。共言共传实际上是实现语言的网络化转码，但同时又要避免语言庸俗化。共言是共传的基础，只有传播主客体拥有相通的语言形态才能共言，共言强调对社会主义核心价值观进行精准化"提纯"、时尚化"加工"，赋予社会主义核心价值观"高质量+年轻态"的符号意义，让社会主义核心价值观传播具备颜值、气质、价值。共传是共言的目的，只有传播主客体双方相互认可且产生情感共鸣才能共传，共传强调语言必须具备"有群众味+富群众情+暖群众心"的标识，实现全民"听得懂+记得住+用得上"的"话语权效"。"共言共传"改变了人际语言交流形态和语言传播形态。"共言共传"使社会主义核心价值观的网络语言丰富多样、朗朗上口、简单易懂、生动诙谐，把社会主义核心价值观抽象的理论蕴含在生动活泼的表述中，以通俗化实现大众化，把社会主义核心价值观情感以一个立体形态构筑起来，使社会主义核心价值观情感跨越理性概念与感性意识的间隔，入脑入心。

3. 拓展互联互通的网上网下育人空间，创新青年社会主义核心价值观教育的育人载体

大数据、云计算、人工智能等前沿信息技术驱动，延展了社会主义核心价值观的传播空间。互联网互联互通的特征，能促使网络平台的能量和规模超越以往任何形式的传播媒介。打造网络育人平台必须利用这个优势，增强社会主义核心价值观教育的辐射面与感染力。因此，为了解决网上教育与网下教育契合问题，拓展互联互通的网络育人载体尤为必要。

实体课堂与移动终端的互联互通。互联网移动终端的广泛使用，使得社会主义核心价值观教育的学习时空场景得到大幅度、广泛性的扩充。移动互联网技术的发展，实现了教育主体与教育对象主体全天候链接。以智能手机为代表的移动设备，时空泛在化联通了人与技术、人与机器、人与技能乃至人与人之间的沟通方式。这种借助智能设备转换的数字化应用场景，将青年社会主义核心价值观教育实践推至一个更为广阔的流

动性空间中。例如，在高校思政课的现实课堂上，通过智能手机链接移动学习平台，社会主义核心价值观的内涵在荧屏、弹幕、弹窗、表情包等读图符号的迭代性界面交替呈现，使得原本枯燥的理论性教育更加接地气，更好地提升了价值观认知教育效能。诸如以智能手机为代表的移动学习平台或App、一站式管理服务等实现了教育主体和教育对象主体随时"在场"，既弥补了时空错位短板，又优化了场景化学习空间，促进社会主义核心价值观教育时空场景实现了个性化、生活化、数据化和移动化的多维融合。

数字化教育场景与传统教育场景的互联互通。传统意义的青年社会主义核心价值观教育由于地域范围的有限性，导致传播影响范围有限。随着数字化技术的嵌入，在算法和算力的综合驱动下，教育对象主体可以实现超越平面界面体验，突破静态图片内容浏览，跨越现实视觉感知，这就使价值观教育全面突破传统场域与时空限制，实现了人类感官虚实融合的增强与延展。例如，青年学生参观展览馆、博物馆，现场采用"5G+VR"实景，将现实展馆中的实物展品数字化模拟放入虚拟展馆，社会主义核心价值观的科学内涵能通过"语音解说+视频演示"实现实时互动，这就极大提升了青年学生身临其境的体验感，尤其是增强了视觉冲击感。数字化教育场景平台与传统教育活动延展的互联互通，还可以体现在声音、形体语言、文字、图片、音视频以及环境的立体式交互中，增强价值引领的主动性。例如，近年来在全国两会期间，"云端连线"、"云直播"、虚拟演播室、VR短视频等场景，以嵌入新兴数字技术的方式对两会内容进行全方位、立体化、多层次的报道。青年社会主义核心价值观教育也可以大量引入使用这样的智能平台，并在青年常常关注和点击的社交平台进行超链接推送并开放留言互动，增加参与率。①

网上虚拟化体验与网下管理引导的互联互通。信息技术的发展为青

---

① 李颖、靳玉军：《网络空间视域下高校思想政治教育治理的创新发展研究》，《重庆大学学报》（社会科学版）2020年第3期。

年社会主义核心价值观教育载体创新提供了优势与便利,自我教育的网上方式更加广泛,学习自主性增强,但是信息渠道的正确性、正当性却受到了良莠不齐的海量信息的挑战。教育主体对这些网上领域的掌控不能减弱或者放任,"强调要加强校园网络安全管理,加强高校校园网站联盟建设,加强高校网络信息管理系统建设",因此应当及时掌控青年学生思想动态,对一些偏激的、不正确的舆论应及时指导、纠正。从另一个角度来看,中学班主任、大学辅导员、专任课教师通过青年学生喜爱的方式进行微博、微信交流,拉近了师生距离,更能让学生接受社会主义核心价值观教育内容。例如,可以用大数据分析网络社交平台中青年学生关注的热点问题,通过点赞留言、课堂讨论、社会调查等方式,提升学生自我体验、自我学习、自我教育的能力。同时,为了更有效地将网上体验与网下管理结合,教育主体必须对青年学生进行精准画像。教育主体可以充分发挥人工智能具有的数据感知、理解、推理、预测等功能,借助大数据驱动、大模型重塑与神经网络深度学习,不断提升智慧决策与服务水平,实现教育个性化和智能化[①]。此外,还可以借助大数据分析,实现教育对象主体网上虚拟体验与教育主体网下管理引导相结合,将线上视频化、影视化以及数字化呈现的社会主义核心价值观内容,转换为"私人定制"的教育策略,以便达成因人施教、因材施教、因时施教、因地施教。

(三)实践育人平台:构建"有字之书"与"无字之书"相统一的知识共同体

实践是人类有目的、有意识地探索和改造世界的社会物质实践活动,具备客观性、能动性和社会历史性等特点。马克思认为"全部社会生活在本质上是实践的",这一论断深刻阐述了人不仅是社会实践的存在物,还是从劳动实践中"走来"并继续走向实践深处的主体。习近平2014年5月在上海考察时曾指出:"要注意把社会主义核心价值观日常化、具体

---

① 高盛楠、吴满意:《技术驱动高校思政教育创新的基本指向》,《高校马克思主义理论研究》2022年第4期。

化、形象化、生活化，使每个人都能感知它、领悟它，内化为精神追求，外化为实际行动，做到明大德、守公德、严私德。"① 这就充分论证了理论回归现实、理论指导实践的重要性。在青年社会主义核心价值观教育协同机制构建中，打造实践育人平台，也就是要构建"有字之书"与"无字之书"相统一的知识共同体。"读万卷书"是学习"有字之书"的现实表现，"行万里路"是学习"无字之书"的方法途径。"读万卷书"和"行万里路"相统一就需要在"四位一体"教育平台的大循环中构建认知与行为、经验与理性相结合的内循环，实现社会主义核心价值观教育的日常化、具体化、生活化、形象化。

1.坚持学史崇德与情感渲染相结合，让"有字之书"与"无字之书"相得益彰

学史崇德能从历史中汲取思想道德营养，充分领会社会主义核心价值观深厚的历史底蕴与深刻的道义力量。情感渲染是指将情感融入特定环境中，实现社会主义核心价值观在个体情感与自身行为中的升华。学史崇德与情感渲染是相互交织、不可分离的有机统一体。在青年社会主义核心价值观教育中，既要注重学史崇德，强化社会主义核心价值观"有字之书"的教育功能，又要把握"无字之书"的情感渲染，将社会主义核心价值观的"道理"与"情感"有效地融入青年社会实践中②。

坚持学史崇德与情感渲染相结合，可将中国共产党人革命精神内容融入社会主义核心价值观教育过程中。例如，小说《红岩》是被誉为"共产主义的教科书""共产党人的正气歌"的中国军事文学名著。一方面，引导青年阅读《红岩》，能够让青年了解陪都重庆的学生运动、地下斗争、集中营的狱中斗争以及川北农村的武装斗争等情况；另一方面，阅读《红岩》的同时，积极组织青年开展红色研学实践教学活动，带领青年到渣滓洞监狱旧址、红岩革命纪念馆、白公馆监狱旧址等地进行现

---

① 《当好全国改革开放排头兵 不断提高城市核心竞争力》，《人民日报》2014年5月25日第1版。
② 李仙娥：《"大思政课"视域下高校思政课实践育人模式的构建论析》，《思想理论教育导刊》2022年第1期。

场教学，以社会中"红岩现实发生地"这一实体空间让广大青年全景式感受红岩文化。青年学生重读《红岩》小说的过程以及唤起"红岩精神"集体记忆的过程，即将特殊的物质标识和空间与作品载体相结合，增强青年学生历史感受的同时实现了情感升华。社会主义核心价值观知识体系形成有效对接这种时空感受与记忆情感，促使青年学生升华认识革命志士崇高的思想境界、坚定的理想信念、巨大的人格力量和浩然的革命正气。又如，《长征》讲述了在面临国民党军队围追堵截、大自然艰难险阻以及内部错误思想干扰的特殊时刻，中国共产党带领红军勇敢地纠正了自身的错误、确立了正确的方向，以坚强的毅力创造了二万五千里长征的军事奇迹。一方面，引导青年阅读《长征》，能够让青年了解长征这一人类历史上考验人类意志的大规模战略转移的惊人壮举，能够让青年认识到长征取得胜利的艰辛与不易，能够让青年学习长征中自强不息、吃苦耐劳、顽强拼搏的精神；另一方面，在阅读《长征》的基础上，组织青年积极参与重走长征路等实地拓展训练，历史烙印的情感记忆就会被特定场域、特定主体所激活。感悟文学作品奋斗精神与重走革命场景道路相结合，有利于促使青年学生对过去峥嵘岁月铭记历史、对现在和平生活怀揣感激、对未来美好生活满怀憧憬。再如，《保卫延安》描述了解放战争时期，国民党反动派以数十万兵力对延安发动了疯狂的进攻，人民解放军和陕甘宁边区人民在中国共产党的领导下，从防御转入进攻，取得了西北战场具有决定性胜利的历史故事。一方面，引导青年阅读《保卫延安》，能够让青年从1947年3月到7月延安保卫战的历史中，从人民解放军由战略防御转为战略反攻历史发展过程中，全景式地了解整个战争进程，领略其中蕴藏的价值意蕴；另一方面，在阅读《保卫延安》的基础上，组织青年走进位于延安的南泥湾革命旧址，在黄土高原的土地上播种粮食、开垦农作物，体验南泥湾大生产运动，还可以穿上红军军装，戴着红军帽，重走当年红军之路。从文学作品中体会社会主义核心价值观的历史底蕴与道义力量，从重温时空集体记忆中升华情感认同、唤起情感共鸣，促进青年社会主义核心价值观教育"有字之书"与"无字之书"之间相得益彰。

2. 突出榜样引领与体验感悟相结合，让"有字之书"与"无字之书"交相辉映

榜样引领是指通过挖掘榜样身上蕴含的鲜活的人性光辉和价值追求，将榜样身上具备的抽象道德具体化、形象化，触及学习者的心灵，使学习者产生向上向善的思想认同，努力形成与榜样相一致的优秀品德。体验感悟是指在日常工作学习生活中，人们通过自身感官、感觉亲身参与社会实践活动，对特定事物或经历所产生的感想和体会[①]。在青年社会主义核心价值观教育中，既要发挥榜样引领的"价值导向"作用，又要发挥体验感悟的"实践养成"作用，榜样引领与体验感悟二者间存在的耦合性成为青年社会主义核心价值观教育中不可或缺的实践环节。

在开展青年社会主义核心价值观教育过程中，教育工作者应强化"有字之书"对青年的榜样引领。例如《雷锋日记》，该著作由前进报社等组织整理，收纳了自1957年来雷锋写的日记合集，其中不仅收录了雷锋生前在生活、工作、学习中的日记以及所做的好事，还记录了一些富有深刻寓意的精辟论断、名言警句。阅读《雷锋日记》，能让青年学习雷锋同志忠党、爱国、爱人民的家国情怀，舍己为人、克己奉公的奉献精神，挤、钻、韧的"钉子"精神，兢兢业业的"螺丝钉"精神，助人为乐的关爱精神，为共产主义而奋斗终身的革命精神。在引导青年阅读《雷锋日记》的基础上，契合青年的需求与特点，可以广泛开展"学雷锋，树新风"教育活动，通过讲述雷锋故事、写"我的雷锋日记"等形式，学习新时代雷锋精神的伟大意义，重温雷锋生平事迹，讨论新时代雷锋精神的真实案例，感受"奉献、友爱、互助、进步"的志愿精神，开展践行雷锋精神的志愿活动，使广大青年在实际活动中自觉践行社会主义核心价值观，不断为学雷锋活动注入时代生机和活力。又如《致敬英雄》，该著作是向全世界讲好中国抗疫故事的生动范本，文中展现了一个个惊心动魄的瞬间、讲述着一个个催人泪下的故事、回忆起一桩桩

---

① 乔凯：《大学仪式的育人功能、现实困境与改进路径》，《江苏高教》2018年第9期。

温暖人心的凡人善举。引导青年阅读《致敬英雄》，能够让青年学生从医务工作者、普通民众、军人以及一些逆行者身上直观而又深刻地理解中国各族人民一方有难、八方支援的民族精神，同舟共济、守望相助的家国情怀，万众一心、众志成城抗击疫情的强大精神力量。在青年阅读《致敬英雄》的基础上，利用社会实践、党团主题日等契机，组织青年到抗疫纪念地进行参观学习，真切地触摸"人民至上"的疫情防控印记，深刻体会广大医务工作者不畏艰险、甘于奉献的战"疫"故事；也可带领青年在武汉、广州、天津、上海等地参观抗疫主题展览，使青年更加直观深入地了解全国人民艰苦卓绝的抗疫过程；可激励青年参加各级各类志愿服务社团和协会，鼓励青年走入社会，积极开展志愿服务活动，弘扬无私奉献、大爱无疆的志愿精神。通过此类做法，突出榜样引领与青年体验感悟的充分结合，体验感悟的直观性、具体性、动态性，弥补了榜样引领的抽象性，促进青年社会主义核心价值观教育内容与社会实践二者间的交相辉映。

3. 加强现实渗透与生活化表达相结合，让"有字之书"与"无字之书"无缝衔接

现实渗透是指将现存的事物渗透各个环节、各个方面，影响人的思想行为的活动。生活化表达是指在事物表达呈现上，坚持从实际生活出发，按照原汁原味的样式真实地反映生活，使表达具有浓厚的生活气息和鲜活的生活情趣。现实渗透与生活化表达是青年社会主义核心价值观教育中不可缺少的重要组成部分，是让"有字之书"与"无字之书"实现无缝衔接的重要环节。

在开展青年社会主义核心价值观教育的过程中，教育工作者应注重"有字之书"的现实渗透，同时发挥"无字之书"生活化表达的现实作用。例如《深圳经验与中国特色社会主义道路》，该著作在充分调研论证的基础上，从经济发展、科技创新、法治建设、社会治理、生态文明建设、文化建设、党的建设、国际化建设等方面系统梳理了深圳特区40年来的创新做法和发展经验。引导青年阅读《深圳经验与中国特色社会主义道路》，能够让青年从体验感知到理解认同深圳经验与中国特色社

会主义道路之间的关联性、中国特色社会主义道路的正确性、中国特色社会主义制度的优越性以及中国特色社会主义理论体系的科学性。在阅读《深圳经验与中国特色社会主义道路》的基础上，可组织青年利用双休日、寒暑假，参加"三下乡"志愿服务活动、开展重点社会课题的调研活动以及参观考察中国改革开放示范地区，使青年在社会考察、党史宣讲、视频拍摄、问卷调研等实际活动中切身感受鲜活的人物故事、伟大的历史成就，树立坚定的报国之志。又如《中国改革三部曲》，该著作通过《论竞争性市场体制》《当代中国经济改革》《中国增长模式抉择》的结集出版，完整讲述了中国社会主义市场经济与改革的故事，让读者坚定对社会主义市场经济的信心。引导青年阅读《中国改革三部曲》，能够让青年了解中国改革的故事，认识和理解社会主义市场经济建立与改革开放的过程。在此基础上，可广泛开展与之相适应的实践活动。例如，可鼓励青年根据自身的兴趣特长、专业知识、素质拓展需求，分散开展形式多样的社会实践活动，走进学校、社区、企事业单位，走进乡村农场，走上街头巷尾，从生活点滴开始，成为先进理念、科学知识与专业技术的传播者。通过此类实践活动，使青年在多次的自主调研、心灵对话、震撼感动中，更加坚定学党史、感党恩、听党话、跟党走的决心；使青年在讲述家国社会变迁的鲜活叙事中，理解家国情怀的真谛，厚植爱国主义的深邃情感；使青年在知民情、晓民心的过程中，了解基层百姓对美好生活的向往，学以致用，知行合一；使青年以大历史观知中国、观世界，牢记时代新人的责任使命，积极传播和践行社会主义核心价值观。

（四）文化育人平台：构建"显性教育"与"隐性教育"相统一的生态共同体

校园文化是一种无形潜在的、人文化成的教育力量。青年学生在学校环境中，受到熏陶、感染，产生各种心理体验，这种体验在学生心灵深处不断产生心理积淀，这种心理积淀过程，就是文化熏陶过程[①]。在

[①] 姜延博：《高校思想政治教育显性教育和隐性教育相统一的实践路径》，《重庆理工大学学报》（社会科学版）2021年第1期。

第五章 青年社会主义核心价值观教育协同机制的构建

青年社会主义核心价值观教育协同机制构建中，打造文化育人平台，就是要构建"显性教育"与"隐性教育"相统一的生态共同体，即利用符号、语言、图像、规范等元素，开发物质文化、精神文化以及制度文化中蕴含的隐性社会主义核心价值观教育资源，通过隐性文化育人载体互动于显性的课程育人平台、实践育人平台和网络育人平台，实现二者交互融通。

1. 校园环境创设的"硬设施"物质文化支撑青年社会主义核心价值观教育课程育人平台

物质文化环境主要指校园教学设施、校园景观环境等校园硬件设施。就整个物质环境而言，学校的建筑群、校园景观、绿化美化创意设施这些物质形态提供了重要的展示载体和育人样态，为学生传道解惑，形成了以文载道、文化融通的育人新模式。聚焦社会主义核心价值观基本内涵，创设生动活泼、形式多样的物质文化环境，并与思政课程、专业课程以及通识课程等课程育人平台联动，可以起到赏心悦目、陶冶情操、启智博学的作用。

一是思政课堂应设在体现社会主义核心价值观物化形态的文化长廊中。思政课对社会主义核心价值观的理论阐释与物质景观折射的超语言性的社会主义核心价值观信息相融合，更有利于实现社会主义核心价值观的精要传播。二是专业课堂应设在体现社会主义核心价值观物化形态的智慧教室中。借助人工智能、大数据分析、5G 技术等信息化物质支持，将各行各领域专业知识与社会主义核心价值观引领有机结合，更有利于实现社会主义核心价值观的分众传播。三是通识课堂应设在体现社会主义核心价值观物化形态的文博馆舍中。凭借校史馆、档案馆、博物馆等集中传承社会主义核心价值观要义精髓的文化物质载体，构建历史脉络与现实呈现相结合的"文化场"，对青年的品质与心理产生美的吸引力与感染力，更有利于实现社会主义核心价值观的大众传播。

2. 集体记忆塑造的"软环境"精神文化浸润青年社会主义核心价值观教育实践育人平台

精神文化作为一种特有的文化现象，是隐性教育的重要载体，具有内隐性的特点。社会主义核心价值观是民族的文化内核，精神文化是对社会主义核心价值观要义内涵的文化诠释，具体体现在学校的校歌、校训、校徽、历史传统、办学风格等校园文化中，也可体现在博物馆、纪念堂、烈士陵园、纪念碑等意图性纪念空间中。优秀的精神文化就如物理学上的电磁场，对于身在"场"中的每一个成员，都会产生一定的辐射力，青年学生的价值观念、道德准则、意志品格和生活方式等都会受到精神文化的熏陶。承载精神文化的纪念空间，同时也是实践育人平台可以运用的有效资源。纪念空间通过隐性推力将社会主义核心价值观蕴含的精神文化话语传递给教育对象，创设承载情感互动、榜样引领、朋辈影响、现实渗透等形式多样的精神文化环境。纪念空间还能通过审美体验以潜在的方式传达特定的价值观，激发情感意识、身份认知以及价值认同。实践育人平台能通过仪式教育将"有字之书"的"道理"转换运用于"无字之书"的"行为"中。仪式教育为青年社会主义核心价值观教育提供了身临其境的参与感、触动内心的震撼感，这种生命历程体验与纪念空间营造的集体记忆相协同，能够化抽象为具象、化无形为有形。与此同时，仪式教育通过物质载体、象征符号、情感链接等构筑起多维度的意义体系，使滋养心灵、净化灵魂的精神文化"软环境"氛围更加浓厚，以此提升社会主义核心价值观教育的育人实效。由此可见，凝结集体记忆、传承精神文化的纪念空间和实践育人的仪式教育功能相结合，对青年学生的观念塑形和信仰维护、身份认同和角色适应、情绪体验和情感激发、道德教化和行为规约等方面都有很大的作用。

青年社会主义核心价值观教育应通过馆舍的静态化与仪式呈现的动态化的结合，景观的固态化与仪式音画的流动化的结合，空间的有限化与仪式视听的传达化的结合，唤醒青年学生的集体记忆，实现精神文化浸润实践育人平台[①]。一是可以通过红色纪念馆、革命博物馆、校史馆

[①] 艾兴、张玉：《从数字画像到数字孪生体：数智融合驱动下数字孪生学习者构建新探》，《远程教育杂志》2021年第1期。

等场馆建设，依托重大时间节点、重点节日庆典以及重要人生阶段的"仪式展演"，打造"记忆之场"以激活历史认知。例如，借助文物的选择及摆放、场馆的设计及布局、信息技术的选用及色彩空间的氛围营造等，唤醒与激发特定事件的时空记忆，深化仪式活动的主题与内容、意图与功能。二是在特定主题教育活动中，通过塑造空间景观，设计室内布局，包括纪念物品的摆放布局以及空间色调的冷暖调控，并结合声音与画面的多媒体辅助手段来营造氛围，以提升教育效果。如此精神文化的营造，力求社会主义核心价值观教育实践育人平台既能从审美上"入眼"又能从价值认同上"入心"，从而加深凝聚价值信仰，使社会主义核心价值观的精神内涵得以具象化呈现，进一步深化教育对象的沉浸式体验。三是"仪式展演"活动的视听氛围，为青年社会主义核心价值观教育赋予特定仪式强有力的意义符号，增强教育对象情感认知的同时深化精神意义的建构。例如，学校举办齐读校训、高唱校歌、对校训校歌进行理论诠释和时代解读等实践活动，在视觉与听觉的双重感染中，构建社会主义核心价值观独特意义的时空观，更有利于实现社会主义核心价值观的浸润传播。

3. 管理规范的"硬支撑"制度文化贯穿"四位一体"育人平台

制度是指通过规则调节建立起来的秩序，制度文化一般包含两个层面：一个层面是传统习俗、经验态度，以及知识积累构成的制度文化的内部层面；另一个层面是由理性设计和建构形成的制度文化的外部层面[①]。从宏观上讲，完善的规章制度是学校各项工作能够正常运转和教学活动有效开展的"硬支撑"。从微观上讲，运用制度文化规范青年行为习惯，影响其价值观和人生态度，制度文化也是青年社会主义核心价值观"四位一体"育人平台得以实施的"硬支撑"。

一是在制定规章制度和建构管理体系时，一定要融入"三全育人"理念，在课程、实践、网络育人中，制定符合时代新人成长规律和思想

---

① 徐园媛：《大学生社会主义核心价值观教育"四位一体"课程实施路径研究》，博士学位论文，西南大学，2017年，第84页。

实际的规章制度，征求广大青年的意见和建议，充分调动广大青年的积极性尤其重要。例如，"思政课程"与"课程思政"中对于有关社会主义核心价值观的教学内容选择以及教学方法运用的操作指南就需要在充分了解青年学生需求的基础上来安排制定。二是完善的制度执行需要通过流畅、透明、公正的实践过程来展开。例如，在社会主义核心价值观实践育人过程中，不仅要为青年提供一种合理有序、公平公正的教育环境，也要为青年的理性行为提供榜样示范，促使这种规章制度帮助青年形成正确的价值认同和持久的心理定式，在规范青年学生的行为举止、引领青年学生的价值观上发挥积极的促进作用。此外，制度文化还具有其独特的激励与约束力量，尤其在网络育人平台中，它能使进入这个能量场的人不由自主地激发出特有的潜能，且时刻被提醒必须遵守网络道德及法律规范[①]。总之，制度文化以其规范性、有序性和程序性，保障"四位一体"育人平台在良好的状态下运行，不仅规范行为，更能形成文化传统，养成良好习惯，这就是制度文化在青年社会主义核心价值观中的隐性作用。

4. 统筹三种文化形态，构建"以文化人"的文化育人生态共同体

"以文化人"中的"化"是关键，"化"即教育感化，具体体现为重视文化的教育功能，注重实现人的精神成长、思想提升，坚持潜移默化、润物无声。"化人"的实质是"育人"，"以文化人"归根结底就是教化、育人。统筹三种文化形态，就是发挥文化物质载体、精神标志以及制度规范的综合作用，协同整合三种文化形态的育人目标、过程及效果，将社会主义核心价值观内化为青年的精神追求，形成"以文化人"为目标的文化育人生态共同体。

物质文化形态的基础性与精神文化形态的主导性相结合，发挥青年社会主义核心价值观教育文化育人生态共同体的主要功能。在新时代背景下，面对青年学生成长成才的发展需求和期待，必须发挥文化核心的

---

① 唐志龙：《社会主义核心价值观铸魂育人的新时代视阈》，《中共宁波市委党校学报》2023年第3期。

引领作用,将社会主义核心价值观教育形式和教育内容融入青年学生的学习生活和日常实践中,通过润物细无声的方式,实现"入芝兰之室而自芳"日用而不觉的教育效果。社会主义核心价值观的文化核心,一方面需要物质文化形态的"硬设施"作为基础支持,例如增强学校特色、学科特色、专业特色的校园物质环境打造,借助蕴含在自然与人文相映衬的校园风光,校门、校史馆、图书馆、食堂等校园设施等极具显示度的校园文化载体来相互支撑。另一方面需要精神文化形态的"软环境"作为灵魂主导,例如蕴含在校训、校歌、校徽中的文化意蕴,在精神文化的浸润传播中,能提升学生的爱校感情,能转化为爱国情怀,促使学生增强价值观自信。物质文化形态与精神文化形态如同文化的一体两面,相互支撑、相互转换以及相互促进,最终促使"以文化人"文化育人平台的主要功能得以充分发挥[①]。

制度文化形态的规范性对物质文化形态与精神文化形态发挥了支撑作用,推动青年社会主义核心价值观教育文化育人共同体有序有效运行。物质文化形态与精神文化形态是青年社会主义核心价值观教育文化育人平台的主要构成,制度文化形态以其顶层设计、制度制定、责任细化、监督管理和评价考核等方式为青年社会主义核心价值观教育文化育人共同体有序有效运行发挥支撑性作用。一方面,可以通过学校规章制度、公约规范以及行为准则,将社会主义核心价值观制度文化形态与精神文化形态的内容载体落地落实落细,予以目标、责任、监督、考评的制度化规范。另一方面,将宏观层面社会主义核心价值观进入国家治理的制度化内容,落地细化到学校文化育人的队伍建设、教育管理、运行机制领域,在制度文化实施中促进青年行为习惯的养成。社会主义核心价值观教育的物质载体、精神理念以及制度规范,相互呼应、彼此融合、发挥合力,以不同形态呈现在文化体系中,构建了"以文化人"的文化育人生态共同体,发挥了文化的引导以及规范功能,提升了文化育人平台

---

① 黄振宣、韦文荣:《文化自觉视域下高校思想政治教育探索——基于习近平系列讲话精神》,《河池学院学报》2016年第1期。

的实效性水平。

第四节　营造"多层次一体化"协同教育环境是保障

青年社会主义核心价值观教育协同机制的运行环境按照性质划分，可以分为制度环境和组织环境。完善"宏观、中观、微观"多层次协同育人制度环境和营造"学校、家庭、社会"一体化协同育人组织环境是构建青年社会主义核心价值观协同机制的保障。

一　完善"宏观、中观、微观"多层次协同育人的制度环境

制度是指导、调节以及保障青年社会主义核心价值观协同育人实施开展的规范性要求。制度能调整育人系统及其构成要素之间的关系，是指导教育实践的一整套规则体系。制度环境营造的氛围在很大程度上会影响协同育人的实施效果。以系统学作为借鉴，"现代意义上的协同，是指在同一个系统内部，两个或两个以上的不同子系统在某种指令的规约或某些机制的协调下，完成共同目标的过程和能力"。青年社会主义核心价值观教育制度设计必须以马克思主义的普遍联系和发展变化观点为指导，通过青年社会主义核心价值观教育制度的制定和规范，使各个要素和系统之间相互联系、相互作用、共同发展，发挥制度统筹、引导和整合作用，从而形成社会主义核心价值观教育治理合力，达到"整体大于部分之和"的效果。制度环境按照层次标准，可以划分为宏观、中观以及微观三个层次。完善青年社会主义核心价值观教育协同机制构建的制度环境，不仅要从优化多层次政策并重的制度环境本身着手，让各领域制度在运行过程中能够前后衔接、左右联动、上下配套、系统集成，还需要在如何促使微观制度成为贯彻宏观和中观制度"最后一公里"的方面找着力点。

第五章 青年社会主义核心价值观教育协同机制的构建

（一）建构多层次制度是完善协同育人制度环境的前提

青年社会主义核心价值观教育协同机制构建的制度环境是按照宏观制度指导、中观制度规划、微观制度细化的多层次并重逻辑思路展开的。宏观层面的制度是指党和国家颁布的法规和政策性文件，这些法规和政策性文件围绕立德树人的根本任务，对青年社会主义核心价值观教育的协同推进进行统一部署，为各省教育厅开展社会主义核心价值观教育工作提供了根本导向和基本遵循。中观层面的制度是指各省教育厅依据国家的政策规定并结合本地区实际，为开展社会主义核心价值观教育工作制定的相关制度，以督促各类学校协同推进社会主义核心价值观教育工作。微观层面的制度是指各学校为落实国家和地方政策要求并结合自身情况而制定的各种实施细则。相比宏观和中观层面的制度而言，微观层面的制度更为具体生动，是各类学校开展社会主义核心价值观教育工作的重要直接依据①。从三个层面制度的逻辑关系来看，宏观层面的制度是青年社会主义核心价值观教育的顶层设计指导性制度；中观层面的制度是结合区域实际、领域特点，为本区域社会主义核心价值观教育强基础的规划主导性制度；微观层面的制度是落实宏观制度、中观制度的"最后一公里"，是青年社会主义核心价值观教育落地、落小、落实的细化可操作性制度。

完善青年社会主义核心价值观教育协同机制构建的制度环境必须要强调多层次制度并重。从中央到地方、从部委到学校，需要在相关政策制定、文件落实、问题聚焦、难题解决等方面同向推进，为学校开展社会主义核心价值观教育提供遵循规律、科学有效、治理有方的政策支持。围绕习近平关于社会主义核心价值观教育的重要论述，中共中央办公厅、国务院办公厅、中宣部、教育部、团中央等部委近几年已经陆续颁布了一系列将社会主义核心价值观贯穿于教育教学全过程的文件。2018年教育部发布《关于加快建设高水平本科教育全面提高人才培养能力的意

---

① 冯刚：《改革开放40年来高校思想政治教育发展的经验与展望》，《中国高等教育》2018年第2期。

见》，文件指出："把社会主义核心价值观教育融入教育教学全过程各环节，全面落实到质量标准、课堂教学、实践活动和文化育人中。"2019年中共中央、国务院印发《新时代公民道德建设实施纲要》，文件指出："社会主义核心价值观是当代中国精神的集中体现，是凝聚中国力量的思想道德基础。要持续深化社会主义核心价值观宣传教育，增进认知认同、树立鲜明导向、强化示范带动，引导人们把社会主义核心价值观作为明德修身、立德树人的根本遵循。"① 2020年教育部等八部门发布《关于加快构建高校思想政治工作体系的意见》，文件指出："以理想信念教育为核心，以培育和践行社会主义核心价值观为主线，以建立完善全员、全程、全方位育人体制机制为关键，全面提升高校思想政治工作质量。"② 国家治理现代化必然要求社会主义核心价值观教育制度环境建构的现代化，以上宏观制度环境建构意义体现在，为青年社会主义核心价值观教育协同机制构建的制度环境创设提供总设计、总统筹、总协同的方向保障。

各个省、自治区、直辖市也围绕习近平关于社会主义核心价值观教育的重要论述，颁布了一系列社会主义核心价值观贯穿于教育教学全过程的政策文件。例如，2019年上海市教育委员会印发《上海市初中学生综合素质评价实施办法》的通知，文件指出：初中学生综合素质评价内容主要有四个板块，其中，品德发展与公民素养主要反映学生践行社会主义核心价值观、弘扬中华优秀传统文化等方面的表现，包括爱党爱国、理想信念、社会责任、集体意识、诚实守信、仁爱友善、遵纪守法、安全素养、文明礼仪等。③ 又如，2021年北京市教育委员会印发《全面推进北京高等学校课程思政建设工作方案》的通知，文件指出：教育引导学生把国家、社会、公民的价值要求融为一体，提高个人的爱国、敬业、

---

① 《中共中央国务院印发新时代公民道德建设实施纲要》，《人民日报》2019年10月28日第1版。
② 《教育部等八部门关于加快构建高校思想政治工作体系的意见》，《中华人民共和国教育部公报》2020年第4期。
③ 王洋：《写实记录鼓励特色规范透明——〈上海市普通高中学生综合素质评价实施办法（试行）〉三大亮点解读》，《现代教学》2015年第4期。

诚信、友善修养，自觉把小我融入大我，不断追求国家的富强、民主、文明、和谐和社会的自由、平等、公正、法治，将社会主义核心价值观内化为精神追求、外化为自觉行动。再如，2021年海南省教育厅印发《海南省教育厅2021年工作要点》，文件指出：要大力推进"三全育人"综合改革，培育建设思想政治教育工作平台，提升思想政治工作队伍能力水平，构建一体化思政工作体系。区域差异、对象差异以及环境差异决定了各地区制度的差异以及对国家层面制度的相应调整，以上诸如此类的中观制度环境建构的意义在于，地方行政教育部门通过法规、政策、规定或指南等制度形式因地制宜、承上启下创设制度环境，为青年社会主义核心价值观教育协同机制构建的制度环境创设提供了规划性、指导性、统筹性的运行保障。

各级各类学校也积极行动起来，扎扎实实开展社会主义核心价值观教育工作。2019年重庆大学印发《"三全育人"综合改革建设方案》，文件指出：紧紧围绕立德树人根本任务和"双一流"建设目标，以社会主义核心价值观为引领，以全面提高人才培养能力为关键，一体化构建内容完善、标准健全、运行科学、保障有力、成效显著的思想政治工作体系，使思想政治工作体系贯通学科体系、教学体系、教材体系、管理体系，形成全员全过程全方位育人格局。2020年8月中南财经政法大学发布《聚焦"四立"教育，把好人才培养"四道关"》，文件指出：必须围绕立德树人根本任务，聚焦立德、立学、立志、立行"四立"教育，把好价值引领、励志成才、学业提升、实践锻炼"四道关"，将社会主义核心价值观融入和体现在学生的日常学习和实践中，努力培养担当民族复兴大任的时代新人。诸如以上学校相关制度是青年社会主义核心价值观教育制度环境创设"最后一公里"的代表性体现，微观制度环境建构的意义在于，落地静态属性制度与执行动态属性制度并行，从观念、主体、内容等要素着手，为青年社会主义核心价值观教育协同机制构建的制度环境创设提供针对性、可行性、操作性的执行保障。

宏观、中观、微观制度环境的完善，推动了社会各个领域和成千上万的家庭积极作为，为开展青年社会主义核心价值观教育创造了良好的制度环境外部条件，促进了整个国民教育系统青年社会主义核心价值观教育逐步走向深入。

（二）夯实微观制度是优化协同育人制度环境的落脚点

宏观层面的制度和中观层面的制度是开展社会主义核心价值观教育的指导性意见，微观层面的制度是开展社会主义核心价值观教育各项工作的具体保障。社会主义核心价值观教育多层次制度环境优化，必须确保各层次制度上下联动且运行有序，尤其要求微观层面的制度必须是能够确保青年社会主义核心价值观教育取得实效的可操作的具体制度。微观制度需要按照从点突破、由点成链、由链及面的创设逻辑，直接指导青年开展社会主义核心价值观教育，将阶段性的任务转化为常态性的工作，用具体化的刚性制度，将青年社会主义核心价值观教育的主要内容、方式方法等长效化、稳定化确立。

1. 党委统一领导及目标责任制度。此类制度，着力解决青年社会主义核心价值观教育协同的统一领导以及责任落实问题[①]。（1）党委统一领导制度，明晰党委领导社会主义核心价值观教育的机构设置和赋权内容，理顺各种领导和管理关系、机构设置关系、领导分工关系以及责任承担关系，明确全校、院系两级领导班子社会主义核心价值观教育领导机构、职能职责、分工安排。（2）全员主体目标责任制度，在系统梳理学校各个岗位、各个群体的育人元素基础上，以制度形式明确不同主体的育人职责，在督促主体责任落到实处的过程中强化青年社会主义核心价值观教育协同机制的运行。（3）岗位考核评估制度，旨在将社会主义核心价值观教育工作纳入学校各职能部门、各二级单位领导班子和领导干部目标管理考核体系内，把育人工作纳入教师年度考核、评先评优、职称晋升等评价体系内等，以此引导学校"大思政"格局的形成。

2. 课程育人共建制度。此类制度，着力解决青年社会主义核心价值观教育课程共在、共商、共建问题。（1）建立专业课程与思政课程教研

---

① 梁超锋：《新时代高校课程思政建设的主力军、主战场、主渠道》，《高校辅导员》2021年第4期。

室联动制度，如思政课教师与专业课教师定期交流互助制度、资讯平台共享制度、学术研究共享制度、集体备课制度等。（2）建立"思政课程"与"课程思政"协同育人议事协调制度，涉及青年社会主义核心价值观教育内容丰富、方法迭代、载体拓展以及研究趋势热点等问题，定期交换信息、商讨对策。（3）建立大中小集体备课制度，解决课程内容重复问题。

3. 学生思想状况滚动研判制度。此类制度，着力解决以教育对象主体为"中心"的教育定位问题，满足青年学生物质利益、社会关系以及全面发展的多维诉求。例如，完善学生群体与教学单位双月对话制度，学生需求诉求信息动态收集与反馈制度等。

4. 学生综合认定评价制度。此类制度，注重调动青年学生的积极性，激励其主动践行社会主义核心价值观的意识。例如，设计奖学金与思想道德考核的综合统筹制度，通过教育对象主体的平时表现、学习成绩、实践品格、同辈评价等方面，定性与定量相结合的制度安排，考量社会主义核心价值观教育效果。

5. 交叉领域互动沙龙制度。此类制度，着力解决青年社会主义核心价值观教育双主体之间的合作共享问题。例如，建立交叉学科学术沙龙制度、跨界交流论坛制度、课间茶歇制度等。

6. 教育队伍激励提升制度。此类制度，着力提升教师的综合素质。（1）素养技能培训制度，建立完善有重点、分层次、多样态、全覆盖的培训体系，不断提升教师的教学科研能力。（2）师德师风奖励制度，在各类教师表彰体系中，单列指标或明确一定的比例适当倾斜师德师风领域。（3）评优评先绿色通道制度，通过科学的利益分配制度，在综合测评、年度考核、职称晋升、评奖评先、绩效分配等工作中强化社会主义核心价值观育人权重，激发全员育人的更大成效。

7. 教育场域一体化交互对接制度。此类制度，着力解决青年社会主义核心价值观教育场域之间衔接问题。例如，建立志愿服务社区制度、家风建设学分制度、劳动教育家校共建制度、教师和家长的信息互助制度等。

8. 育人平台互联共享制度。此类制度，着力解决青年社会主义核心价值观教育课程、实践、网络、文化各个育人平台共振问题。例如，建立虚拟仿真资源共育制度、多元资讯融媒体传播制度、正能量一线素材线上宣传推广制度等，促进线上与线下育人平台实现接榫式共育；完善实践教育基地建设制度，加深青年学生体验性实践的深度与广度；建立完善校内外文化空间多样态展示制度，共建共享青年社会主义核心价值观教育精神文化社会氛围与空间环境；建立完善课程、实践、网络、文化"四位一体"育人平台互联交流制度，为各平台育人相互关联、切换、通达以及共享提供渠道与进路①。

二 营造"学校、家庭、社会"一体化协同育人的组织环境

教育不仅是学校的责任，也是家庭和社会的共同责任。全方位育人的理念决定了学校、家庭、社会共同构成社会主义核心价值观教育的组织环境。青年社会主义核心价值观教育协同格局的构建，打破了学校、家庭、社会边界壁垒，有效发挥了学校教育的主导作用，积极发挥了家庭教育的基础作用，充分发挥了社会教育的支持作用，使学校、家庭、社会相互配合、相互协同、有效衔接、共同发力，形成了教育合力共同体。

（一）家庭与社会是青年社会主义核心价值观教育的重要场域

家既是个体社会生活的肉体安放之所，又是心灵安顿之处。家庭是学生认识世界的原点，是学生塑造个人品德的始发地。家教是父母对子女的言传身教，"有什么样的家教，就有什么样的人"。家风是一个家庭祖祖辈辈在治家教子过程中形成的家庭作风。尊老爱幼、遵纪守法、兄友弟恭、耕读传家、家和万事兴等传统伦理智慧，能唤起中国人心灵深处的守望之情。构建"家国一体＋心灵守望＋德性自觉"的家庭伦理秩序对青年社会主义核心价值观形成具有奠基性作用。在新时代的背景下，家庭建设的重要性已被提升到了新的历史高度②。

---

① 韩丽颖：《高校理想信念教育常态化、制度化的核心意涵与实践理路》，《思想理论教育》2020年第12期。

② 翟晓磊、李海鹏：《论学校在"校—家—社"关系中的主导地位——空间、权力和知识视角下学校、家庭和社区关系研究》，《中国教育学刊》2020年第11期。

社会在青年社会主义核心价值观教育中更多表征为支撑的作用。习近平在全国教育大会上指出："全社会要担负起青少年成长成才的责任。"各行各业的规章制度、市民公约、乡规民约等行为规范，都是为了促使社会主义核心价值观成为人们日常生活的基本遵循，以形成良好的社会风气。实践基地作为社会场域人才培养的重要载体，蕴含着生动鲜活的社会主义核心价值观教育资源。各类爱国主义教育基地、青年志愿服务基地、劳动教育基地等，为青年社会主义核心价值观教育工作的开展提供了可视化极强的物理空间。

（二）形成合力共同体是"一体化"协同育人组织环境的目标

青年学生日常学习生活的场域，既有学校，也有家庭，还涉及社会大环境。青年社会主义核心价值观教育需要学校、家庭、社会同向发力，协同育人。但是学校、家庭、社会中的积极因素和消极因素都会通过多种途径以直接或间接的方式影响青年学生的价值取向，任何一个环节存在育人短板，都会影响到育人的整体效果。只有打破家庭教育、学校教育、社会教育之间的森严壁垒，让学校、家庭、社会三者之间教育形态互联、教育功能互补、教育力量互动，才能发挥合力育人的最大效应。一方面，要求学校、家庭、社会三方面需各自扮演好角色，承担好职责。也就是说，要发挥家庭的基础作用，通过良好家风家教的熏陶浸润，为青年社会主义核心价值观教育奠定基础；要发挥学校的核心作用，通过系统化的教育活动，为青年社会主义核心价值观教育定向引航；要发挥社会的支持作用，通过积极正面的氛围营造，为青年社会主义核心价值观教育保驾护航。另一方面，要求学校、家庭、社会应加强合作交流，成为育人合力共同体。也就是说，学校、家庭、社会之间应加强对话、沟通、交流、合作，建立新型的家校社关系，形成学校、家庭、社会三者在育人方向上的一致、育人行动上的协调、育人效果上的优化。

"学校教育、家庭教育、社会教育"合力共同体的形成应具有以下两个特点。一是联动教育情景空间更加依赖信息技术的发展。信息技术的发展为学校、家庭和社会之间的互动提供了便捷，学校、家庭和社会的合作不再受到空间和时间的限制。以互联网为媒介的家校、社校之间的沟通与联系越来越多，在任何时间、任何地点都可以进行，合作不仅仅局限于物理空间之内，渠道在不断扩大。各学校利用信息技术加强了与学生家长之间的沟通联系，使家长及时了解学校及学生的最新情况，有利于家长发挥家庭教育的情感性、亲和性优势以更好地配合学校教育工作。家长利用信息技术增进了对社会形势的了解，以便对子女进行教育引导①。二是在共同体中实现三者"真互动"。从互动内容来看，传统意义上的交流内容是"学习"和"成绩"而不是"教育"和"成长"。但在青年社会主义核心价值观教育中，学校、家庭和社会共同维持青年社会主义核心价值观教育协同机制的平衡、演进和自适应，互为青年社会主义核心价值观教育的延伸、强化和补充。如：学校与社会合作，共同解决好资助家庭经济困难学生、完善就业市场、建设社会实践基地、治理校园周边环境等实际问题；社会宣传、理论、新闻、文艺、出版等部门，坚持弘扬社会主义核心价值观的主旋律，努力为青年学生健康成长营造良好的舆论环境；社会各方力量按照中央的要求和总体部署，主动承担起各自相应的责任。

---

① 张文强：《新时代构建高校思想政治教育协同机制研究》，《国家教育行政学院学报》2019年第12期。

第六章 青年社会主义核心价值观教育协同机制的运行

构建青年社会主义核心价值观教育协同机制的目的是通过对青年社会主义核心价值观教育工作体系的理念、主体、过程、内容、方法、载体、环境、治理等要素进行优化改进，增强各构成要素的整体功能。青年社会主义核心价值观教育协同机制运行的目的是使青年学生真正接受社会主义核心价值观。青年学生是动态和有生命的个体存在，他们具有自组织性和凸显性，他们不像机器系统那样，永远不生长、不变化。在青年社会主义核心价值观教育协同机制的运行阶段，青年学生会根据自己的经验和需要，不断地选择吸收社会主义核心价值观教育的相关内容并动态形成自己的知识图谱。因此，开展青年社会主义核心价值观教育必须研究青年学生是如何接受社会主义核心价值观教育信息，即研究青年社会主义核心价值观教育接受活动。[1]

第一节 青年社会主义核心价值观教育接受活动解析

青年社会主义核心价值观教育接受活动是指在青年社会主义核心价

---

[1] 徐园媛：《大学生社会主义核心价值观教育"四位一体"课程实施路径研究》，博士学位论文，西南大学，2017年，第135页。

值观教育过程中，青年学生选择、吸收、整合社会主义核心价值观教育信息形成价值观的心理内化过程，同时养成符合社会主义核心价值观教育目标要求的行为外化过程。青年社会主义核心价值观教育接受实践活动常常以心理活动为承受载体。

一 接受过程的要素分析

接受过程包括内化和外化两个向度。内化是指个体将社会环境中吸收的知识转化到心理结构中的过程。青年社会主义核心价值观教育的内化是青年学生学习、领悟、思辨、抉择、践行、整合社会主义核心价值观等过程，将社会主义核心价值观的内容融入个人价值体系，并由浅入深、循序渐进地建构个体价值观。青年学生通过系统而交互的感性认识和理性认识过程，实现理解、知晓、认同的阶段性反复后，价值观由认知和情感层面，上升到理性自律阶段。在这一阶段中，个体自我价值观结构被不断重组、修正、调节并完善，从而更加接近社会主义核心价值观的目标要求。外化是指青年学生用社会主义核心价值观指导行为实践。由此，接受过程的要素包含五个方面，分别是理性感知、情感共鸣、思想转化、心理适应以及沉淀固化。其实，这五大要素也可看作五个环节，其中每一个环节都不断发挥着作用，构成了闭环式的接受过程①。

（一）接受的酝酿——理性感知

人对事物的认识实践是从知觉和感觉开始的。艾宾浩斯的记忆理论表明，新概念以多样态出现时，学习者更易将知识理解从认知过程转化为感知过程。理性感知具有实践性，理性感知背后都有相应的认识论支撑。面对海量的数据组成的"语言＋视觉＋听觉"大模型，要让青年学生关注社会主义核心价值观，就必须探究认知偶然性、预期注意绩效对社会主义核心价值观的影响。引起青年学生注意的驱动力是青年学生的自我需要以及兴趣。注意有两个基本特征：一是指向性，心理活动有选

---

① 徐园媛：《大学生社会主义核心价值观教育"四位一体"课程实施路径研究》，博士学位论文，西南大学，2017年，第136页。

择地关注特定对象,指向性表现为对刺激信息的选择;二是集中性,心理活动关注选择对象的强度或持久度,集中性表现为对干扰刺激的抑制。需要表征为人体组织系统中缺乏、不平衡的状态。需要是兴趣的基础,只有当某件事情或活动满足了人的需要,人才会将更多的注意力集中在这件事情或活动上,才会表现出自己的兴趣。在青年社会主义核心价值观教育协同机制运行过程中,青年学生对社会主义核心价值观教育信息进行选择,必定以注意的生理唤起为先决条件:将注意力放在教育信息刺激上,沉浸在交互活动中并激发心流体验,然后进行简单的信息融合关联。所有的接受行为都建立在这种注意的基础之上,社会主义核心价值观教育接受行为也建立在注意的基础之上[①]。

因此,我们应通过链接青年学生的自我需要和兴趣来激发青年学生作为信息受动者的注意功能。以大学生为例,笔者在构建社会主义核心价值观教育协同机制时,首先是通过课程育人平台对大学生进行系统的关于社会主义核心价值观的知识传授:将社会主义核心价值观的知识模块、知识单元、知识要点巧妙地融入了思政课、通识课、专业课,构建了社会主义核心价值观的知识图谱。在课内教学中,充分考虑了课程内容与大学生需要和兴趣的契合点,针对国家、社会、个人三个不同层面的社会主义核心价值观内容选取不同的侧重点,通过"三层主模块""十二级微模块"引导大学生将自身的兴趣、爱好、需要与社会主义核心价值观相结合,找到自身认同和内化的契机。在网络育人平台,大学生可以在来自"学习场景、生活场景、工作场景"的云共享数据库里根据自己的兴趣有选择性地学习社会主义核心价值观相关内容。在实践育人平台,通过组织"参观革命纪念馆、重走长征路、举行国庆升旗仪式、开展毕业生廉洁教育宣誓"等大学生感兴趣的实践活动,让大学生从亲身经历的体验式活动中感知社会主义核心价值观。在文化育人平台,通过把社会主义核心价值观内涵融入"建筑、雕塑、景观设计"等大学

---

① 徐园媛:《大学生社会主义核心价值观教育"四位一体"课程实施路径研究》,博士学位论文,西南大学,2017年,第137页。

生感兴趣的视觉导视系统,加深大学生对社会主义核心价值观的理性感知。课程育人平台、网络育人平台、实践育人平台、文化育人平台形成合力,最终促使理性感知效果更明显。

(二)接受的萌芽——情感共鸣

情感体验与感知过程紧密相连。"情感事件—情感体验—情感反应—个体行为"勾勒了特定场景下客观事物能否满足主体需要的一种"心理与行为相互映射"的逻辑关系链条。人是理性与感性和谐共生的个体存在,是知、情、意、行的综合统一体。人的主体行为受其认知水平和情感体验的双重影响。马克思认为,人是有激情的存在物,这就从本体论上肯定了情感的价值和意义。激情是主体行动的动力,同时激情也是针对特定对象的互动反馈,是主客体关系中受动和能动的辩证统一。情感虽然是一种非智力因素范围,但它对认知、意志、行为具有"唤醒效益"。人的情感不仅仅是其经历的事件累积的结果,也是对这些事件有选择地编码的结果[1]。主体接收到信息后,对其进行选择与加工,情绪情感直接影响信息加工和整合过程。符合主体需要的信息容易引起行为者的积极情感,积极情感反过来会引导主体更加愿意去接受、获得同一类信息,这种积极的情感还会增加相关思维活动延续性,使人的思维热度保持在"镂刻不停,水滴穿石"的状态。相反,不符合主体需要的信息容易引起主体的消极情感,消极情感的形成也会反过来引导行为者极力避开同一类信息,容易阻滞主体的思维认识,甚至会造成浅尝辄止、半途而废的情形[2]。

因此,我们应充分运用"共情智慧"调动和激发青年学生的积极情感。以大学生为例,笔者在构建社会主义核心价值观教育协同机制时,充分考虑了环境对于情感的影响作用,大学的物质文化、制度文化、精神文化都渗透着社会主义核心价值观,这便是良好的"共情"环境。从

---

[1] 徐园媛:《大学生社会主义核心价值观教育"四位一体"课程实施路径研究》,博士学位论文,西南大学,2017年,第138页。

[2] 徐园媛:《大学生社会主义核心价值观教育"四位一体"课程实施路径研究》,博士学位论文,西南大学,2017年,第139页。

物质文化层面分析,应将社会主义核心价值观的语境具象化呈现在学校的标识标牌与导视系统中,如校园雕塑、校园建筑、校园基础设施、校园公共空间建设等,使社会主义核心价值观的语境和校园物质文化环境一脉相承;从制度文化层面分析,应将社会主义核心价值观的要义通过学校的规章制度可视化呈现在各项校纪校规中,使社会主义核心价值观的要义和校园制度文化环境一脉相承;从精神文化层面分析,应将社会主义核心价值观的内涵辐射化渗透在校训、校歌等特定的精神符号上,使社会主义核心价值观的内涵和校园精神文化环境一脉相承。三种文化影响互补融合、相得益彰,推动了青年社会主义核心价值观教育情感浸润的有效进行;三种文化影响综合发力、协同而为,形成了青年社会主义核心价值观教育情感生成的生态共同体。

(三)接受的拐点——思想转化和心理调适

意志,是行为主体在实现理想、履行道德义务过程中,克服困难和排除障碍的毅力。坚强的意志是促进思想转化的动力,是认知向行为转化的核心杠杆。青年学生对社会主义核心价值观的思想转化是青年学生在情感认同基础上,面对多元价值取向,经过复杂思想斗争,进一步理性选择并深化践行社会主义核心价值观的过程[①]。青年学生行为习惯的培养离不开教育主体的管理和约束,但是仅仅依靠外在控制而形成的行为习惯是不可持续的,只有在自身意志力持续驱动下形成的符合社会主义核心价值观要求的行为习惯才具有恒久性。

意志与思想转化是紧密关联的,意志对行动的调节主要体现在对行为的发动和制止两个方面,其中的关键点就是思想转化。如果思想转化到位,就会产生顺向推动行为;如果思想转化不到位,就会产生与个体的目的和愿望相悖的行为。意志与认知、情绪与情感是同一心理过程的不同维度体现。意志是人固有的心理因素,对于某一特定对象的意志却不是固有的,人只有对某个事物建立起必要的认知,对其价值建立起必

---

① 徐园媛:《大学生社会主义核心价值观教育"四位一体"课程实施路径研究》,博士学位论文,西南大学,2017年,第139页。

要的了解和判断,才会产生相应的情感,进而产生相应的意志。

思想转化的过程,伴随着心理调适的过程。青年学生通过不断心理调适,逐渐完成思想转化。心理调适是指青年学生在化解内心矛盾过程中逐渐理解和接受社会主义核心价值观,不断突破自身经验边际,不断排解内心迷茫,在心理层面增强对社会主义核心价值观的认同。意志在这里发挥了重要作用,具体体现为:青年学生对社会主义核心价值观教育信息确信的"意志"既可能建立在理性认识的基础上,即在分析与比较教育信息后认可其真理性及其效果,也可能建立在受到环境"意志"的影响,通过行为主体对环境的"意志"而实现的情感转移。心理调适可以对"意志"的认知层面和情感层面做出适当的修正、调整、完善、弥合。一旦社会主义核心价值观规范与个人动机发生强烈冲突,这种冲突的解决依赖于青年学生动机斗争的意志力。青年学生的意志力可以依据社会主义核心价值观规范的要求对自己的冲动、欲望等行为倾向进行抑制。但抑制能否成功,取决于青年学生意志力的强弱和大小[①]。

因此,我们应通过开展多个"育德与育心双轨合一"的特色活动,引导青年学生树立坚强意志,不断完成心理调适。以大学生为例,笔者在构建社会主义核心价值观教育协同机制时,在课程育人平台、网络育人平台、实践育人平台、文化育人平台都设置了"育德与育心双轨合一"的特色活动以增强大学生的意志。例如:在课程育人平台,笔者在"思想道德与法治"课程中设置了"心相约·德相通""心探索·德溯源""心飞翔·德成长"等微课;在网络育人平台,笔者设置了《心灵之约》专栏,构筑了"一人求助,多人帮助,助人自助,互助成长"的网络心理援助体系,形成了"学校、学生、家庭、社会、大学生心理互助联盟、心理援助体系"六位一体的大学生心理互助多维体系;在实践育人平台,笔者设置了团体心理辅导,运用心理学的原理疏通大学生接

---

① 徐园媛:《大学生社会主义核心价值观教育"四位一体"课程实施路径研究》,博士学位论文,西南大学,2017年,第140页。

受社会主义核心价值观的心理渠道……在教育活动的实施过程中，大学生的思想一直处于一种动态调整状态，大学生也不断地在进行主体自我建构。当大学生在践行社会主义核心价值观的过程中遇到困难时，其会依靠坚强意志力去努力克服困难。一是意志发动，教育主体通过课程育人平台的主阵地，引领大学生思想政治方向，注入增强社会主义核心价值观动能的动力意志。二是意志调控，教育主体通过实践育人平台、网络育人平台的互动协同，化解矛盾、释放身心，在虚实结合的一体化教育中解决实际问题，注入增强社会主义核心价值观融入的调节意志。三是意志克制，大学生的思想与行为难免出现"亚健康"状态的暂时偏差，需要通过调动自身克制意志的内生动力，注入增强社会主义核心价值观渗透的纠偏意志。这种循环教育的作用是排除外部干扰，控制不良情绪，增强大学生的意志，促使大学生不断完成思想转化。

（四）接受的终点——沉淀固化

沉淀固化环节是指青年学生通过"灌输—自学—实践"往复循环对社会主义核心价值观进一步深化沉淀，并在理论与实践的不断循环中逐渐固化[①]。这一阶段是青年学生按照社会主义核心价值观的要求，指引自己的行动，进而最终形成社会主义核心价值观所规定的习惯性行为的过程。同时，这一过程也是青年学生进行自我调节和自我教育的动态过程。从初始依靠外部教育要求及规制措施，到产生自己的认知与理解，逐步自我要求、自我监督、自我检查，由此青年学生不断处于自我调整状态。社会主义核心价值观在青年学生个体中逐渐沉淀固化，这即是之前各个环节相互作用的合力效应和落脚点。

以大学生为例，在社会主义核心价值观教育协同机制运行过程中，通过课程育人平台，使大学生了解了社会主义核心价值观的内涵，产生主动践行的愿望；通过网络育人平台，培养大学生的自我学习、自我教育能力，促使学生能够更加自愿参与教育活动；通过文化育人平台，创

---

① 徐园媛：《大学生社会主义核心价值观教育"四位一体"课程实施路径研究》，博士学位论文，西南大学，2017年，第141页。

建践行社会主义核心价值观的情境,增强情感认同;通过实践育人平台,提供道德行为实践的场域,并及时给予强化与反馈。以上平台的运行就是"灌输—自学—实践"往复循环对社会主义核心价值观进一步深化沉淀和逐渐固化的过程。

综上所述,在一个接受过程中,信息的传达和提取、智力的分析和选择,具有至关重要的作用,然而个体的心理过程、个性心理和心理状态同样显著影响着接受活动。当接受过程中的信息不具有绝对吸引张力时,智力因素不能被完全激发出来,信息传达就不能被很好地提取,此时非智力因素变成了关键因素。由此可见,社会主义核心价值观教育接受过程是一个动态的、复杂的过程,多因素、多变量、多层面、多维度是其最大的特点[①]。教育主体将接受主体的心理状态视为重要因素必然会对教育活动产生积极影响。

二 新时代青年学生接受心理的新特点

新时代青年学生物质条件、学习条件以及生活环境较之以往有了较大提升,接受心理也呈现出新的特点。

(一) 青年学生接受心理的差异性

不同的青年学生具有不同的心理特质,青年学生心理特点呈现明显的"差序化"特征。心理差异是青年个体的个性、特长、天赋、潜质等内力因素和家庭、学校、社会等外力因素在青年个体心理上的折射。尊重学生的心理差异并实施因材施教是撬动学生"心灵之锁"的"阿基米德支点"。因此,我们要改变传统的"定向加工"和"流水线作业"式的教育方式,组织有弹性的教育活动,帮助学生充分展现自己的优势与个性。

(二) 青年学生接受心理的可塑性

青年学生群体大多处于青春期末期与成年早期阶段,心理发育尚待

---

① 徐园媛:《大学生社会主义核心价值观教育"四位一体"课程实施路径研究》,博士学位论文,西南大学,2017年,第141页。

成熟，认知与实践能力强、思维活跃、情感丰富，能够自觉、有目的地对感兴趣的内容进行积极探索，心理可塑性强。在社会主义核心价值观教育过程中，教育主体需要更加关注其接受心理的可塑性，运用多种教育形式不断固化其思想，引导青年学生不断补充、完善、丰富自己的认知，深化实践过程①。

（三）青年学生接受心理的复杂性

内卷化环境样态与矛盾化社会心态横向链接、内在不确定性和外在不确定性纵向分布，在纵横交错的社会关系网络中，青年学生的思想和心理都产生了一系列变化，呈现出复杂性的特征。这个复杂性特征根植于青年学生自身对社会的观察和体验，这在社会转型时期表现得更加明显。青年学生存在的许多问题如"经典的自我中心取向""权利与义务的失衡""剽窃抄袭""拼爹拼妈"等，其实都来源于理想信念缺失和价值认同错位。因此，在社会主义核心价值观教育过程中，教育主体需要着重考虑纵横交错的社会关系网络对于青年学生接受心理的复杂影响，引导青年学生坚定理想信念、形成正确的价值认同。

（四）青年学生接受心理的反复性

青年学生的成长成才过程是心智的历练过程。影响青年学生心理状况的主客观因素并存、内外部情况交织。因此，接受心理的制约因素也是多模态的。青年学生接受心理的形成过程，必须经历知情意行协同发展的过程，这个过程并非直线性的。青年社会主义核心价值观教育过程中，教育主体需要注意青年学生接受心理的反复性：一方面是认知与再认知的反复性，教育主体应利用柔性管理弥补刚性管理人性化不足的缺点，引导青年学生反复深入认知体悟社会主义核心价值观的内涵；另一方面是认同与再认同的反复性，教育主体应利用刚性管理弥补柔性管理约束行为力乏力的不足，引导青年学生面对错误社会思潮必须准确做出符合社会主义核心价值观的价值选择。

---

① 徐园媛：《大学生社会主义核心价值观教育"四位一体"课程实施路径研究》，博士学位论文，西南大学，2017年，第142页。

第二节 青年社会主义核心价值观教育协同机制运行的因素分析

青年社会主义核心价值观教育协同机制运行过程和青年社会主义核心价值观教育接受活动是同时进行的，其中包括：三个系统元素，即接受主体（受教育者）、接受中介（教育活动）和接受客体（社会主义核心价值观）[1]；三个系统着力点，即认知结构、心理表征和信念系统；五个系统循环，即方案实施、信息反馈、方案调整、方案再运行、效果评价。由此形成从知识到理性、从理性到需要、从需要到信念的主体因素辐射网，助推教育由物理过程向心理过程转化。

一 三个系统元素

（一）接受主体

青年社会主义核心价值观教育的接受主体是青年学生。接受主体是相对接受客体来说的，接受主体和接受客体的互动关系贯穿于整个接受过程，是接受过程的一体两面。接受主体具有主观能动性，接受主体的能动活动支撑起整个接受活动。接受主体承载接受客体并凸显其意义的过程就是整个实践活动，脱离实践活动的框架去谈论接受过程是空中楼阁。接受主体的主观能动性和接受主体的实践活动，这二者的路径虽各有侧重，但本质上都是指向青年社会主义核心价值观教育协同机制的完善，因而必须将两者融为一体、同向发力，确保在相得益彰中筑牢青年社会主义核心价值观教育之根基。

（二）接受客体

青年社会主义核心价值观教育的接受客体是社会主义核心价值观。

---

[1] 徐园媛：《大学生社会主义核心价值观教育"四位一体"课程实施路径研究》，博士学位论文，西南大学，2017年，第142页。

社会主义核心价值观教育的内容要素名目繁多，包括共同富裕教育、全过程人民民主教育、人类文明新形态教育、人类命运共同体教育、爱国主义教育、法治教育等。这些内容要素绝不是一成不变的，而是时代的产物，会随着时代的变化而不断丰富拓展。接受主体通常具有自身独特的接受图式，一个接受主体和另一个接受主体在面对同一接受客体发出的相同信息时，会根据自身接受图式做出不同的解读。也就是说，接受主体会在不同场景、不同意义上有选择性地接受同一个信息。

（三）接受中介

青年社会主义核心价值观教育的接受中介涉及四个协同育人平台，即课程育人平台、网络育人平台、实践育人平台、文化育人平台。四者相互影响、相互渗透、相互作用，形成合力。课程育人平台是社会主义核心价值观教育的主载体、主渠道。利用多种教学方式，将社会主义核心价值观融入学校思想政治理论课、通识课和各专业课中，通过课程实施，触动青年学生的感知，激发青年学生的意识[①]。文化育人平台为青年社会主义核心价值观教育提供了良好的学习氛围。网络育人平台、实践育人平台则通过系列主题鲜明、精彩纷呈、寓教于乐的活动，转变青年学生的观念、改变青年学生的行为。全员、全过程、全方位育人理念是接受中介"四位一体"平台构建的方向指引；教育双主体中的教育对象主体"中心化"是接受中介"双主体化"动态协同的路径指引，教育环境"多层次一体化"是接受中介制度与组织双重支撑的保障指引。

二 三个系统着力点

（一）认知结构

认知结构是人用以感知、加工外界信息以及进行推理活动的参照框架，从教育对象主体来讲，就是其头脑中的知识结构。个人的认知结构是在学习过程中通过同化作用，在心理上不断扩大并改进所积累的知识

---

① 徐园媛：《大学生社会主义核心价值观教育"四位一体"课程实施路径研究》，博士学位论文，西南大学，2017年，第142页。

而组成的，学习者的认知结构一旦建立，就又成为他学习新知识的极其重要的影响因素。在青年社会主义核心价值观教育协同机制的运行过程中，注意过程决定着青年学生在大量的信息中选择社会主义核心价值观教育内容信息，外在刺激的强弱度与内在需要的契合度，促使合理的外部刺激与内在需要的有效结合形成认知①。与此同时，需要通过各种途径和方式不断地刺激青年学生，使其在相当长的一段时间内持续保持对教育内容的注意，减少干扰，提高教育内容保持的程度，稳定固化认知。此外，认知结构的形成过程还包括对信息的解读、信息的筛选和信息的整合。只有对教育内容（社会主义核心价值观）接受，才可能进一步内化为自身的价值观，这也是教育对象主体认知结构形成与固化的过程。

（二）心理表征

心理表征是认知心理学的核心概念之一，指信息或知识在心理活动中的表现和记载方式。表征是外部事物在心理活动中的内部再现，因此，它一方面反映客观事物，代表客观事物；另一方面又是心理活动进一步加工的对象。青年社会主义核心价值观教育协同机制的运行过程中，心理表征通过接受主体的心理内化、改变认知或者转变态度等环节呈现。心理内化，即青年学生根据社会主义核心价值观信息本身的特点和联系，在头脑中进行一系列的认知活动，并建立新的认知结构，促使社会主义核心价值观从外在的价值理论向内在的价值观念转化，形成丰富的心理过程；改变认知，即青年学生把社会主义核心价值观内化为自身认知结构的一部分以后，就会逐步改变以往的认知结构，开始按照新的认知来理解和对待周围的人和事物；转变态度，即当青年学生将社会主义核心价值观内化为自身的价值取向时，他们对待周围的人、事、物会产生暂时性的认知失调，通过寻求新的平衡，产生符合社会主义核心价值观要求的心理倾向②。

---

① 徐园媛：《大学生社会主义核心价值观教育"四位一体"课程实施路径研究》，博士学位论文，西南大学，2017年，第143页。

② 徐园媛：《大学生社会主义核心价值观教育"四位一体"课程实施路径研究》，博士学位论文，西南大学，2017年，第143页。

（三）信念系统

信念系统，包括信念、价值和规条等内容，是每一个人都具有的思想动力系统，一个人凭这套系统去看待与处理人生及社会关系，这套系统也决定了个体成功与快乐、情绪与感觉和人生与成就。通过青年社会主义核心价值观教育协同机制的运行，青年学生的政治信仰会更加坚定、家国情怀会更加浓厚、奉献意识会更加强烈等，这都是信念系统作用的表现。社会主义核心价值观实践育人在通过信念影响行为的过程中效果尤为突出，情感宣泄、体验感悟以及生活化表达的育人功能在社会实践过程中逐步影响青年从思想到行为的变化。当青年学生的观点与社会主义核心价值观的要求发生矛盾时，信念系统就会产生一种动力倾向性推动其进行自我调整，因此会呈现出与以往不同的价值取向，从而顺应社会主义核心价值观的引导。

三　五个系统循环

（一）方案实施

方案实施是青年社会主义核心价值观教育的层层落地过程。方案犹如路线图、时间表，包括总体实施方案，也涉及具体操作流程，起到总体设计指导的作用，也具有具体实施把控的功能。青年社会主义核心价值观教育协同机制的每一个活动都要从目标要求、工作内容、方式方法及工作步骤等方面制订详细、具体而又明确的计划。然后，在一定的活动目标指引下，按照特定的时间、地点、人员、规范，组织开展一系列有计划性的活动。也就是说，青年社会主义核心价值观教育应在政策法规顶层设计之下，对微观层面的运行目标、实施内容以及方式途径进行全面而具体的统筹安排与计划制订。

（二）信息反馈

信息反馈就是指由控制系统将信息传输出去，又将其产生的效果和影响反馈回来，并对信息的再输出进行调整与控制，以达到预期的目的。心理活动会随着信息的输入而不断变化，采集师生的个人特质等基础数据，对方案实施出现的心理现象作动态分析，是很有必要的。青年社会主义核心价值观教育协同机制运行中的信息反馈是指青年学生对社会主义核心价值观教育提出意见和建议。信息反馈要做到正确、有力、灵敏。信息反馈的正确、有力、灵敏的程度是协同机制运行是否具有生命力的标志，即发挥高效地分析、有效地转化、灵敏地感知的信息反馈功能①。

（三）方案调整

方案调整是指根据青年社会主义核心价值观教育协同机制运行的具体方案信息反馈的情况，对理念、主体、过程、内容、方法、载体、环境、治理等要素的科学性进行研判，对初始方案进行优化。教育对象主体接受心理的差异性、可塑性、复杂性、反复性等特点，教育主体认识局限性、认知发展性等属性，教育内容体系丰富性、层次性等表征，是方案调整的现实依据。方案调整的意义在于，对青年社会主义核心价值观教育协同机制运行进行实时动态把控，因时而化、顺势而为。方案调整主要涉及协同机制运行的准备方案调整、实施方案调整、评价方案调整等方面。

（四）方案再运行

方案的生命力在于运行，只有在不断地运行中才能更好地发现问题并及时调整，推动方案迭代升级。方案再运行是按照方案调整的总体要求与具体内容，继续推动青年社会主义核心价值观教育协同机制的运行。方案再运行的过程应对具体程序环节、参与主体、实施效果、具体形式进行重点监测。方案再运行的功能在于，对青年社会主义核心价值观教育的认知过程、实施过程、反馈过程以及参与运行要素进行指导。

（五）效果评价

效果评价主要是分析教育目标的实现程度。效果评价必须从"鉴定"走向"引领"，从"检测"走向"赋能"。青年社会主义核心价值观教育协同机制效果评价应采用因素分解的逻辑推演法，围绕"评价目标—评价过程—评价方法—评价结果"的监测向度，科学制定评价效果

---

① 徐园媛：《大学生社会主义核心价值观教育"四位一体"课程实施路径研究》，博士学位论文，西南大学，2017年，第145页。

第六章　青年社会主义核心价值观教育协同机制的运行

的监测指标。科学的监测评价指标不仅能对青年社会主义核心价值观教育起到激励和鞭策作用，还能促进青年学生思想道德的健康发展。

四　运行过程分析

青年社会主义核心价值观教育协同机制的运行是以青年学生为接受主体、以社会主义核心价值观为接受客体的教育接受活动。其运行过程，反映的是接受主体（青年学生）在人人参与、时时关照、处处融入的"三全育人"教育理念的指导下，在"以学生为中心"师生共同体的价值取向的指引下，在多层次教育制度环境和一体化组织环境保障的浸润下，通过接受中介（"四位一体"育人平台）对社会主义核心价值观具体信息进行认知实践的过程。从构成上看，青年学生，社会主义核心价值观，课程、网络、实践以及文化"四位一体"育人平台，教育主体以及教育对象主体，教育制度环境、组织环境等都是基本元素，这些元素按照一定的运行方式形成了稳定的接受结构。在运行过程中，这一接受结构通过各元素之间的相互作用，形成了层次鲜明、多维互动、持续运转的循环系统（如图6-1所示）。

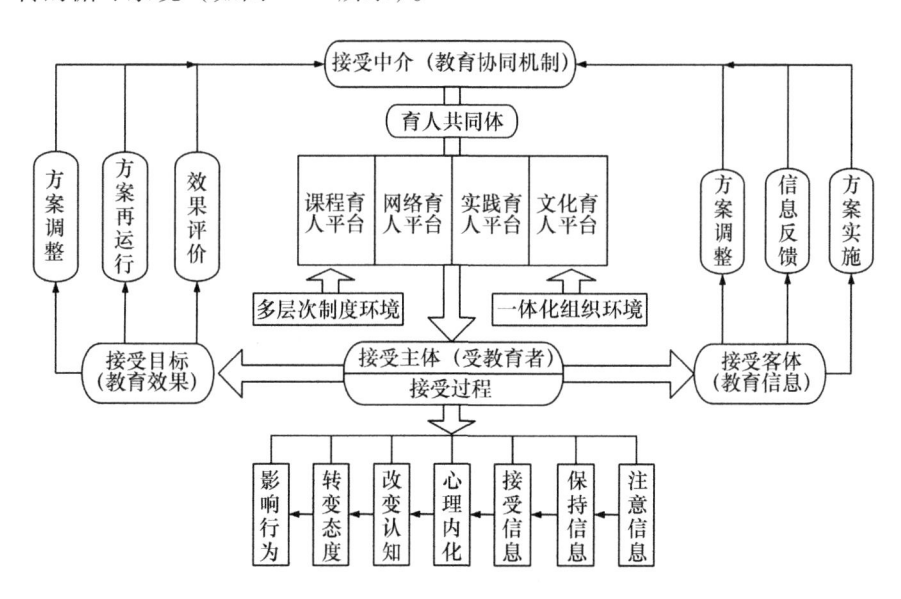

图6-1　新时代青年社会主义核心价值观教育协同机制运行图

机制运行的第一个层面是：课程育人平台、网络育人平台、实践育人平台、文化育人平台，通过相互渗透、形成合力，在立体化组织架构与体系化制度规则的刚柔并济推动中，构成了知识的价值传递过程，形成了教育信息的"认识—实践—再认识—再实践"的循环过程[①]。机制运行的第二个层面是：接受客体—接受中介—接受主体之间通过方案实施、信息反馈、方案调整、方案再运行、效果评价五个环节的有序循环，有效促进了接受主体、接受客体、接受中介的相互联系、相互作用、相互影响，实现了教育由物理过程向心理过程的转变。机制运行的第三个层面是：接受主体通过注意信息、保持信息、接受信息、心理内化、改变认知、转变态度、影响行为这样一个循序渐进的心理接受过程，表现出相应的外化行为[②]。

第三节 青年社会主义核心价值观教育协同机制运行的实验验证

实验是检验假设是否成立的关键性活动。本书将实验手段运用到青年社会主义核心价值观教育协同机制运行过程中，将"三全育人"教育理念、师生共同体价值取向、多层次一体化教育环境浸润在运行过程中全面实施，将课程育人平台、网络育人平台、实践育人平台、文化育人平台的教育活动转变成实验干预条件，研究这些教育活动对青年学生的影响。为了更好地分析实验效果，本书设置了实验班和对照班。为了和现行的课程计划不发生冲突，本书的实验班和对照班的学生分组全部按照现行教学自然班进行设置，方便让青年学生以集体的形式接受青年社会主义核心价值观教育协同机制的教育影响。

[①] 徐园媛：《大学生社会主义核心价值观教育"四位一体"课程实施路径研究》，博士学位论文，西南大学，2017年，第147页。

[②] 徐园媛、廖桂芳：《论大学生核心价值观教育心理接受机制的构建》，《学校党建与思想教育》2012年第2期。

一 实验目的

理论研究表明,运行青年社会主义核心价值观教育协同机制,可以实现"社会主义核心价值观的价值渗透"。因此,本实验研究的目的在于验证青年社会主义核心价值观教育协同机制的效能。具体而言,利用实验数据,检验学生深刻把握社会主义核心价值观科学内涵的水平是否显著提高,了解学生对社会主义核心价值观教育途径是否认可。

二 被试选取

本书在重庆交通大学选取了机电学院电气工程 2101 班、电气工程 2102 班,建筑与城市规划学院建筑学 2101 班、建筑学 2102 班,交通运输学院智慧交通 2101 班、智慧交通 2102 班,经管学院知识产权 2101 班、知识产权 2102 班,外国语学院翻译 2101 班、翻译 2102 班 10 个班级作为实验组,实验组有效被试一共 368 名学生,其中男生 206 人、女生 162 人。选取了机电学院机械设计制造 2101 班、机械设计制造 2102 班,建筑与城市规划学院风景园林 2101 班、风景园林 2102 班,交通运输学院交通工程 2101 班、交通工程 2102 班,经管学院工程管理 2101 班、工程管理 2102 班,外国语学院英语 2101 班、英语 2102 班 10 个班级作为对照组,对照组有效被试一共 352 名学生,其中男生 173 人、女生 179 人。总计有效被试 720 人。

三 实验方法

(一) 实验模式

本实验采用有对照组的单因素事前事后实验设计方式进行。

1. 自变量:实验组自变量是"青年社会主义核心价值观教育协同机制",即按照青年社会主义核心价值观教育协同机制的要求开展教育活动;对照组自变量是"传统的社会主义核心价值观教育活动",即按部就班开展正常的教育工作。

2. 因变量:实验组和对照组均为"对社会主义核心价值观内容的认

同度""对社会主义核心价值观教育活动的认同度"。

3. 实验过程：实验组接受青年社会主义核心价值观教育协同机制的教育影响，对照组不接受其教育影响，两组被试其他条件保持相同。两组均进行实验前后测试，以考察其差异显著性，进而判断实验因素的作用。

4. 实验期限：1 学年。

（二）测评方法

本实验设计了 2 个认同度调查问卷——"关于社会主义核心价值观内容的认同度调查问卷"和"对社会主义核心价值观教育现状的认同度调查问卷"，来测评青年社会主义核心价值观教育协同机制对青年学生的影响。关于社会主义核心价值观内容的认同度调查问卷是新编制的问卷，即《青年学生对社会主义核心价值观内容的认同度调查问卷》；对社会主义核心价值观教育现状的认同度调查问卷，采用本书第三章青年社会主义核心价值观教育实然考察中的问卷，即《青年学生社会主义核心价值观教育现状调查问卷》。

实验结果测评采用两种差异性检验，即实验组与对照组的差异性检验、实验前后的差异性检验。具体做法是运用 SPSS 26.0 进行卡方检验，包括实验组和对照组同测数据比较、实验组及对照组前后测数据比较，以判断实验自变量对实验组的学生关于社会主义核心价值观内容的认同度、对社会主义核心价值观教育现状的认同度是否有显著影响。

四　实验实施

（一）前测

在 2021 级新生入学时，即进行《青年学生对社会主义核心价值观内容的认同度调查问卷》《青年学生社会主义核心价值观教育现状调查问卷》调查，获得了实验组、对照组的前测数据。

（二）实施

整个实验为期 1 学年。新生入校后，在实验组运行青年社会主义核心价值观教育协同机制，覆盖所有实验组学生；对照组学生则按照常规教育教学秩序正常开展社会主义核心价值观教育。实施过程观测点主要分布在课程、网络、实践、文化四个平台的全要素、全周期、全过程以及"四位一体"育人平台的整体协同阶段。与此同时，在"三全育人"教育理念、师生共同体价值取向、多层次一体化教育环境浸润方面也设定了观测点。

课程育人平台，主要是发挥青年社会主义核心价值观教育协同机制中思政课程、课程思政等课程元素的协同效应。一是思政课立足理论阐释性构建。思想政治理论课按照大学生社会主义核心价值观教育课内教学设计进行，以"思想道德与法治""中国近现代史纲要""毛泽东思想和中国特色社会主义理论体系概论"三门课为例，选取了最能阐释社会主义核心价值观内涵的章节来进行课程设计，包含了12个单元，共计24学时。这些思政课巧妙融入了社会主义核心价值观，如：《辩证对待人生矛盾》宣扬了"和谐"价值观；《因真实可信而具有强大的道义力量》传递了"自由"价值观；《投身崇德向善的道德实践》传达了"平等"价值观；《反对外国侵略的斗争》弘扬了"爱国"价值观；《遵守道德规范 锤炼道德品格》阐释了"诚信"价值观；《"为人民服务"的历史逻辑》凸显了"敬业"价值观；《为什么要走中国特色社会主义法治道路》展现了"法治"价值观。二是通识课突出素养性构建。例如，机电学院电气工程2101班、电气工程2102班的通识教育课"民歌艺术"。"民歌艺术"是重庆市一流课程、重庆市"课程思政"示范课程，该门课程介绍了中国各个地区有代表性民歌的歌曲意蕴，融入了当地民俗文化等知识元素，让学生在民歌鉴赏中发现美、欣赏美。在课程实施中，我们将社会主义核心价值观与该门课程进行了融合，运用各地有代表性的民歌传播社会主义核心价值观。东北民歌《露营之歌》创作于东北抗日联军西征前与西征途中，套用古曲"落花调"填词，唱起来十分悲壮激昂。这首歌是东北抗联精神的写照，在东北地区广为流传，每一段歌词饱含着战斗的激情，表达了对祖国的热爱："朔风怒号，大雪飞扬，征马踟蹰，冷气侵人夜难眠；火烤胸前暖，风吹背后寒；壮士们，精诚奋发横扫嫩江原；伟志兮，何能消减；全民族，各阶级，团结起，夺回我河山。"西北民歌《大漠深处》是爱国精神和敬业精神的写照。这首歌曲旋律抑扬顿挫,用一种比兴的手法来抒情,讴歌了那些在大漠深处为我国国防事业的发展而艰苦拼搏、努力奋斗的科学家和解放军。歌词感人肺腑,催人泪下:"有一个地方,名叫酒泉,你要寻找她,请西望阳关。丹心照大漠,血汗写艰难,放出那银星,舞起那长剑,撑起了艳阳高照,晴朗朗的天""一代代追寻者,青丝化白雪,一辈辈科技人,情铸边关恋,青春无悔,生命无怨,莫忘大漠深处,万缕云烟。"歌曲《日出东方》是为了庆祝建党一百周年,隆重推出的一首新民歌。优美动听的旋律和激扬深情的歌词,彰显了中国共产党人艰苦奋斗的革命英雄主义精神和中华民族不畏艰难的民族气概:"知道了为什么日出东方,那是大江大河一生向往;懂得了为什么热血满腔,燃烧光芒;启航的黎明闯过暴风骤雨;浴血的枪声激越不朽时光;英雄的身影留下千古壮烈;耸立的丰碑闪耀苦难辉煌。"歌曲激情澎湃,鼓励人们为再立新功而不懈奋斗。三是专业课程将社会主义核心价值观融入"思政+技能"化教育教学。例如,建筑与城市规划学院风景园林 2101 班、风景园林 2102 班的"栖居漫谈"是建筑学专业的一门专业课。学生通过学习这门课程知识,建立对于人类聚居行为的整体认知,掌握人居环境专业理论与实践的相关基本概念、知识与原理,了解学科的前沿发展动态。在专业课实施过程中,课程确立了知识传授、能力塑造和价值引领的三维高阶目标,引导学生掌握以人居环境学为基础的跨学科知识,能运用理论分析人的活动、研判环境问题,最终创造以人为本的人居环境。以此培养解决复杂环境问题的高阶能力,树立复合设计思维和人本价值观,明确社会责任和使命担当。我们把社会主义核心价值观渗透到课程中。课程通过"认知—认同—践行"的课程思政育人链条,使学生链接真实环境、捕捉真实问题,体悟中国人居环境建设成就,达成润心无声的育人成效。一是深入浅出地为学生剖析历史典例,系统总结传统精华所在,在深入了解传统精华的基础上,激发出民族自豪感,让学生更加热爱祖国传统文化。例如在城建史教学中,尝试将一座座历史城市和相关建筑人物联系起来,进行深入剖析与综合发掘,追溯到当时的历史背景中去探索城市思想、城建方法及所造就的城市形象，激发学生对祖国大好河山的热爱。又如通过对噪声、拥挤等环境问题的调查、研判及优化设计，引导学生关注、辨识并以专业所学解决环境问题，使学生正确认识"人—地"关系，树立环境伦理观。再如组织学生观察身边不同年龄人群使用公共空间的效果，引导学生充分考虑使用者特别是弱势群体的需求，形成"以人为本"的设计思想。课程还有意识训练学生的复合思维，使学生突破人居环境科学的单一学科限制，能基于心理学、社会学等跨学科视角分析建成环境问题、研判使用者需求，树立人居环境系统观和复合设计思维。课程将文化自觉渗入到课堂：通过古典园林景观营造等案例剖析，使学生体悟传统人居的营建智慧，增进文化自信；引导学生在设计实践中对传统手法进行合理转译，增强文化自觉。课程紧密结合乡村振兴、健康中国等国家战略，引导学生以专业所学服务国家所需，将个人的"小我"融入祖国和人民的"大我"之中。

网络育人平台，主要是发挥青年社会主义核心价值观教育协同机制中"有形资源"与"无形资源"的协同效应。一是突出网上数字体验与网下日常管理引导的联通。例如，利用智慧校园平台上关于实验班学生在校园内的各项活动记录，包括选课和上课情况、学习成绩、校园超市消费情况、食堂就餐情况等。借助大数据分析精准识别实验班学生所思所想，以及其在学业、生活、心理、就业等方面存在的各种问题，充分观照"人"的生存状态，给予不同需求的青年学生有效的管理和服务，丰富和拓展青年学生的精神家园。二是数字化场景与传统教育场景的联通、实体课堂与移动终端的联通。重庆交通大学积极参与了《重庆日报》的《理响青年》栏目，探索运用新媒体技术手段和视频化传播方式，让青年接受社会主义核心价值观。《理响青年》栏目定位考虑了三个维度：理论传播平台、思政教育讲台、青年展示舞台。理论传播平台是社会主义核心价值观的根和魂，注重小切口、注入"小确幸"、引入小看点，帮助青年从社会主义核心价值观中品出真理的味道，让青年像追剧一样追社会主义核心价值观；思政教育讲台是《理响青年》的基本功能，通过青年上讲台、讲给青年听，运用新媒体让社会主义核心价值观"活起来";青年展示舞台是《理响青年》的独特气质,把引领青年和展示青年结合起来,让青年深入参与,精彩亮相,发挥聪明才智,展示青春风采。重庆交通大学实验班同学积极参与《理响青年》栏目,运用漫画、二次元等交互话语体系和数字技术,对社会主义核心价值观进行了精准化"提纯"、时尚化"加工",推出了一批高质量、年轻态精品,让社会主义核心价值观传播具备了颜值、气质、价值。三是利用AI新媒介开展社会主义核心价值观教育。例如,重庆交通大学开发了社会主义核心价值观教育AI互动空间,对实验班学生全覆盖开放,实验班学生可以全天候、全要素、全过程使用AI互动空间的所有资源。

实践育人平台,主要是发挥青年社会主义核心价值观教育协同机制中"三个结合"的协同效应。一是学史崇德与情感渲染相结合。组织实验班学生阅读小说《红岩》,让学生了解陪都重庆的学生运动、地下斗争、集中营的狱中斗争以及川北农村的武装斗争等情况。阅读《红岩》的同时,组织学生读"无字之书",即开展红色研学实践教学活动,带领学生到渣滓洞监狱旧址、红岩革命纪念馆、白公馆监狱旧址等地进行现场教学,以社会中"红岩现实发生地"这一实体空间让广大青年全景式感受红岩文化。学生重读《红岩》小说的过程以及唤起"红岩精神"集体记忆的过程,即将特殊的物质标识和空间与作品载体相结合,增强学生历史感受的同时实现了情感升华。这种时空感受与情感渲染通过与社会主义核心价值观知识体系形成有效对接,促使学生升华认识革命志士崇高的思想境界、坚定的理想信念、巨大的人格力量和浩然的革命正气。二是榜样引领与体验感悟相结合。组织实验班学生阅读《雷锋日记》,让学生学习雷锋同志忠党、爱国、爱人民的家国情怀,舍己为人、克己奉公的奉献精神,挤、钻、韧的"钉子"精神,兢兢业业的"螺丝钉"精神,助人为乐的关爱精神,为共产主义而奋斗终身的革命精神。在引导实验班学生阅读《雷锋日记》的基础上,契合学生的需求与特点,组织学生读"无字之书",即广泛开展"学雷锋,树新风"教育活动,通过讲述雷锋故事、写"我的雷锋日记"等形式,学习新时代学习雷锋精神的伟大意义,重温雷锋生平事迹,讨论新时代雷锋精神的真实案例，感受"奉献、友爱、互助、进步"的志愿精神，开展践行雷锋精神的志愿活动，使学生在实际活动中自觉践行社会主义核心价值观，不断为学雷锋活动注入时代生机和活力。三是现实渗透与生活化表达相结合。组织实验班学生阅读《深圳经验与中国特色社会主义道路》，让学生从感知到认同深圳经验与中国特色社会主义道路之间的内在联系、中国特色社会主义道路的正确性、中国特色社会主义制度的优越性以及中国特色社会主义理论体系的科学性。在阅读《深圳经验与中国特色社会主义道路》的基础上，组织学生读"无字之书"，即参加"三下乡"志愿服务活动、开展重点社会课题的调研活动以及参观考察中国改革开放示范地区，使学生在社会考察、党史宣讲、视频拍摄、问卷调研等实际活动中切身感受鲜活的人物故事、伟大的历史成就，树立坚定的报国之志。正所谓通过课程读万卷书，通过"有字之书"知国事天下事。

文化育人平台，主要是发挥青年社会主义核心价值观教育协同机制中显性教育与隐性教育相协同的效应。一是在物质文化层面，在学校的建筑、雕塑、景观等物质文化的环境创设中植入社会主义核心价值观元素，增强思政课程、专业课程以及通识课程教学内容的直观性与体验感。如：教学楼公共空间走廊，分别放有社会主义核心价值观 12 个词的漫画，采用趣味小故事的形式吸引学生的注意力；在给实验班学生讲思政课时，可以将思政课堂设在教学楼公共空间走廊，一边给学生阐释社会主义核心价值观内涵，一边引导学生观看走廊的社会主义核心价值观漫画，再开展"生讲生评式翻转课堂""案例点评式翻转课堂"，思政课对社会主义核心价值观的理论阐释与物质景观折射的超语言性的社会主义核心价值观信息相融合，更有利于实现社会主义核心价值观的精要传播。专业课教室进门即可见到科学家钱学森的头像、名人名言，警醒着大家要时刻践行"爱国、敬业"；在给实验班学生讲专业课时，一面引导大家关注教室墙壁上钱学森的头像、名人名言，一面给大家讲述钱学森的故事，形成协同育人效应。二是在精神文化层面，注重将集体记忆、共同记忆中渗透的精神文化与学校的开学典礼、毕业典礼、重要人物纪念活动等仪式感很强的实践教育相结合。针对实验班学生，在开学典礼、毕业典礼中强化重庆交通大学"明德行远、交通天下"精神的阐释与体验，参与感受身边的社会主义核心价值观；开展校训精神教育，使其感受一代代重庆交大人以"培养交通英才、改变西部面貌、创造百姓福祉、促进民族团结"为己任，甘做一颗颗"铺路石"的家国情怀，以及"敬业、友善"的核心价值观；在重要活动或者会议中，开展校歌传唱教育，体会"甘为铺路石，明德行远做栋梁；甘为铺路石，锦绣华夏铸辉煌"的精神实质，加深"富强、爱国、敬业"的思想理解。三是在制度文化层面，注入柔性引导的内容，实现物质载体、精神理念以及制度规范等综合功能发挥。以《重庆交通大学本科生手册》为例，在第二部分《学业指导》栏目"考试、成绩与学术诚信"篇章中明确规定：凡在课程考核中出现违纪行为，该门课程成绩记为无效，不能参加补考，并由学生所在学院给予记过处分；凡在课程考核中出现作弊行为，取消其该门课程考核资格，课程成绩记为无效，不能参加补考，取消学士学位授予资格，并视情节轻重，分别给予留校察看至开除学籍处分。以《重庆交通大学学生违纪处分办法》为例，第八条规定：触犯国家法律，构成刑事犯罪受到起诉或强制执行的，学校应给予开除学籍处分；代替他人，或者让他人代替自己参加考试、组织作弊、使用通信设备或其他器材作弊情节严重、向他人出售考试试题或答案谋取利益，以及其他严重作弊或扰乱考试秩序行为的，学校应给予开除学籍处分。对于实验班学生，辅导员应反复宣讲学校的制度规定，让学生心中存在"敬畏之心"，确保制度的约束作用"深入人心"。

在家校合作方面，实验班以班级为单位建立了微信家长群，辅导员定期在微信家长群里面通报相关信息，确保家校合作泛时空化。辅导员将学校丰富多样的社会主义核心价值观教育活动通过微信家长群进行传播，搜集家长对活动开展的相关意见。学校还借助重庆日报《理响青年》栏目定期创作以社会主义核心价值观为主题的宣传作品在微信家长群中传播，拉近与家长的距离。实验班辅导员利用微信家长群开设了《好家长课堂》专栏，每月一期，引导水平较高的家长在此栏目中对学校的社会主义核心价值观教育进行评论，广泛搜集意见，从而实现家校共育互联互通。学校还建立了家庭教育指导团,定期邀请实验班家长来学校参加家庭教育相关培训,进一步活化家长教育子女的新思维。同时实验班辅导员对所管辖学生开展了全覆盖家访,通过家访进一步深化家校合作,了解学生的家庭状况。在校社合作方面,重庆交通大学与重庆红岩革命历史博物馆签订了合作协议,将重庆本土红色资源引入学校的社会主义核心价值观教育,量身定做了丰富多样的融合性、协同性教育活动,拆开馆门与校门中间的墙,搭建了一条"价值塑造—能力培养—实践训练"三维互动循环的渠道。如:鼓励实验班学生参与红岩革命纪念馆的展览策划和设计,定期的实地考察可以让实验班学生更好地理解历史文物和红色资源;依托红岩革命纪念馆内举行文物故事微宣讲比赛,唤醒实验班学生对红岩革命岁月的记忆;在红岩革命纪念馆内开展主题团日活动,用浓厚的红色氛围坚定实验班学生的理想信念;在特定纪念日组织实验班学生在歌乐山烈士陵园开展缅怀英烈活动,激发实验班学生赓续传承红色基因的内生动力;培养实验班学生成为红岩革命历史博物馆志愿者,用青年思考、青年话语宣讲红岩精神,使其在"理论先锋、青春特色、原创打造"的实践中不断深化对社会主义核心价值观的理解。在家社合作方面,号召家社寻找具有共生角色、共生环境的联通中介,推进分层次的协作化配合。如:鼓励实验班家长主动加入社区的家庭委员会,同社区建立良好合作关系,积极参与到社区的社会主义核心价值观实践活动中,实现"学"与"做"的双向互动和闭环反馈,努力形成"由学到做—以做促学—做学相长"的三效合一浸润教育;鼓励实验班家长借助社区网络平台,开辟"家社社会主义核心价值观教育"宣讲专栏及公众号,定期分享家社合作育人经验及活动;鼓励家长带领子女一同参与社区志愿服务并为社区治理出谋划策,促使家庭在实践中提升道德水平。

(三)后测

实验期结束后,继续对所有被试学生进行《青年学生对社会主义核心价值观内容的认同度调查问卷》《青年学生社会主义核心价值观教育现状调查问卷》调查,获得实验组、对照组的后测数据,用于探索青年社会主义核心价值观教育协同机制的运行对学生的影响是否显著。

五 实验结果

为进一步探讨教学协同机制的作用效果,区分实验组和对照组的实验影响效果,本部分将利用实验组和对照组的前后测数据,分别进行实验组与对照组的前测、后测、前后测的差异性检验,以深入分析青年社会主义核心价值观教育协同机制对学生产生的影响。

（一）社会主义核心价值观内容认同度的差异性检验

1. 前测数据差异性检验（卡方检验）——实验组与对照组

从表 6-1 统计分析结果可知：（1）实验组与对照组的学生对 12 项社会主义核心价值观内容的平均认可程度差别不大,五级认同度选择人数占比分布也大同小异。（2）实验组与对照组比较的卡方检验双侧 P-value 均大于 0.05,不能拒绝无差异的原假设,表明没有统计证据支持两组学生在所有社会主义核心价值的认同度上存在显著差异。由此可认为,本实验中非实验因素对实验组与对照组学生参与实验没有明显影响。

表 6-1　　　　实验组和对照组社会主义核心价值观
内容认同度的前测数据及检验结果

变量名称	组别	十分认同（％）	比较认同（％）	说不清楚（％）	较不认同（％）	不认同（％）	均值	卡方检验值	P-value（双侧）
富强	实验组	47	33	14	6	0	4.21	4.594	0.332
	对照组	46	30	17	6	1	4.14		
民主	实验组	40	30	24	3	3	4.01	5.493	0.240
	对照组	38	35	20	5	2	4.02		
文明	实验组	37	40	16	5	2	4.05	2.433	0.657
	对照组	35	39	20	5	1	4.02		
和谐	实验组	15	34	33	16	2	3.44	3.179	0.528
	对照组	17	34	35	13	1	3.53		
自由	实验组	10	33	38	16	3	3.31	1.239	0.872
	对照组	11	34	35	16	4	3.32		

续表

变量名称	组别	十分认同(%)	比较认同(%)	说不清楚(%)	较不认同(%)	不认同(%)	均值	卡方检验值	P-value(双侧)
平等	实验组	15	39	32	13	1	3.54	2.752	0.600
平等	对照组	13	38	36	11	2	3.49		
公正	实验组	43	36	19	2	0	4.20	1.965	0.580
公正	对照组	43	33	21	3	0	4.16		
法制	实验组	50	37	13	0	0	4.37	6.178	0.103
法制	对照组	49	40	10	1	0	4.37		
爱国	实验组	33	42	24	1	0	4.07	4.120	0.249
爱国	对照组	34	39	24	3	0	4.04		
敬业	实验组	22	36	33	8	1	3.70	1.294	0.863
敬业	对照组	22	38	30	8	2	3.70		
诚信	实验组	50	25	18	7	0	4.18	1.577	0.813
诚信	对照组	51	24	17	6	2	4.16		
友善	实验组	54	35	10	1	0	4.42	3.397	0.494
友善	对照组	55	34	9	1	1	4.41		

2. 后测数据差异性检验（卡方检验）——实验组和对照组

为检测实施教育协同机制是否能够提高学生对社会主义核心价值观内容的认同度，采用实验组和对照组的后测数据进行差异性检验，结果如表6-2所示。可以发现：第一，实验组学生在12个社会主义核心价值观内容的平均认同度均略高于对照组，但差异并不大；第二，两组学生在每个价值观的五个认同度选择上存在人数分布差异，对应的卡方检验双侧P-value均小于0.05，即可认为实验组和对照组对"富强""民主""文明""和谐"等12个社会主义核心价值观内容的认同程度有显著差异；第三，该分布差异源自实验组学生在"十分认同"和"比较认同"的人数占比大都高于对照组，如实验组学生对"富强"价值观持"十分认同"和"比较认同"的人数比例高达94%，而对照组则为86%。由此可见，面向青年学生实施教育协同机制，会提高其对社会主义核心价值观的认同度，统计意义上差异显著。

表6-2　　实验组与对照组社会主义核心价值观内容
认同度的后测数据及检验结果

变量名称	组别	十分认同(%)	比较认同(%)	说不清楚(%)	较不认同(%)	很不认同(%)	均值	卡方检验值	P-value(双侧)
富强	实验组	52	42	6	0	0	4.46	17.261	0.001
	对照组	48	38	11	3	0	4.31		
民主	实验组	47	46	7	0	0	4.40	7.941	0.047
	对照组	45	43	11	1	0	4.32		
文明	实验组	46	43	10	1	0	4.34	10.359	0.016
	对照组	36	46	16	2	0	4.16		
和谐	实验组	40	47	7	6	0	4.21	76.184	0.000
	对照组	18	45	27	10	0	3.71		
自由	实验组	34	43	12	11	0	4.00	71.183	0.000
	对照组	12	47	30	10	1	3.59		
平等	实验组	44	37	13	6	0	4.19	91.405	0.000
	对照组	14	47	33	6	0	3.69		
公正	实验组	54	42	4	0	0	4.50	33.794	0.000
	对照组	40	44	15	1	0	4.23		
法制	实验组	62	33	4	1	0	4.56	10.099	0.018
	对照组	55	42	3	0	0	4.52		
爱国	实验组	40	53	7	0	0	4.33	19.873	0.000
	对照组	35	48	15	2	0	4.16		
敬业	实验组	35	52	12	1	0	4.21	46.657	0.000
	对照组	23	44	26	5	2	3.81		
诚信	实验组	54	34	12	0	0	4.42	13.638	0.003
	对照组	51	31	15	3	0	4.30		
友善	实验组	57	40	3	0	0	4.54	14.941	0.001
	对照组	55	35	10	0	0	4.45		

为进一步检测教育协同机制与常规教育对提高青年学生价值认同度是否存在差异，采用前后测数据分别对实验组和对照组进行差异性检验，

结果如表6-3所示。比较后发现，无论是实验组还是对照组，学生对社会主义核心价值观认同度的后测平均值都要高于前测；除"敬业""友善"之外，其余卡方检验双侧 P-value 都小于 0.05，可认为教育协同机制与常规教育运行对提高学生社会主义核心价值观认同度都在统计意义上有显著影响。同时发现，实验组学生对社会主义核心价值观认同度的前后测平均差异值均高于对照组，最大差值为"和谐"认同度 0.59，其次是"平等""自由""敬业"差值都在 0.4 以上。因此，从整体上看，可以认为常规教育对提高学生的社会主义核心价值观认同度会产生部分积极影响，但效果不及教育协同机制，尤其在"和谐""平等""自由""敬业"等方面。

表6-3 实验组和对照组的社会主义核心价值观内容认同度的前后测数据及检验结果

变量名称	组别	前测均值	后测均值	差值	卡方检验值	P-value（双侧）
富强	实验组	4.21	4.46	0.25	39.241	0.000
	对照组	4.14	4.31	0.17	14.772	0.005
民主	实验组	4.01	4.40	0.39	69.846	0.000
	对照组	4.02	4.32	0.30	29.560	0.000
文明	实验组	4.05	4.34	0.29	25.791	0.000
	对照组	4.02	4.16	0.14	12.550	0.014
和谐	实验组	3.44	4.21	0.77	135.804	0.000
	对照组	3.53	3.71	0.18	13.615	0.009
自由	实验组	3.31	4.00	0.69	117.036	0.000
	对照组	3.32	3.59	0.27	18.880	0.001
平等	实验组	3.54	4.19	0.65	96.111	0.000
	对照组	3.49	3.69	0.20	16.321	0.003

续表

变量名称	组别	前测均值	后测均值	差值	卡方检验值	P-value（双侧）
公正	实验组	4.20	4.50	0.30	48.834	0.000
	对照组	4.16	4.23	0.07	13.999	0.003
法制	实验组	4.37	4.56	0.19	26.860	0.000
	对照组	4.37	4.52	0.15	19.381	0.000
爱国	实验组	4.07	4.33	0.26	44.813	0.000
	对照组	4.04	4.16	0.12	11.287	0.010
敬业	实验组	3.70	4.21	0.51	80.227	0.000
	对照组	3.70	3.81	0.11	4.943	0.293
诚信	实验组	4.18	4.42	0.24	36.006	0.000
	对照组	4.16	4.30	0.14	13.800	0.008
友善	实验组	4.42	4.54	0.12	18.553	0.000
	对照组	4.41	4.45	0.04	6.171	0.187

（二）社会主义核心价值观教育效果认同度的差异性检验

1. 前测数据差异性检验（卡方检验）——实验组与对照组

表6-4数据显示，实验组和对照组的学生对社会主义核心价值观教育课程育人平台效果的前测平均认同度差异非常小，每个维度指标的认同度人数分布也大同小异。这可能源于，在没有接触大学阶段社会主义核心价值观教育之前，学生大都凭类似的高中学习经历和感受来表达看法，使差异度不大。进一步进行卡方检验，发现各维度指标的双侧检验P-value均大于0.05，表明实验组和对照组学生对社会主义核心价值观教育效果的认同程度没有显著差异。由此可认为，本次参与实验的两组学生认同度测定受非实验因素的影响比较小，从而增加了后测实验结果的可靠性和稳定性。

表6-4 实验组和对照组社会主义核心价值观教育认同度的前测检验结果

变量名称	组别	十分认同（%）	比较认同（%）	说不清楚（%）	较不认同（%）	很不认同（%）	均值	卡方检验值	P-value（双侧）
全员育人	实验组	49	24	13	9	5	4.03	0.769	0.943
	对照组	48	24	15	8	5	4.02		
主体协同	实验组	40	22	13	15	10	3.67	2.941	0.568
	对照组	42	20	10	18	10	3.66		
全过程育人	实验组	27	15	23	21	14	3.20	0.404	0.982
	对照组	27	16	22	22	13	3.22		
全方位育人	实验组	15	9	10	41	25	2.48	5.421	0.247
	对照组	13	11	6	44	26	2.41		
学生中心	实验组	42	31	15	5	7	3.96	2.969	0.563
	对照组	41	33	12	7	7	3.94		
师生协同	实验组	22	9	8	38	23	2.69	2.061	0.725
	对照组	20	9	6	42	23	2.61		
思政课	实验组	19	10	15	36	20	2.72	0.975	0.914
	对照组	17	12	15	36	20	2.70		
内容重复	实验组	11	7	13	48	21	2.39	0.599	0.963
	对照组	11	7	12	47	23	2.36		
其他课程	实验组	51	21	8	11	9	3.94	0.809	0.937
	对照组	49	23	8	12	8	3.93		
课程共同体	实验组	19	16	5	23	37	2.57	0.777	0.942
	对照组	17	18	5	23	37	2.55		
网络载体	实验组	11	26	20	31	12	2.93	0.850	0.932
	对照组	9	28	20	31	12	2.91		
资源共同体1	实验组	33	19	16	16	16	3.37	2.579	0.631
	对照组	31	21	13	19	16	3.32		
资源共同体2	实验组	25	26	19	18	12	3.34	0.739	0.946
	对照组	23	28	19	19	11	3.33		
资源共同体3	实验组	67	20	4	5	4	4.41	0.887	0.926
	对照组	67	21	3	5	4	4.42		

续表

变量名称	组别	十分认同（%）	比较认同（%）	说不清楚（%）	较不认同（%）	很不认同（%）	均值	卡方检验值	P-value（双侧）
实践基地	实验组	63	23	7	4	3	4.39	0.549	0.969
	对照组	62	23	7	4	4	4.35		
知识共同体1	实验组	13	9	33	24	21	2.69	1.918	0.751
	对照组	11	11	31	26	21	2.65		
知识共同体2	实验组	21	21	25	19	14	3.16	1.705	0.790
	对照组	19	23	25	21	12	3.16		
知识共同体3	实验组	19	20	24	28	9	3.12	0.908	0.923
	对照组	17	22	24	27	10	3.09		
生态共同体1	实验组	26	19	27	20	8	3.35	1.149	0.886
	对照组	24	21	25	22	8	3.31		
生态共同体2	实验组	29	21	23	18	9	3.43	3.171	0.530
	对照组	27	23	21	22	7	3.41		
生态共同体3	实验组	29	21	23	18	9	3.43	3.171	0.530
	对照组	27	23	21	22	7	3.41		
生态共同体4	实验组	19	16	5	23	37	2.57	0.777	0.942
	对照组	17	18	5	23	37	2.55		
制度协同	实验组	27	15	23	21	14	3.20	0.404	0.982
	对照组	27	16	22	22	13	3.22		
宏观制度	实验组	11	7	13	48	21	2.39	0.599	0.963
	对照组	11	7	12	47	23	2.36		
中观制度	实验组	11	26	20	31	12	2.93	0.850	0.932
	对照组	9	28	20	31	12	2.91		
微观制度	实验组	67	20	4	5	4	4.41	0.887	0.926
	对照组	67	21	3	5	4	4.42		
家校社协同	实验组	67	20	4	5	4	4.41	0.844	0.932
	对照组	67	20	3	6	4	4.40		
家校协同	实验组	21	21	25	19	14	3.16	1.705	0.790
	对照组	19	23	25	21	12	3.16		

续表

变量名称	组别	十分认同（%）	比较认同（%）	说不清楚（%）	较不认同（%）	很不认同（%）	均值	卡方检验值	P-value（双侧）
校社协同	实验组	51	21	8	11	9	3.94	0.809	0.937
校社协同	对照组	49	23	8	12	8	3.93		
家社协同	实验组	21	21	25	19	14	3.16	1.705	0.790
家社协同	对照组	19	23	25	21	12	3.16		

2. 实验效果分析

(1) "三全育人"效果的卡方检验

对比实验组前后测数据可得：青年社会主义核心价值观教育协同机制运行后，学生对"三全育人"效果各方面"十分认同"的占比都有明显的提高，最高是"在青年社会主义核心价值观教育过程中，您身边的育人主体，比如思想政治理论课教师和辅导员之间、辅导员和其他管理人员之间等，配合、互动效果良好"提高30%，后面依次是"您身边的学校党员领导干部、思想政治理论课教师、辅导员、班主任、心理健康教育教师、就业指导教师等这样的党建和思想政治工作队伍，还有专业课教师、管理教辅人员和后勤服务人员，都在社会主义核心价值观中教育发挥了各自的作用"提高23%，"您身边开展过的或者正在开展的社会主义核心价值观教育，实现了纵向各学段层层递进与横向各教育时间序列有效衔接相结合的双重衔接"提高15%，"您所在的学校、家庭、社区的不同场域中都在通过各种途径、方法对青年开展社会主义核心价值观教育"提高10%（如表6-5所示）。表中的卡方检验结果也显示，反映"三全育人"效果的所有维度指标的双侧检验P-value均小于0.01，可以认为"三全育人"对实验组同学的效果感受有显著正影响。

进一步，对比实验组与对照组后测数据，还发现：实验组学生对"三全育人"效果各方面的"十分认同"占比都明显高于对照组，最高差异是"主体协同"28%，其次是"全员育人"22%，然后依次是"全方位育人"13%，"全过程育人"12%。对应的卡方检验也显示，所有维度指标的双侧假设检验 P-value 均小于 0.01,可认为两组学生在不同教育理念指导下,效果有显著差异。再比较两组认同度均值可知,实验组学生对各维度指标的认同程度均高于对照组(如表 6-6 所示)。由此推断,实施"三全育人"教育理念提高了社会主义核心价值观教育效果。

表 6-5　　实验组"三全育人"效果认同度前后测检验结果

变量名称	前后测数据	十分认同(%)	比较认同(%)	说不清楚(%)	较不认同(%)	很不认同(%)	均值	卡方检验值	P-value(双侧)
全员育人	前测	49	24	13	9	5	4.03	48.206	0.000
	后测	72	17	5	5	1	4.54		
主体协同	前测	40	22	13	15	10	3.67	91.027	0.000
	后测	70	17	8	1	4	4.48		
全过程育人	前测	27	15	23	21	14	3.20	24.513	0.000
	后测	42	15	14	15	14	3.56		
全方位育人	前测	15	9	10	41	25	2.48	91.843	0.000
	后测	25	22	15	12	26	3.08		

表 6-6　　实验组与对照组"三全育人"效果认同度后测检验结果

变量名称	组别	十分认同(%)	比较认同(%)	说不清楚(%)	较不认同(%)	很不认同(%)	均值	卡方检验值	P-value(双侧)
全员育人	实验组	72	17	5	5	1	4.54	42.449	0.000
	对照组	50	25	12	8	5	4.07		
主体协同	实验组	70	17	8	1	4	4.48	85.509	0.000
	对照组	42	22	14	17	5	3.79		
全方位育人	实验组	42	15	14	15	14	3.56	19.753	0.001
	对照组	29	15	24	18	14	3.27		
全过程育人	实验组	25	22	15	26	14	3.08	90.642	0.000
	对照组	13	15	7	42	23	2.53		

(2) 师生关系效果的卡方检验

对比实验组前后测数据可得：青年社会主义核心价值观教育协同机制运行后，学生对师生关系效果各维度指标的认同度均值都有提高，这主要源于学生对各维度指标的"十分认同"和"比较认同"占比的明显提高，其中认同提高比最大的是"在开展社会主义核心价值观教育的过程中，师生间平等交往、主动对话、相互理解、相互促进，形成了师生协同的状态"达到18%，"在您经历的社会主义核心价值观教育中，教师能以学生的价值诉求为着力点，师生之间的关系状态表现为以学生为中心"达到13%。表6-7中的卡方检验结果显示，反映"师生关系"效果的所有维度指标的双侧检验P-value均小于0.01，可以认为青年社会主义核心价值观教育协同机制运行对实验组同学的师生关系效果感受有显著正影响。

表6-7 实验组"师生关系"效果认同度前后测检验结果

变量名称	前后测数据	十分认同（％）	比较认同（％）	说不清楚（％）	较不认同（％）	很不认同（％）	均值	卡方检验值	P-value（双侧）
学生中心	前测	22	9	8	38	23	2.69	63.405	0.000
	后测	35	18	15	20	12	3.44		
师生协同	前测	19	10	15	36	20	2.72	60.921	0.000
	后测	37	18	16	18	11	3.52		

进一步，对比实验组与对照组后测数据发现：实验组学生对师生关系效果各方面的认同度均值明显高于对照组，且实验组的"十分认同"和"比较认同"占比之和也明显高于对照组，"学生中心"是20%，"师生协同"是24%。对应的卡方检验显示，所有维度指标的双侧假设检验P-value均小于0.01，可认为两组学生在不同状态下师生关系效果有显著差异（如表6-8所示）。结合两组学生的认同度均值表现，可推断：青年社会主义核心价值观教育协同机制运行显著提高了社会主义核心价值观教育中的师生关系效果。

表6-8　　实验组与对照组"师生关系"效果认同度后测检验结果

变量名称	组别	十分认同(%)	比较认同(%)	说不清楚(%)	较不认同(%)	很不认同(%)	均值	卡方检验值	P-value(双侧)
学生中心	实验组	35	18	15	20	12	3.44	57.801	0.000
学生中心	对照组	22	11	7	40	20	2.75	57.801	0.000
师生协同	实验组	37	18	16	18	11	3.52	50.763	0.000
师生协同	对照组	19	12	16	35	18	2.79	50.763	0.000

(3) 课程育人平台效果的卡方检验

对比实验组前后测数据可得：青年社会主义核心价值观教育协同机制运行后，学生对课程育人平台效果各方面"十分认同"的占比都有明显的提高，最高是"思想政治理论课教师在课堂上阐释社会主义核心价值观相关理论，效果很好"提高30%，其次是"在您的中学或者大学等学习阶段，社会主义核心价值观教育知识性内容并不存在重复交叉"提高15%。表6-9中的卡方检验结果也显示，反映课程育人平台效果的所有维度指标的双侧检验P-value均小于0.01，可以认为青年社会主义核心价值观教育协同机制运行对实验组同学的课程育人平台感受有显著正影响。

表6-9　　实验组"课程育人"平台效果认同度前后测检验结果

变量名称	前后测数据	十分认同(%)	比较认同(%)	说不清楚(%)	较不认同(%)	很不认同(%)	均值	卡方检验值	P-value(双侧)
思政课	前测	40	22	13	15	10	3.67	91.414	0.000
思政课	后测	70	18	7	1	4	4.49	91.414	0.000
内容重复	前测	27	15	23	21	14	3.20	24.513	0.000
内容重复	后测	42	15	14	15	14	3.56	24.513	0.000
其他课程	前测	15	9	10	41	25	2.48	92.144	0.000
其他课程	后测	22	22	18	12	26	3.02	92.144	0.000
课程共同体	前测	42	31	15	5	7	3.96	17.013	0.002
课程共同体	后测	49	33	6	6	6	4.13	17.013	0.002

进一步，对比实验组与对照组后测数据，还发现：实验组学生对课程育人平台效果各方面的"十分认同"占比都明显高于对照组，最高差异是"思想政治理论课教师在课堂上阐释社会主义核心价值观相关理论，效果很好"达到28%，其次是"您所参与的思想政治理论课程与其他课程在讲授或者涉及社会主义核心价值观内容方面相互印证、支撑，衔接效果很好"达到14%，然后依次是"在您的中学或者大学等学习阶段，社会主义核心价值观教育知识性内容并不存在重复交叉"达到13%，"在您所修的课程中，除了思想政治理论课以外，其他课程渗透社会主义核心价值观的作用体现得很明显"达到9%。与此同时，实验组学生对课程育人平台效果各维度指标"十分认同"与"比较认同"之和也明显高于对照组。对应的卡方检验也显示，所有维度指标的双侧假设检验 P-value 均小于0.01，可认为两组学生在不同状态学习的效果有显著差异。再比较两组认同度均值可知，实验组学生对各维度指标的认同程度均高于对照组（如表6-10所示）。由此推断，青年社会主义核心价值观教育协同机制运行显著提高了社会主义核心价值观的课程育人平台效果。

表6-10 实验组与对照组"课程育人"平台效果认同度后测检验结果

变量名称	组别	十分认同(%)	比较认同(%)	说不清楚(%)	较不认同(%)	很不认同(%)	均值	卡方检验值	P-value(双侧)
思政课	实验组	70	18	7	1	4	4.49	86.195	0.000
	对照组	42	22	14	17	5	3.79		
内容重复	实验组	42	15	14	15	14	3.56	19.753	0.001
	对照组	29	15	24	18	14	3.27		
其他课程	实验组	22	22	18	12	26	3.02	92.391	0.000
	对照组	13	15	7	42	23	2.53		
课程共同体	实验组	49	33	6	6	6	4.13	29.054	0.000
	对照组	35	33	17	7	8	3.80		

(4) 网络育人平台效果的卡方检验

对比实验组前后测数据可得：青年社会主义核心价值观教育协同机制运行后，学生对网络育人平台效果各维度指标的认同度均值都有提高，且学生对各维度指标的"十分认同"占比也明显提高，其中提高最多的是"学校利用专题网站、微信公众号、抖音、B站等新媒体载体开展青年社会主义核心价值观教育，反响效果很好"达到28%，"青年社会主义核心价值观教育中，网上虚拟化体验与网下管理引导互联互通，效果很好"达到20%，其他均达到10%及以上（如表6-11所示）。表中的卡方检验结果也显示，反映网络育人平台效果的所有维度指标的双侧检验P-value均小于0.01，可以认为青年社会主义核心价值观教育协同机制运行使实验组同学对网络育人平台的感受有显著正影响。

表6-11　实验组"网络育人"平台效果认同度前后测检验结果

变量名称	前后测数据	十分认同(%)	比较认同(%)	说不清楚(%)	较不认同(%)	很不认同(%)	均值	卡方检验值	P-value（双侧）
网络载体	前测	11	26	20	31	12	2.93	110.299	0.000
	后测	39	28	18	12	3	3.88		
资源共同体1	前测	33	19	16	16	16	3.37	46.717	0.000
	后测	51	19	17	8	5	4.03		
资源共同体2	前测	25	26	19	18	12	3.34	62.954	0.000
	后测	45	27	19	5	4	4.04		
资源共同体3	前测	67	20	4	5	4	4.41	18.938	0.001
	后测	77	18	3	1	1	4.69		

进一步，对比实验组与对照组后测数据，还发现：实验组学生对网络育人平台各方面的"十分认同"占比都要高于对照组，最高差异是"学校利用专题网站、微信公众号、抖音、B站等新媒体载体开展青年社会主义核心价值观教育，反响效果很好"达到29%，其次是"青年社会主义核心价值观教育中，网上虚拟化体验与网下管理引导互联互通，效果很好"达到24%，然后依次是"青年社会主义核心价值

观教育中,实体课堂与移动终端互联互通,效果很好"达到20%和"青年社会主义核心价值观教育中,数字化教育场景与传统教育场景的互联互通,效果很好"达到7%。除了"青年社会主义核心价值观教育中,数字化教育场景与传统教育场景的互联互通,效果很好",对照组学生在其他三个维度指标上的"比较认同"占比与实验组持平或略高2—3个百分点。但是,实验组学生网络育人平台效果各维度指标"十分认同"与"比较认同"之和也明显高于对照组。对应的卡方检验显示,所有维度指标的双侧假设检验 P-value 均小于0.01,反映出两组学生在不同状态学习的网络育人效果存在显著差异(如表6-12所示)。因此,尽管部分实验组学生的认同度没有显著提高,但不可否认青年社会主义核心价值观教育协同机制运行能显著提高社会主义核心价值观的网络育人平台效果。

表6-12　实验组与对照组"网络育人"平台效果认同度后测检验结果

变量名称	组别	十分认同(%)	比较认同(%)	说不清楚(%)	较不认同(%)	很不认同(%)	均值	卡方检验值	P-value(双侧)
网络载体	实验组	39	28	18	12	3	3.88	114.681	0.000
	对照组	10	28	18	32	12	2.92		
资源共同体1	实验组	51	19	17	8	5	4.03	47.486	0.000
	对照组	31	23	15	17	14	3.40		
资源共同体2	实验组	45	27	19	5	4	4.04	76.453	0.000
	对照组	21	29	19	20	11	3.29		
资源共同体3	实验组	77	18	3	1	1	4.69	19.578	0.001
	对照组	70	16	5	3	6	4.41		

(5)实践育人平台效果的卡方检验

对比实验组前后测数据可得:青年社会主义核心价值观教育协同机制运行后,学生对实践育人平台效果各维度指标的认同度均值都有提高,且学生对各维度指标的"十分认同"占比也明显提高,其中提高最多的是"学校利用现有的实践基地如爱国主义教育基地、公益性互助组织、事务性志愿服务机构来开展社会主义核心价值观教育,反响效果很好"达到30%,其他均达到10%以上(如表6-13所示)。表中的卡方检验结果也显示,反映实践育人平台效果的所有维度指标的双侧检验 P-value 均小于0.01,可以认为青年社会主义核心价值观教育协同机制运行对实验组同学的实践育人效果感受有显著正影响。

表6-13　实验组"实践育人"平台效果认同度前后测检验结果

变量名称	前后测数据	十分认同(%)	比较认同(%)	说不清楚(%)	较不认同(%)	很不认同(%)	均值	卡方检验值	P-value(双侧)
实践基地	前测	10	26	19	30	15	2.86	113.931	0.000
	后测	40	27	16	13	4	3.86		
知识共同体1	前测	33	19	16	16	16	3.37	44.280	0.000
	后测	50	20	16	10	4	4.02		
知识共同体2	前测	23	26	19	20	12	3.28	73.682	0.000
	后测	45	27	19	5	4	4.04		
知识共同体3	前测	66	20	4	5	5	4.37	21.919	0.001
	后测	77	17	4	1	1	4.68		

进一步,对比实验组与对照组后测数据,还发现:实验组学生对实践育人效果各方面的"十分认同"占比都要高于对照组,最高差异是"学校利用现有的实践基地如爱国主义教育基地、公益性互助组织、事务性志愿服务机构来开展社会主义核心价值观教育,反响效果很好"达到28%,其次是"您所参与的社会主义核心价值观教育,在强化'有字之书'进行榜样引领与利用实践活动进行体验感悟方面协同得很好"达到24%,然后依次是"您所参与的社会主义核心价值观教育,在利用历史读本推进'学史崇德'与利用实践活动推进情感渲染方面,协同得很好"达到17%和"您所参与的社会主义核心价值观教育,在利用'有字之书'进行现实渗透与利用实践活动凸显生活化表达方面协同得很好"达到7%。同时,实验组学生在实践育人平台效果各个维度指标上的"比较认同"占比与对照组持平或略高2—3个百分点。而对应的卡方检

验显示，所有维度指标的双侧假设检验 P-value 均小于 0.01，反映出两组学生在不同实践育人状态下的学习效果存在显著差异（如表 6－14 所示）。因此，尽管部分实验组同学的认同度没有显著提高，但不可否认青年社会主义核心价值观教育协同机制运行能显著提高社会主义核心价值观的实践育人效果。

表 6－14　实验组与对照组"实践育人"平台效果认同度后测检验结果

变量名称	组别	十分认同（%）	比较认同（%）	说不清楚（%）	较不认同（%）	很不认同（%）	均值	卡方检验值	P-value（双侧）
实践基地	实验组	38	27	18	13	4	3.82	113.552	0.000
	对照组	10	25	17	32	16	2.81		
知识共同体1	实验组	50	20	16	10	4	4.02	44.223	0.000
	对照组	31	18	20	17	14	3.35		
知识共同体2	实验组	45	27	19	5	4	4.04	87.630	0.000
	对照组	21	25	19	20	15	3.17		
知识共同体3	实验组	77	17	4	1	1	4.68	17.896	0.001
	对照组	70	17	5	1	7	4.42		

（6）文化育人平台效果的卡方检验

对比实验组前后测数据可得：青年社会主义核心价值观教育协同机制运行后，学生对文化育人平台效果各维度指标的认同度均值都有提高，且学生对各维度指标的"十分认同"占比也明显提高，其中提高最多的是"您所在学校的建筑、雕塑、景观设计等物质文化的环境创设，被思政课程、专业课程以及通识课程等课程育人平台利用，使社会主义核心价值观教育的效果更好"达到29%，"学校制定的规章制度，与课程育人、网络育人、实践育人分别结合，对青年社会主义核心价值观教育起到了很好的推动作用"达到20%，其他均达到10%及以上（如表6－15所示）。表中的卡方检验结果也显示，反映文化育人平台效果的所有维度指标的双侧检验 P-value 均小于 0.01，可以认为青年社会主义核心价值观教育协同机制运行对实验组学生的文化育人效果感受有显著正影响。

表6-15　　实验组"文化育人"平台效果认同度前后测检验结果

变量名称	前后测数据	十分认同(%)	比较认同(%)	说不清楚(%)	较不认同(%)	很不认同(%)	均值	卡方检验值	P-value(双侧)
生态共同体1	前测	10	26	21	31	12	2.91	115.159	0.000
	后测	39	28	18	12	3	3.88		
生态共同体2	前测	34	19	15	16	16	3.39	42.310	0.000
	后测	49	20	18	8	5	4.00		
生态共同体3	前测	25	26	19	18	12	3.34	62.954	0.000
	后测	45	27	19	5	4	4.04		
生态共同体4	前测	67	20	4	5	4	4.41	18.938	0.001
	后测	77	18	3	1	1	2.91		

进一步，对比实验组与对照组后测数据，还发现：实验组学生对文化育人效果各方面的"十分认同"占比都要高于对照组，最高差异是"您所在学校的建筑、雕塑、景观设计等物质文化的环境创设，被思政课程、专业课程以及通识课程等课程育人平台利用，使社会主义核心价值观教育的效果更好"达到28%，其次是"学校制定的规章制度，与课程育人、网络育人、实践育人分别结合，对青年社会主义核心价值观教育起到了很好的推动作用"达到24%，然后依次是"在集体记忆、共同记忆中渗透的精神文化与学校的开学典礼、毕业典礼、重要人物纪念活动等仪式感很强的实践教育结合，为青年社会主义核心价值观教育的开展增加了亮色"达到17%和"针对青年社会主义核心价值观教育，您所了解到的物质载体、精神理念以及制度规范等综合功能发挥效果很好"达到7%。但除了"针对青年社会主义核心价值观教育，您所了解到的物质载体、精神理念以及制度规范等综合功能发挥效果很好"外，实验组学生在其他三个维度指标上的"比较认同"占比与对照组持平或略高1—2个百分点。而对应的卡方检验显示，所有维度指标的双侧假设检验P-value均小于0.01，反映出两组学生在不同文化育人状态下学习效果存在显著差异（如表6-16所示）。因此，尽管部分实验组学生的认同度没有显著提高，但不可否认青年

社会主义核心价值观教育协同机制运行能显著提高社会主义核心价值观的文化育人效果。

表6-16　实验组与对照组"文化育人"平台效果认同度后测检验结果

变量名称	组别	十分认同(%)	比较认同(%)	说不清楚(%)	较不认同(%)	很不认同(%)	均值	卡方检验值	P-value(双侧)
生态共同体1	实验组	39	28	18	12	3	3.88	108.811	0.000
	对照组	11	28	17	32	12	2.94		
生态共同体2	实验组	49	24	14	8	5	4.00	42.159	0.000
	对照组	32	23	14	17	14	3.42		
生态共同体3	实验组	45	29	19	3	4	4.04	76.453	0.000
	对照组	21	29	19	20	11	3.29		
生态共同体4	实验组	77	18	3	1	1	4.69	19.578	0.001
	对照组	70	16	5	3	6	4.41		

（7）制度环境效果的卡方检验

对比实验组前后测数据可得：青年社会主义核心价值观教育协同机制运行后，学生对制度环境效果各维度指标的认同度均值都有提高，且对各维度指标持"十分认同"的占比更有明显提高，提高幅度比较平均，在17%—20%之间。需要注意，虽然实验组学生对"为推动青年社会主义核心价值观教育，党和国家颁布了一系列制度性文件，这些制度文件内容对培育与践行社会主义核心价值观很有指导作用"维度指标的态度有显著变化，其"很不认同"占比由21%下降到11%，但"说不清楚"前测占比33%在青年社会主义核心价值观教育协同机制运行后并未变化。还有在"为推动青年社会主义核心价值观教育，省级教育行政机构结合区域实际、领域特点颁布了一系列制度性文件，这些制度性文件内容对培育与践行社会主义核心价值观很有指导作用"维度上，也有类似表现（如表6-17所示）。不过，表中的卡方检验结果显示，反映制度环境效果的所有维度指标的双侧检验 P-value 均小于 0.01，可以认为青年社会主义核心价值观教育协同机制对实验组学生的制度环境效果感受有显著正影响。

表6-17　　实验组"制度环境"效果认同度前后测检验结果

变量名称	前后测数据	十分认同（%）	比较认同（%）	说不清楚（%）	较不认同（%）	很不认同（%）	均值	卡方检验值	P-value（双侧）
制度协同	前测	63	23	7	4	3	4.39	29.075	0.000
	后测	80	15	3	1	1	4.72		
宏观制度	前测	13	9	33	24	21	2.69	41.266	0.000
	后测	30	10	33	16	11	3.32		
中观制度	前测	21	21	25	19	14	3.16	71.739	0.000
	后测	41	23	26	5	5	3.90		
微观制度	前测	19	20	24	28	9	3.12	41.256	0.000
	后测	37	22	15	16	10	3.60		

进一步，对比实验组与对照组后测数据，还发现：实验组学生对制度环境效果各方面的"十分认同"占比都明显高于对照组，最高差异是"为推动青年社会主义核心价值观教育，党和国家颁布了一系列制度性文件，这些制度文件内容对培育与践行社会主义核心价值观很有指导作用"达到21%，其次是"为推动青年社会主义核心价值观教育，省级教育行政机构结合区域实际、领域特点颁布了一系列制度性文件，这些制度文件内容对培育与践行社会主义核心价值观很有指导作用"达到20%，然后依次是"您所在学校为落实国家和地方关于社会主义核心价值观教育要求并结合自身情况而制定的各种制度，这些微观性的制度操作性强，对您学习社会主义核心价值观作用明显"达到19%，"您所感受到的青年社会主义核心价值观教育宏观、中观以及微观制度环境衔接效果良好"达到18%。对应的卡方检验也显示，所有维度指标的双侧假设检验 P-value 均小于0.01，可认为两组学生在不同政策环境中的学习效果有显著差异。再比较两组认同度均值可知，实验组学生对各维度指

标的认同程度均高于对照组（如表6-18所示）。由此推断，青年社会主义核心价值观教育协同机制运行能显著提高社会主义核心价值观的制度环境效果。

表6-18　实验组与对照组"制度环境"效果认同度后测检验结果

变量名称	组别	十分认同(%)	比较认同(%)	说不清楚(%)	较不认同(%)	很不认同(%)	均值	卡方检验值	P-value（双侧）
制度协同	实验组	80	15	3	1	1	4.72	30.935	0.000
	对照组	62	24	8	3	3	4.39		
宏观制度	实验组	30	10	33	16	11	3.32	58.268	0.000
	对照组	9	10	35	24	22	2.60		
中观制度	实验组	41	23	26	5	5	3.90	62.240	0.000
	对照组	21	23	26	19	11	3.24		
微观制度	实验组	37	22	15	16	10	3.60	41.913	0.000
	对照组	18	21	23	28	10	3.09		

（8）组织环境效果的卡方检验

对比实验组前后测数据可得：青年社会主义核心价值观教育协同机制运行后，学生对组织环境效果各维度指标的认同度均值都有提高，且对各维度指标持"十分认同"的占比更有明显提高，提高幅度比较平均，在17%—20%之间。最高差异是"青年社会主义核心价值观教育，学校'小课堂'协同社会'大课堂'的力度与效果很好"达到20%，"青年社会主义核心价值观教育，家风家教的熏陶与学校的价值引领在信息共享以及协同作用发挥方面效果很好""您所感受到的青年社会主义核心价值观教育中社会、家庭及学校等组织环境衔接效果很好""青年社会主义核心价值观教育，家庭教育与社会大课堂实践之间在衔接过渡上效果很好"都是17%。需要注意，虽然实验组学生对"家校协同"维度指标的态度有显著变化，其"很不认同"占比由28%下降到17%，但"说不清楚"前测占比21%在青年社会主义核心价值观教育协同机制运行后并未变化。还有在"校社协同"维度上，也有类似表现（如表 6 – 19 所示）。不过，表中的卡方检验结果显示，反映组织环境效果的所有维度指标的双侧检验 P-value 均小于 0.01，可以认为社会主义核心价值观教育协同机制运行对实验组学生的组织环境效果感受有显著正影响。

表 6 – 19　　　　实验组"组织环境"效果认同度前后测检验结果

变量名称	前后测数据	十分认同（％）	比较认同（％）	说不清楚（％）	较不认同（％）	很不认同（％）	均值	卡方检验值	P-value（双侧）
家校社协同	前测	63	23	7	4	3	4.39	27.961	0.000
	后测	80	14	4	1	1	4.71		
家校协同	前测	13	9	21	29	28	2.50	50.856	0.000
	后测	30	15	21	17	17	3.24		
校社协同	前测	21	21	25	19	14	3.16	71.739	0.000
	后测	41	23	26	5	5	3.90		
家社协同	前测	19	20	24	28	9	3.12	35.408	0.000
	后测	36	21	17	16	10	3.57		

进一步，对比实验组与对照组后测数据，还发现：实验组学生对组织环境效果各方面的"十分认同"占比都明显高于对照组，最高差异是"家校协同"达到21%，其次是"校社协同"达到20%，然后是"家校社三者协同""家社协同"达到18%。对应的卡方检验也显示，所有维度指标的双侧假设检验 P-value 均小于 0.01，可认为两组学生在不同组织环境学习的效果有显著差异。对应的卡方检验也显示，所有维度指标的双侧假设检验 P-value 均小于 0.01，可认为两组学生在不同组织环境学习的效果有显著差异。再比较两组认同度均值可知，实验组学生对各维度指标的认同程度均高于对照组（如表 6 – 20 所示）。由此推断，青年社会主义核心价值观教育协同机制运行能显著提高社会主义核心价值观的组织环境实施效果。

表 6-20 实验组与对照组"组织环境"效果认同度后测检验结果

变量名称	组别	十分认同（%）	比较认同（%）	说不清楚（%）	较不认同（%）	很不认同（%）	均值	卡方检验值	P-value（双侧）
家校社协同	实验组	80	14	4	1	1	4.71	29.470	0.000
	对照组	62	24	8	3	3	4.39		
家校协同	实验组	30	15	21	17	17	3.32	62.215	0.000
	对照组	9	10	35	24	22	2.60		
校社协同	实验组	41	23	26	5	5	3.90	62.240	0.000
	对照组	21	23	26	19	11	3.24		
家社协同	实验组	80	14	4	1	1	4.71	29.470	0.000
	对照组	62	24	8	3	3	4.39		

六 其他相关素材

在青年社会主义核心价值观教育协同机制运行的一年时间中，重庆交通大学组织了12次"思政课程和课程思政协同育人"的研讨会，重庆交通大学在实验班组织了36场社会主义核心价值观思想政治教育教学示范课、组织了42场"课程思政"示范课。重庆交通大学全覆盖组织实验班学生赴"红岩红"沉浸式剧场观影，实验班学生在重庆红岩革命纪念馆开展了300余场宣讲，覆盖了30余万人次游客。重庆交通大学全覆盖组织实验班学生参加社会实践，组建了15支"三下乡"社会实践服务团赴云阳泉水村、梁平双河村、潼南芭蕉村、万州大兴村、涪陵睦和村、城口白果村、奉节桥沟村等地开展志愿者服务。重庆交通大学研发的社会主义核心价值观AI互动空间被重庆市教委在全市高校推广使用。重庆交通大学组织实验班学生录制重庆日报《理响青年》栏目5期，包括"从红色标语的守护感悟爱国主义精神""教育公平，让每一个农村娃娃都能上好学校""从秋天生态画卷感受和谐重庆的魅力""红岩故事系列"等主题。与此同时，实验班学生获得了许多和社会主义核心价值观教育相关的奖励。比较有代表性的包括："社会主义核心价值观发现式传播行走服务团"入选全国暑期"三下乡"社会实践先进团队（实验班有8名学生参与）；《重庆交通大学"四维联动"做实大学生社会主义核心价值观教育》入选教育部思想政治工作创新案例；"学习雷锋，筑梦乡村"服务团入选重庆市暑期"三下乡"社会实践先进团队（实验班有 5 名学生参与）；实验班 12 名学生被评为重庆市精神文明先进个人；实验班 18 名学生被评为重庆市先进青年志愿者；实验班 5 名学生被评为重庆市自立自强先进个人；实验班 11 名学生在重庆市"中华魂"爱国读书征文比赛中获奖；舞台情景剧《践行社会主义核心价值观的人民公仆》荣获重庆市大学生艺术展演一等奖（实验班有 6 名学生参与）；摄影作品《我身边的雷锋》获重庆市大学生艺术展演二等奖（实验班有 1 名学生参与）；青春倡廉文创作品《廉洁润初心，铸魂担使命》获重庆市廉洁教育系列活动大赛三等奖（实验班有 3 名学生参与）；"以心灵之旅，共绘'小桥大爱'"心理团辅活动获重庆市大学生心理健康教育论坛二等奖（实验班有 5 名学生参与）。此外，"栖居漫谈"课程入选国家级"课程思政"示范课程，"民歌艺术"课程入选重庆市"课程思政"示范课程。

七 结论

本书以"现实问题+实际需求"为研究导向，以"理论创新+扎根实践"为研究策略，构建了新时代青年社会主义核心价值观教育协同机制。通过一年在大一新生中进行扎根实践，得出了如下结论：

（一）新时代青年社会主义核心价值观教育协同机制对社会主义核心价值观内容认同度的影响

笔者设计的关于社会主义核心价值观内容认同度的问题，是青年学生中最具辨识度的问题。通过实验发现：新时代青年社会主义核心价值观教育协同机制对实验组学生关于社会主义核心价值观内容 12 个维度的认同度都有显著正影响。这说明：新时代青年社会主义核心价值观教育协同机制让青年社会主义核心价值观水平得到提高。

（二）新时代青年社会主义核心价值观教育协同机制对社会主义核心价值观教育效果认同度的影响

通过实验发现：新时代青年社会主义核心价值观教育协同机制的运

行对实验组学生关于社会主义核心价值观教育的八个维度（三全育人、师生关系、课程育人、网络育人、实践育人、文化育人、制度环境、组织环境）都有显著正影响。这说明：新时代青年社会主义核心价值观教育协同机制的运行让青年对社会主义核心价值观教育效果的认同度有了显著提高。

参考文献

一 经典文献

《马克思恩格斯全集》第1卷,人民出版社1995年版。
《马克思恩格斯全集》第4卷,人民出版社1958年版。
《马克思恩格斯全集》第25卷,人民出版社2001年版。
《马克思恩格斯全集》第3卷,人民出版社2002年版。
《马克思恩格斯全集》第2卷,人民出版社2005年版。
《马克思恩格斯全集》第6卷,人民出版社1961年版。
《1844年经济学哲学手稿》,人民出版社2000年版。
《胡锦涛文选》第三卷,人民出版社2016年版。
《习近平著作选读》第一卷,人民出版社2023年版。
《习近平著作选读》第二卷,人民出版社2023年版。
习近平:《做党和人民满意的好老师:同北京师范大学师生代表座谈时的讲话》,人民出版社2014年版。
习近平:《在纪念五四运动100周年大会上的讲话》,人民出版社2019年版。

二 期刊

《教育部等八部门关于加快构建高校思想政治工作体系的意见》,《中华人民共和国教育部公报》2020年第4期。
艾兴、张玉:《从数字画像到数字孪生体:数智融合驱动下数字孪生学习者构建新探》,《远程教育杂志》2021年第1期。
毕红梅、谭江林:《思想政治教育主客体问题的三重论域》,《思想教育研究》2021年第6期。

毕亮：《新媒体视域下大学生社会主义核心价值观培育路径探析》，《扬州大学学报》（高教研究版）2020年第5期。

毕腾亚、韩升：《追寻个体与共同体的和谐共生——马克思正义理念的价值旨归》，《思想教育研究》2021年第2期。

蔡祎、王辰：《基于主题式教学的大中小学思政课一体化策略研究——以"走中国特色社会主义政治发展道路"主题教学为例》，《北京教育》（德育）2023年第2期。

陈玲：《"三全育人"协同创新组织的建构》，《学校党建与思想教育》2021年第4期。

陈培永：《对马克思关于人的本质问题论断的再理解》，《思想理论教育导刊》2021年第9期。

陈勇、陈蕾、陈旻：《立德树人：当代大学生思想政治教育的根本任务》，《思想理论教育导刊》2013年第4期。

戴木才：《引导大学生自觉践行社会主义核心价值观》，《思想理论教育导刊》2019年第2期。

冯刚：《改革开放40年来高校思想政治教育发展的经验与展望》，《中国高等教育》2018年第2期。

冯刚、郭鹏飞：《对意识形态本质的一种解读——以价值观念为中心》，《思想理论教育导刊》2013年第6期。

冯刚、王振：《论社会主义核心价值观与大学生利益需求的同构性》，《国家教育行政学院学报》2016年第10期。

冯刚、曾永平：《学科交叉视野下思想政治教育创新发展的特点与趋势——基于2017年学科交叉与思想政治教育研究成果的分析》，《思想政治教育研究》2018年第1期。

冯一青：《行动思政：五年制高职校"三全育人"的路径探索》，《华人时刊》（校长）2022年第4期。

高凌云、吴东华：《传播学视角的思想政治教育初探》，《思想教育研究》2011年第9期。

高谦民：《试论中国古代教育的重德精神》，《南京师大学报》（社会科学版）1998年第2期。

高盛楠、吴满意：《技术驱动高校思政教育创新的基本指向》，《高校马克思主义理论研究》2022年第4期。

高晓林、骆良虎：《仪式教育融入"大思政课"建设的内在逻辑、价值意蕴与实践理路》，《思想教育研究》2023年第1期。

韩丽颖：《高校理想信念教育常态化、制度化的核心意涵与实践理路》，《思想理论教育》2020年第12期。

韩文乾：《新媒体环境下高校社会主义核心价值观教育途径探析》，《思想理论教育导刊》2015年第3期。

郝保英、王涛：《"大思政课"视域下高校思政课的实践性论析》，《思想理论教育导刊》2022年第10期。

郝文武：《以马克思对象主体论为指导建构师生主体间性》，《教育研究》2020年第7期。

黄科、周琪：《主体需要视域下思想政治教育价值发展嬗变及实现路径》，《学校党建与思想教育》2022年第16期。

黄吴静、韩峰：《班杜拉观察学习的过程理论及其在榜样教育中的应用》，《高等函授学报》（哲学社会科学版）2008年第11期。

黄振宣、韦文荣：《文化自觉视域下高校思想政治教育探索——基于习近平系列讲话精神》，《河池学院学报》2016年第1期。

姜延博：《高校思想政治教育显性教育和隐性教育相统一的实践路径》，《重庆理工大学学报》（社会科学版）2021年第1期。

蒋雪莲：《〈路德维希·费尔巴哈和德国古典哲学的终结〉的思想政治教育意蕴》，《思想理论教育导刊》2020年第9期。

揭晓：《论马克思主义意识形态大众化传播的日常生活维度》，《教学与研究》2015年第6期。

李畅、李亚员：《习近平关于社会主义核心价值观重要论述的思想要义》，《当代世界社会主义问题》2021年第2期。

李卯、张传燧：《"修道之谓教"：〈中庸〉的生命实现路径及其教育哲学意蕴》，《湖南师范大学教育科学学报》2018年第5期。

李仙娥：《"大思政课"视域下高校思政课实践育人模式的构建论析》，《思想理论教育导刊》2022年第1期。

李颖、靳玉军：《网络空间视域下高校思想政治教育治理的创新发展研究》，《重庆大学学报》（社会科学版）2020年第3期。

李姿雨、方凤玲：《系统思维视域下大数据与思想政治教育有效融合研究》，《思想教育研究》2022年第3期。

梁超锋：《新时代高校课程思政建设的主力军、主战场、主渠道》，《高校辅导员》2021年第4期。

梁伟、马俊、梅旭成：《高校"三全育人"理念的内涵与实践》，《学校党建与思想教育》2020年第4期。

梁小娟：《社会主义核心价值观的构建与深化发展》，《重庆社会科学》2023年第1期。

刘爱玲：《互联网视域下思想政治教育场域的转换与重构》，《思想理论教育导刊》2020年第6期。

刘宏达：《以体系思维推进高校思想政治工作体系的创新发展》，《思想理论教育》2020年第8期。

刘燕、刘龙飞：《新媒体时代思想政治教育话语表达研究》，《学校党建与思想教育》2021年第17期。

刘有升、潘颖琦：《扎实办好中国特色社会主义高校——习近平关心福州大学建设的哲学意蕴与时代价值》，《福州大学学报》（哲学社会科学版）2022年第5期。

骆郁廷、史姗姗：《中国梦教育：大学生思想政治教育新课题》，《思想理论教育》2013年第17期。

潘斌：《论教育回归生活世界》，《高等教育研究》2006年第5期。

蒲清平、黄媛媛：《系统论视域下"大思政课"建设的理论意蕴与实践进路》，《思想理论教育导刊》2023年第3期。

乔凯：《大学仪式的育人功能、现实困境与改进路径》，《江苏高教》2018年第9期。

邱泽奇：《连通性：5G时代的社会变迁》，《探索与争鸣》2019年第9期。

曲建武、谭丽萍：《新时代大学生思想政治教育场域合力的三维构成》，《思想教育研究》2022年第6期。

邵献平、何丽君：《思想政治教育的逻辑起点》，《思想政治教育研究》2013年第5期。

沈壮海：《办好思政课的根本遵循——写在习近平总书记主持召开学校思想政治理论课教师座谈会两周年之际》，《国家教育行政学院学报》2021年第1期。

沈壮海：《在思想政治工作体系中理解和推进课程思政》，《教育研究》2020年第9期。

叔贵峰、张笑笑：《马克思哲学中"对象化"的理论变革及其实践内涵》，《沈阳师范大学学报》（社会科学版）2019年第2期。

孙晓琳、庞立生：《思想政治教育话语传播的本质规定、生活基础与叙事逻辑》，《思想教育研究》2022年第5期。

孙秀艳：《社会主义核心价值观的方法论观照》，《东南学术》2017年第6期。

唐志龙：《社会主义核心价值观铸魂育人的新时代视阈》，《中共宁波市委党校学报》2023年第3期。

王宝鑫：《思想政治教育发展的中国语境及其逻辑》，《东北师大学报》（哲学社会科学版）2019年第1期。

王春江、张学亮：《中华优秀传统文化融入思政课教学的思考——基于思政课教学话语转换的视角》，《桂林师范高等专科学校学报》2018年第6期。

王杰：《修齐治平、关注当下的政治智慧（七）：怎样做到知行合一》，《月读》2023年第5期。

王丽娜、姜军、孙红华：《大学生思想政治教育的主体间性转向》，《齐齐哈尔大学学报》（哲学社会科学版）2012年第4期。

王品卿：《建构主义理论视域下高校心理健康课程创新探析》，《齐齐哈尔大学学报》（哲学社会科学版）2022 年第 9 期。

王瑞：《构建全课程育人的高校思想政治教育大格局》，《思想理论教育导刊》2019 年第 3 期。

王树荫、石亚玲：《当代青年践行社会主义核心价值观的科学指南》，《中国高等教育》2014 年第 2 期。

王学俭、顾超：《思想政治教育整体性协同创新》，《湖北社会科学》2016 年第 12 期。

王雅洁：《研究新时期大学生思想新特点搞好"两课"教学》，《中国科技信息》2005 年第 17 期。

吴满意、高盛楠：《高校思想政治教育数据治理研究》，《马克思主义理论学科研究》2022 年第 9 期。

吴正国、侯勇：《高校思想政治教育系统整合：理论分析、现实诉求与优化路径》，《思想教育研究》2022 年第 11 期。

伍廉松：《论社会主义核心价值观对大学生精神生活的引领》，《思想政治教育研究》2020 年第 2 期。

项久雨、任杰：《大学生践行社会主义核心价值观存在的问题及成因》，《学校党建与思想教育》2015 年第 6 期。

徐园媛、胡亚男：《"互联网 +" 视域下的大学生思想政治教育工作研究》，《黑龙江高教研究》2019 年第 4 期。

徐园媛、旷媛园：《"互联网 +" 视域下大学生爱国主义教育创新研究》，《学校党建与思想教育》2020 年第 17 期。

徐园媛、廖桂芳：《论大学生核心价值观教育心理接受机制的构建》，《学校党建与思想教育》2012 年第 2 期。

许家烨：《大中小学思想政治理论课教材一体化建设：逻辑、问题与策略》，《思想教育研究》2022 年第 2 期。

许瑞芳、纪晨毓：《"大思政课" 视域下思想政治理论课教学的社会生活省思》，《思想教育研究》2022 年第 4 期。

闫鹏、吴家华：《社会主义核心价值观认同转化论析》，《江淮论坛》2020 年第 6 期。

杨斌、徐之顺：《整合与重构：高校核心价值观教育的路径选择》，《苏州大学学报》（哲学社会科学版）2016年第6期。

杨威、魏逍：《完善新时代思想政治工作体系：意义、目标与路径》，《马克思主义与现实》2023年第3期。

姚篮：《试论班杜拉的社会学习理论——观察学习》，《遵义师范学院学报》2003年第2期。

余纯：《浅析"知行合一"的现代价值》，《人民论坛》2012年第23期。

虞花荣：《论立德树人的内涵》，《伦理学研究》2020年第6期。

苑晓杰、左靓：《习近平关于新时代青年担当重要论述的三个维度》，《思想理论教育导刊》2020年第12期。

翟晓磊、李海鹏：《论学校在"校—家—社"关系中的主导地位——空间、权力和知识视角下学校、家庭和社区关系研究》，《中国教育学刊》2020年第11期。

仉建涛：《实施"四全"育人工程 构建合力育人机制》，《河南教育》（高校版）2005年第8期。

张斌斌：《从思政课程到课程思政：高校思想政治教育话语共同体的生成与建构》，《湖北师范大学学报》（哲学社会科学版）2022年第6期。

张科、龙汉武、唐凌：《论大学生思想政治教育践行立德树人的基本路径》，《西华师范大学学报》（哲学社会科学版）2016年第3期。

张青平、常腾：《场域理论视域下研究生导师与辅导员协同育人策略研究》，《陕西教育》（高教）2023年第9期。

张伟、陈士军：《略论培育大学生社会主义核心价值观的四个维度》，《高教论坛》2021年第3期。

张文富、屈彩霞：《从马克思主义基本原理视角看高校思想政治教育的实效性问题》，《思想政治教育研究》2013年第1期。

张文强：《新时代构建高校思想政治教育协同机制研究》，《国家教育行政学院学报》2019年第12期。

赵达远、臧宏：《思想政治教育目标体系研究》，《思想教育研究》2016

年第 11 期。

郑敬斌、刘敏：《思想政治教育话语亲和力提升问题研究》，《思想理论教育导刊》2020 年第 3 期。

三 学位论文

徐园媛：《大学生社会主义核心价值观教育"四位一体"课程实施路径研究》，博士学位论文，西南大学，2017 年。

四 报纸文章

习近平：《关于〈中共中央关于坚持和完善中国特色社会主义制度 推进国家治理体系和治理能力现代化若干重大问题的决定〉的说明》，《人民日报》2019 年 11 月 6 日第 4 版。

习近平：《青年要自觉践行社会主义核心价值观——在北京大学师生座谈会上的讲话》，《人民日报》2014 年 5 月 5 日第 2 版。

习近平：《信念坚定对党忠诚实事求是担当作为 努力成为可堪大用能担重任的栋梁之才》，《人民日报》2021 年 9 月 2 日第 1 版。

习近平：《在北京大学师生座谈会上的讲话》，《人民日报》2018 年 5 月 3 日第 2 版。

习近平：《在纪念孔子诞辰 2565 周年国际学术研讨会暨国际儒学联合会第五届会员大会开幕会上的讲话》，《人民日报》2014 年 9 月 25 日第 2 版。

习近平：《在同各界优秀青年代表座谈时的讲话》，《人民日报》2013 年 5 月 5 日第 2 版。

习近平：《在知识分子、劳动模范、青年代表座谈会上的讲话》，《人民日报》2016 年 4 月 30 日第 2 版。

《把思想政治工作贯穿教育教学全过程 开创我国高等教育事业发展新局面》，《人民日报》2016 年 12 月 9 日第 1 版。

《当好全国改革开放排头兵 不断提高城市核心竞争力》，《人民日报》2014 年 5 月 25 日第 1 版。

徐园媛、张王燕：《打造青年社会主义核心价值观教育的"育人共同体"》，《重庆日报》2022年11月3日第9版。

《中共中央国务院印发新时代公民道德建设实施纲要》，《人民日报》2019年10月28日第1版。

附　　录

新时代青年对社会主义核心价值观的认知现状的调查问卷

亲爱的同学：

您好！我们是"新时代青年社会主义核心价值观教育协同机制构建研究"课题组的成员，为更好了解当前青年对社会主义核心价值观的认知现状，特开展此次问卷调查。本调查以无记名形式进行，为方便调研结果的统计分析，请如实填写您的基本情况，在括号中填写您认为正确的选项。谢谢您的支持！

一　基本情况

（　）1. 您的性别

A. 男　　　　　　B. 女

（　）2. 您就读学校的层次

A. 本科院校　　　B. 高职　　　　C. 中职

D. 高中　　　　　E. 初中　　　　F. 其他

（　）3. 您的政治面貌

A. 中共党员　　　B. 共青团员　　C. 群众

二 青年学生对社会主义核心价值观内容的认同度调查问卷

（　　）1. "国家富强是中华儿女的期盼。国家富强，民族复兴，最终要体现在千千万万个家庭都幸福美满上"，您对这个观点

　　A. 十分认同　　　　B. 比较认同　　　　C. 说不清楚
　　D. 较不认同　　　　E. 很不认同

（　　）2. "全过程人民民主是一种良好态势。年满18周岁的大学生选举人大代表，是行使当家作主的权利的一种表征"，您对这个观点

　　A. 十分认同　　　　B. 比较认同　　　　C. 说不清楚
　　D. 较不认同　　　　E. 很不认同

（　　）3. "文明是现代化国家的显著标志。一个民族的文明进步，很大程度上取决于社会思想道德水平。青年学生外出旅游，尊重旅游地的风俗习惯是社会文明程度的体现"，您对这个观点

　　A. 十分认同　　　　B. 比较认同　　　　C. 说不清楚
　　D. 较不认同　　　　E. 很不认同

（　　）4. "和谐社会概念包括人与自然的和谐、与社会的和谐，但是最值得重视的还是人与人之间的和谐，即形成良好的人际关系。青年学生应该尽力创造和谐的师生关系、和谐的同学关系"，您对这个观点

　　A. 十分认同　　　　B. 比较认同　　　　C. 说不清楚
　　D. 较不认同　　　　E. 很不认同

（　　）5. "自由是社会主义的内在逻辑。个体自由是指在不违背和不损害公共利益前提下个体对自由的充分享有"，您对这个观点

　　A. 十分认同　　　　B. 比较认同　　　　C. 说不清楚
　　D. 较不认同　　　　E. 很不认同

（　　）6. "全面依法治国是国家治理的一场深刻革命，青年学生必须遵守国家法律。法律面前，人人平等"，您对这个观点

　　A. 十分认同　　　　B. 比较认同　　　　C. 说不清楚
　　D. 较不认同　　　　E. 很不认同

（　　）7. "公正是人类文明进步的重要标准，是人类社会秩序的价

值规范。青年学生应该客观公正地评价人和事",您对这个观点

  A. 十分认同 B. 比较认同 C. 说不清楚
  D. 较不认同 E. 很不认同

  ( ) 8."全面推进依法治国,必须坚持全民守法。青年学生应该遵纪守法",您对这个观点

  A. 十分认同 B. 比较认同 C. 说不清楚
  D. 较不认同 E. 很不认同

  ( ) 9."爱国是'共享的价值+共通的情感+共同的利益+共有的身份'在铸牢中华民族共同体意识中的全景化展现,爱国是青年学生的基本遵循",您对这个观点

  A. 十分认同 B. 比较认同 C. 说不清楚
  D. 较不认同 E. 很不认同

  ( ) 10."劳模精神、劳动精神、工匠精神是民族精神和时代精神的生动体现。青年学生应弘扬工匠精神,尽职尽责",您对这个观点

  A. 十分认同 B. 比较认同 C. 说不清楚
  D. 较不认同 E. 很不认同

  ( ) 11."中国古人说:'诚信者,天下之结也。'考试作弊是可耻的",您对这个观点

  A. 十分认同 B. 比较认同 C. 说不清楚
  D. 较不认同 E. 很不认同

  ( ) 12."人道主义是能够凝聚不同文明的最大共识。中华传统文化中包含的'仁者爱人''己所不欲,勿施于人'等思想,同国际红十字运动的宗旨相融相通。助人为乐是社会主义人道主义的基本要求",您对这个观点

  A. 十分认同 B. 比较认同 C. 说不清楚
  D. 较不认同 E. 很不认同

新时代青年社会主义核心价值观
教育现状的调查问卷

亲爱的同学：

您好！我们是"新时代青年社会主义核心价值观教育协同机制构建研究"课题组的成员，为更好了解当前青年社会主义核心价值观教育现状，特开展此次问卷调查。本调查以无记名形式进行，为方便调研结果的统计分析，请如实填写您的基本情况，在括号中填写您认为正确的选项。谢谢您的支持！

一　基本情况

（　）1. 您的性别

A. 男　　　　　　　B. 女

（　）2. 您就读学校的层次

A. 本科院校　　　　B. 高职　　　　　　C. 中职

D. 高中　　　　　　E. 初中　　　　　　F. 其他

（　）3. 您的政治面貌

A. 中共党员　　　　B. 共青团员　　　　C. 群众

二　青年学生社会主义核心价值观教育现状调查问卷

（　）1. "您身边的学校党员领导干部、思想政治理论课教师、辅导员、班主任、心理健康教育教师、就业指导教师等这样的党建和思想政治工作队伍，还有专业课教师、管理教辅人员和后勤服务人员，都在社会主义核心价值观教育中发挥了各自的作用"，您对这个观点

A. 十分认同　　　　B. 比较认同　　　　C. 说不清楚

D. 较不认同　　　　E. 很不认同

（　）2. "在青年社会主义核心价值观教育过程中，您身边的育人

主体,比如思想政治理论课教师和辅导员之间、辅导员和其他管理人员之间等,配合、互动效果良好",您对这个观点

　　A. 十分认同　　　　B. 比较认同　　　　C. 说不清楚
　　D. 较不认同　　　　E. 很不认同

( ) 3. "您身边开展过的或者正在开展的社会主义核心价值观教育,实现了纵向各学段层层递进与横向各教育时间序列有效衔接相结合的双重衔接",您对这个观点

　　A. 十分认同　　　　B. 比较认同　　　　C. 说不清楚
　　D. 较不认同　　　　E. 很不认同

( ) 4. "您所在的学校、家庭、社区的不同场域中都在通过各种途径、方法对青年开展社会主义核心价值观教育",您对这个观点

　　A. 十分认同　　　　B. 比较认同　　　　C. 说不清楚
　　D. 较不认同　　　　E. 很不认同

( ) 5. "在您经历的社会主义核心价值观教育中,教师能以学生的价值诉求为着力点,师生之间的关系状态表现为以学生为中心",您对这个观点

　　A. 十分认同　　　　B. 比较认同　　　　C. 说不清楚
　　D. 较不认同　　　　E. 很不认同

( ) 6. "在开展社会主义核心价值观教育的过程中,师生间平等交往、主动对话、相互理解、相互促进,形成了师生协同的状态",您对这个观点

　　A. 十分认同　　　　B. 比较认同　　　　C. 说不清楚
　　D. 较不认同　　　　E. 很不认同

( ) 7. "思想政治理论课教师在课堂上阐释社会主义核心价值观相关理论,效果很好",您对这个观点

　　A. 十分认同　　　　B. 比较认同　　　　C. 说不清楚
　　D. 较不认同　　　　E. 很不认同

( ) 8. "在您的中学或者大学等学习阶段,社会主义核心价值观教育知识性内容并不存在重复交叉",您对这个观点

A. 十分认同　　　　B. 比较认同　　　　C. 说不清楚
D. 较不认同　　　　E. 很不认同

（　　）9. "在您所修的课程中，除了思想政治理论课以外，其他课程渗透社会主义核心价值观的作用体现得很明显"，您对这个观点

A. 十分认同　　　　B. 比较认同　　　　C. 说不清楚
D. 较不认同　　　　E. 很不认同

（　　）10. "您所参与的思想政治理论课程与其他课程在讲授或者涉及社会主义核心价值观内容方面相互印证、支撑，衔接效果很好"，您对这个观点

A. 十分认同　　　　B. 比较认同　　　　C. 说不清楚
D. 较不认同　　　　E. 很不认同

（　　）11. "学校利用专题网站、微信公众号、抖音、B站等新媒体载体开展青年社会主义核心价值观教育，反响效果很好"，您对这个观点

A. 十分认同　　　　B. 比较认同　　　　C. 说不清楚
D. 较不认同　　　　E. 很不认同

（　　）12. "青年社会主义核心价值观教育中，实体课堂与移动终端互联互通，效果很好"，您对这个观点

A. 十分认同　　　　B. 比较认同　　　　C. 说不清楚
D. 较不认同　　　　E. 很不认同

（　　）13. "青年社会主义核心价值观教育中，网上虚拟化体验与网下管理引导互联互通，效果很好"，您对这个观点

A. 十分认同　　　　B. 比较认同　　　　C. 说不清楚
D. 较不认同　　　　E. 很不认同

（　　）14. "青年社会主义核心价值观教育中，数字化教育场景与传统教育场景的互联互通，效果很好"，您对这个观点

A. 十分认同　　　　B. 比较认同　　　　C. 说不清楚
D. 较不认同　　　　E. 很不认同

（　　）15. "学校利用现有的实践基地如爱国主义教育基地、公益性互助组织、事务性志愿服务机构来开展社会主义核心价值观教育，反响

效果很好",您对这个观点

  A. 十分认同   B. 比较认同   C. 说不清楚

  D. 较不认同   E. 很不认同

  ( ) 16. "您所参与的社会主义核心价值观教育,在利用历史读本推进'学史崇德'与利用实践活动推进情感渲染方面,协同得很好",您对这个观点

  A. 十分认同   B. 比较认同   C. 说不清楚

  D. 较不认同   E. 很不认同

  ( ) 17. "您所参与的社会主义核心价值观教育,在强化'有字之书'进行榜样引领与利用实践活动进行体验感悟方面协同得很好",您对这个观点

  A. 十分认同   B. 比较认同   C. 说不清楚

  D. 较不认同   E. 很不认同

  ( ) 18. "您所参与的社会主义核心价值观教育,在利用'有字之书'进行现实渗透与利用实践活动凸显生活化表达方面协同得很好",您对这个观点

  A. 十分认同   B. 比较认同   C. 说不清楚

  D. 较不认同   E. 很不认同

  ( ) 19. "您所在学校的建筑、雕塑、景观设计等物质文化的环境创设,被思政课程、专业课程以及通识课程等课程育人平台利用,使社会主义核心价值观教育的效果更好",您对这个观点

  A. 十分认同   B. 比较认同   C. 说不清楚

  D. 较不认同   E. 很不认同

  ( ) 20. "在集体记忆、共同记忆中渗透的精神文化与学校的开学典礼、毕业典礼、重要人物纪念活动等仪式感很强的实践教育相结合,为青年社会主义核心价值观教育的开展增加了亮色",您对这个观点

  A. 十分认同   B. 比较认同   C. 说不清楚

  D. 较不认同   E. 很不认同

  ( ) 21. "学校制定的规章制度,与课程育人、网络育人、实践育

人分别结合，对青年社会主义核心价值观教育起到了很好的推动作用"，您对这个观点

A. 十分认同　　　　B. 比较认同　　　　C. 说不清楚

D. 较不认同　　　　E. 很不认同

（　）22."针对青年社会主义核心价值观教育，您所了解到的物质载体、精神理念以及制度规范等综合功能发挥效果很好"，您对这个观点

A. 十分认同　　　　B. 比较认同　　　　C. 说不清楚

D. 较不认同　　　　E. 很不认同

（　）23."您所感受到的青年社会主义核心价值观教育宏观、中观以及微观制度环境衔接效果良好"，您对这个观点

A. 十分认同　　　　B. 比较认同　　　　C. 说不清楚

D. 较不认同　　　　E. 很不认同

（　）24."为推动青年社会主义核心价值观教育，党和国家颁布了一系列制度性文件，这些制度文件内容对培育与践行社会主义核心价值观很有指导作用"，您对这个观点

A. 十分认同　　　　B. 比较认同　　　　C. 说不清楚

D. 较不认同　　　　E. 很不认同

（　）25."为推动青年社会主义核心价值观教育，省级教育行政机构结合区域实际、领域特点颁布了一系列制度性文件，这些制度文件内容对培育与践行社会主义核心价值观很有指导作用"，您对这个观点

A. 十分认同　　　　B. 比较认同　　　　C. 说不清楚

D. 较不认同　　　　E. 很不认同

（　）26."您所在学校为落实国家和地方关于社会主义核心价值观教育要求并结合自身情况而制定的各种制度，这些微观性的制度操作性强，对您学习社会主义核心价值观作用明显"，您对这个观点

A. 十分认同　　　　B. 比较认同　　　　C. 说不清楚

D. 较不认同　　　　E. 很不认同

（　）27."您所感受到的青年社会主义核心价值观教育中社会、家庭以及学校等组织环境衔接效果很好"，您对这个观点

A. 十分认同　　　　B. 比较认同　　　　C. 说不清楚

D. 较不认同　　　　E. 很不认同

（　　）28."青年社会主义核心价值观教育，家风家教的熏陶与学校的价值引领在信息共享以及协同作用发挥方面效果很好"，您对这个观点

A. 十分认同　　　　B. 比较认同　　　　C. 说不清楚

D. 较不认同　　　　E. 很不认同

（　　）29."青年社会主义核心价值观教育，学校'小课堂'协同社会'大课堂'的力度与效果很好"，您对这个观点

A. 十分认同　　　　B. 比较认同　　　　C. 说不清楚

D. 较不认同　　　　E. 很不认同

（　　）30."青年社会主义核心价值观教育，家庭教育与社会大课堂实践之间在衔接过渡上效果很好"，您对这个观点

A. 十分认同　　　　B. 比较认同　　　　C. 说不清楚

D. 较不认同　　　　E. 很不认同

访谈提纲

一　采访目的

了解当前青年社会主义核心价值观教育的实施现状。

二　采访方式

面对面访谈，半结构化访谈。

三　采访对象

本书共设计对120名师生代表进行深度访谈，包括中学师生代表50名、高校师生代表70名，通过深度访谈进一步了解信息。其中，中学校长代表共20名，中学教师代表共20名，中学学生代表共10名；普通高校、高职院校教务处处长、学生处处长共30名，普通高校、高职院校的

教师代表共 30 名，高校学生代表 10 名。

四　提问提纲

（一）基本情况（在所选的选项后的括号内画√，访谈者填写）

1. 性　　别：男（　）女（　）

2. 技术职称：（　）

3. 学　　历：（　）

4. 学　　位：（　）

（二）问题部分

1. 您认为社会主义核心价值观教育在教育主体范围、过程阶段以及时空场域上应当如何布局或者设置？

2. 您认为，社会主义核心价值观教育"以学生为中心"的相互理解、平等交流、相互促进的师生关系是否已经建立？并谈谈教师在此种师生关系建立中的作用如何发挥。

3. 您认为，青年社会主义核心价值观教育最大的困难是什么？请谈谈您的建议。

4. 围绕青年社会主义核心价值观方式方法的改进优化，请谈谈您的想法。

5. 您认为当前青年社会主义核心价值观教育，家风家教的熏陶与学校的价值引领在信息共享以及协同作用发挥方面的效果如何？

（三）访谈结束语

非常感谢您的配合和支持，祝您生活愉快。

五　采访步骤

（一）选取访谈对象（注意各个学校层次都要覆盖）；

（二）选择访谈场地（注意不要引起访谈对象的戒心）；

（三）开始访谈，做好记录（注意巧妙使用访谈的技巧）；

（四）访谈的反思与评估（综合所有访谈对象的意见和建议，进行分析总结）。

六 可能碰到的问题

（一）被访者拒答；

（二）访谈地点受干扰性大；

（三）访谈过程中被访者不耐烦；

（四）访谈过程中被第三者打断；

（五）被访者敷衍回答。

七 设想解决的方法

（一）选取适当的访谈对象，靠观察选取容易接近的，明确告知我们的目的；

（二）选取适当的访谈时机和地点；

（三）可以"一对一"或"一对多"地进行访问，形成交流小组形式；

（四）如果对象敷衍回答，应尽快结束访谈，并将此次访谈作废。

八 访前准备

（一）录音笔（在征求被访者的同意的情况下使用）；

（二）笔记本、签字笔；

（三）必要的纪念品。

后　　记

本书是我 2019 年 3 月申报的国家社会科学基金项目"新时代青年社会主义核心价值观教育协同机制研究"（项目批准号：19XKS023）的最终研究成果，该成果于 2024 年 5 月被全国哲学社会科学规划办公室鉴定为良好等级予以结项。本书出版受到重庆交通大学学术著作出版基金的资助。

本人长期致力于青年社会主义核心价值观教育的研究，本人主持的项目"德心共育协同创新——大学生社会主义核心价值观教育接受机制构建"荣获 2017 年重庆市政府教学成果奖一等奖，重庆市委组织部、重庆市委宣传部、重庆市教委在全市高校推广使用。在前期成果的基础上，我申报了国家社会科学基金项目"新时代青年社会主义核心价值观教育协同机制研究"并顺利立项。立项后，我对青年社会主义核心价值观教育的协同机制进行了全面系统的深入思考，确立了完整的框架结构，形成了一本逻辑体系严密的专著。

本书的撰写，得到了重庆市教委、共青团重庆市委、云南省教育厅、共青团陕西省委等单位的大力支持。在撰写过程中，引用的著述和媒体报道材料，尽可能地注明出处，在此也向这些作者表示感谢！本书的出版得到了中国社会科学出版社的大力支持，在此一并表示诚挚的谢意。

本书写作提纲由徐园媛、董翼、白凯拟定，具体各章撰写如下：

前言：董翼；第一章：徐园媛、白凯；第二章：徐园媛、叶勇；第三章：徐园媛；第四章：董翼；第五章：董翼、徐园媛；第六章：徐园媛、白凯、隆承宏；全书由徐园媛统稿。由于水平有限，书中难免出现错漏，恳请读者批评指正！

徐园媛
2024 年 5 月